실전 프로젝트로 배우는
AngularJS

실전 프로젝트로 배우는
AngularJS

지은이 윤영식

펴낸이 박찬규 | 엮은이 윤가희 | 표지디자인 Arowa & Arowana

펴낸곳 위키북스 | 전화 031-955-3658, 3659 | 팩스 031-955-3660

주소 경기도 파주시 문발로 115, 311호(파주출판도시, 세종출판벤처타운)

가격 27,000 | 페이지 416 | 책규격 188x240mm

초판 발행 2015년 06월 17일
ISBN 978-89-98139-99-5 (93000)

등록번호 제406-2006-000036호 | 등록일자 2006년 05월 19일
홈페이지 wikibook.co.kr | 전자우편 wikibook@wikibook.co.kr

이 도서의 국립중앙도서관 출판시도서목록 CIP는
e-CIP 홈페이지 http://www.nl.go.kr/cip.php에서 이용하실 수 있습니다.
CIP제어번호 CIP2015014959

실전
프로젝트로
배우는
AngularJS

Developing
a Single
Page
Application
using
AngularJS

**SPA
아키텍처
기반
구축하기**

윤영식 지음

위키북스

2010년 프런트엔드를 위한 프레임워크로 백본(BackboneJS)이 나온 이후 엠버(EmberJS), 앵귤러(AngularJS)가 나오면서 프런트엔드 프레임워크는 춘추전국시대를 거쳐 2014년부터 앵귤러가 천하 통일은 아니지만 큰 기둥을 하나 세우고 있는 양상이다. 이들 프레임워크에서 이야기하는 핵심은 단일 페이지 애플리케이션(Single Page Application, SPA)이다. 윈도에서 구동되는 네이티브 애플리케이션처럼 브라우저에서도 이와 유사한 애플리케이션을 개발하려는 이전부터의 기술적인 시도로 자바의 애플릿(Applet), 어도비의 플렉스(Flex), MS의 실버라이트(Silverlight) 등이 있었고 한 시대를 풍미하다 저물어 갔다. 현재는 브라우저에서 자바스크립트를 통해 기존의 리치 인터넷 애플리케이션(Rich Internet Application) 개발 흐름이 단일 페이지 애플리케이션이라는 흐름으로 바뀌어 가고 있다.

필자는 이전 회사에서 플렉스 기반의 데이터 시각화 솔루션을 팀원들과 함께 개발했다. 플렉스에서 제공하는 UI 결과물처럼 웹 표준기술을 이용해 다양한 사용자 경험(UX)을 구현하고 싶어서 3년 전 백본, 엠버, 앵귤러를 직접 써보고 프로토타이핑한 결과 데이터 시각화라는 필자의 요구에 가장 잘 어울리는 프레임워크가 앵귤러라고 판단했다. 업무로직을 프런트엔드에 두고 앵귤러의 MV*를 사용해 구조적으로 화면을 개발하고, 차트를 컴포넌트화하기 위해 앵귤러의 지시자(Directive)를 사용하면 된다고 생각했다. 또한, 실시간 데이터 푸시 전송을 위한 기술로 웹소켓을 추상화한 Socket.IO 기술을 알게 되면서 자연스럽게 NodeJS를 사용하게 됐고, 비정형적 데이터를 처리하기 위해 NoSQL을 찾던 중 몽고DB를 사용하게 됐다. MEAN 스택이라는 용어가 나오기 전부터 모바일/데스크톱에서 모던 웹 기술로 데이터 시각화 서비스를 만들어 보자는 목표에서 출발하여 선택한 기술이 우연히도 개발자 사이에 회자되는 기술 스택이 되었다.

필자는 10년 넘게 백엔드 개발만 했다. 회사에서 독립한 후 자체 서비스를 만들고 싶어 직접 프런트엔드 개발까지 할 수밖에 없는 상황이었다. 이전 백엔드 개발의 경험을 살리고, 제이쿼리 개발 방식처럼 프런트엔드 서비스를 만들고 싶지 않았기 때문에 앵귤러는 필자에게 축복과도 같았다. 백엔드 프레임워크에 익숙했고 잘 갖춰진 아키텍처를 바탕으로 개발하는 것에 익숙한 터라 앵귤러의 MV* 개발 패턴, 양방향 데이터 바인딩, 지시자 등을 잘 사용할 수 있다면 웹 기반 서비스를 어렵지 않게 개발할 수 있을 것만 같았다. 하지만 앵귤러 프레임워크는 학습 곡선이 높았고, 몇 번의 좌절을 겪게 했다. 최근 3년간 데이터 시각화 프로젝트와 스타트업 서비스를 개발하면서 다양한 접근 방법을 시도하였다. 다양한 시도를 통해 앵귤러 프레임워크의 가장 좋은 사용 방법을 조금씩 알아가면서 그간의 경험을 본 서적에 녹여냈다.

지금은 데이터 시각화 서비스 개발을 위해 미티어(Meteor), 앵귤러(AngularJS), 리액트(React), 폴리머(Polymer)와 모바일 지원을 위해 하이브리드 앱 프레임워크인 아이오닉(Ionic)을 익히며 즐거운 시간을 보내고 있다. 사용자가 원하는 솔루션을 빠르고 쉽게 개발하면서 성능도 좋고, 유지보수가 쉬운 세 마리 토끼를 잡으려는 방법을 찾고 있다. 프레임워크 선택의 기준은 자신이 만들려는 것이 무엇이고, 이에 적합한지 먼저 판단을 해야 한다. 앵귤러는 만능 맥가이버 칼은 아니지만 모던 웹 서비스를 만들기 위한 아주 좋은 기본 도구가 될 수 있다. 도구를 사용하기 전에 제대로 사용하는 방법과 경험을 먼저 습득할 수 있다면 실패의 확률을 줄일 수 있고, 오랫동안 사랑받는 서비스를 만들 수 있을 것이다. 그런 부분에 이 책이 조금이나마 보탬이 되었으면 한다. 필자 또한 이제 막 프런트엔드 세상에 들어선 초보 개발자의 자세로 늘 배우면서 블로그(http://mobicon.tistory.com)를 통해 앵귤러와 다양한 프런트엔드 기술에 대해 공유하고 있다.

이 자리를 빌려 많은 조언을 주신 StudyGPS Bagle의 이강훈 님, TossLab JANDI의 최영근 님, Law&Company LawTalk의 김성준 님에게 감사를 드리며, 특히 백엔드 소스를 사용할 수 있게 허락해주신 StudyGPS의 김태기 대표님과 구교준 님에게도 감사를 드린다. 또한, 출판의 꿈을 이룰 수 있게 아낌없는 지원을 해주신 위키북스의 박찬규 대표님에게 감사드린다. 마지막으로 옆에서 아낌없는 응원을 보내준 김태영, 김세라에게 고맙다는 말을 전하고 싶다.

실무의 경험을 통한 다양한 시행착오와 노하우를 책 한 페이지 한 페이지에서 느낄 수 있었다. 단순히 인터넷에서 검색하면 나오는 백과 사전과 같은 정보의 나열이 아닌, 실무를 통한 경험을 통해서만 느낄 수 있는 경험에 대한 이야기를 책을 통해서 느낄 수 있으리라 생각한다.

처음 배우는 초급자를 위해서는 각 기술에 대한 용어와 개념에 대한 소개와 함께, 실무 프로젝트에서 개발하고 있는 이들에게는 바로 사용할 수 있는 유용한 라이브러리의 소개, 유용한 정보와 노하우를 가득 담은 소스 코드를 직접 내려받아 활용해 볼 수 있는 등 유용한 지식의 보고가 될 것으로 생각한다. 이 책을 계기로 AngularJS의 가치가 더 많은 개발자에게 폭넓게 전달됐으면 하는 바람과 함께 책을 작성하신 윤영식 님에게도 감사의 말씀을 전한다.

STUDYGPS CTO, 스마트링크 대표 이강훈

AngularJS를 생각하면 떠오르는 대표적인 사람인 윤영식 님과 고재도 님의 도움으로 미국 취업 후 첫 번째 프로젝트에서 AngularJS를 기반으로 한 CMS를 만들게 됐다. 그렇게 가까이 도움을 받아왔던 윤영식 님의 책이 실전에 사용될 수 있게 잘 정리돼 나왔다는 것이 여간 반가운 것이 아니며, 그간 단편적으로 알던 기술을 실전에 적용할 수 있도록 다시 정리할 기회를 얻게 되어 감사한 마음이다.

Senior Software Engineer, Dewey Hong at Fortinet in San Francisco Bay Area

실제 프로젝트를 기획하고 개발하기 위해 고민스러웠던 부분들이 저자의 실무경험을 기반으로 차례대로 구성되어 책을 읽는 것이 아니라 직접 컨설팅을 받는 느낌이다. 실제로 AngularJS에 대한 관심은 있지만 어떻게 시작해야 하는지 모르는 팀원들과 함께 책에 소개되어있는 목차 순서대로 가상의 프로젝트를 진행해 본 결과 실무에 그대로 적용할 만큼 훌륭한 아키텍처가 도출됐다. AngularJS를 실무에 적용하기 위해 고민 중인 개발자와 프로젝트 리더분께 적극적으로 추천한다.

BISTel EIC 수석 연구원 정구윤

2014년 회사에 처음으로 AngularJS를 프로젝트에 도입했다. 그전에는 루비 온 레일즈와 같은 백엔드에서 템플릿을 완성해서 내보내는 전통적인 방식이 익숙했기 때문에 프런트엔드 프레임워크로의 패러다임 전환에 어려움을 느꼈다. 특히 지시자와 같은 기능을 활용하지 못했는데, 당시 윤영식 님과의 교류로 AngularJS의 더 많은 기능을 사용해서 코드 품질을 혁신적으로 향상시킬 수 있었다. 특히, 지시자는 HTML에서 DOM 단위로 추상화가 가능하게 만들어 마치 레고처럼 코드를 관리할 수 있게 만든다. 공식 문서만 보고서는 이러한 장점을 완전히 이해하기 어려웠다. 주변의 실무 경험이 있던 사람이 노하우를 전수해준다면 본질을 더 빠르게 이해하고 더 잘 활용할 수 있을 것이다. 이 책의 실전적 경험이 AngularJS의 핵심 가치를 이해하기 쉽게 도와줄 것이다.

Law&Company LawTalk 수석 연구원 김성준

블로그를 통해 MEAN 스택에 입문하는 많은 실무진의 길잡이 역할을 했던 저자의 글에는 상기의 명확한 의지를 곳곳에서 발견할 수 있다. 실제 업무에서 MEAN 스택을 적용하며 부딪치게 되는 수많은 고민들에 대하여 이 책이 유용한 실마리를 제공해 줄 것이라고 생각한다. 나 역시 저자의 많은 조언으로 JANDI 서비스를 성공적으로 '제품화' 할 수 있었기에 자신하며 책의 일독을 권한다.

TossLab JANDI CTO 최영근

이 책은 AngularJS 의 기본적인 내용에서 시작하여 웹 애플리케이션 개발의 실무 영역까지 다루고 있다. 특히 처음 AngularJS를 접하면서 느낄 수 있는 막막함과 어려움을 실제적인 활용 위주로 풀어나가는 과정이 자세히 녹아있다. 저 역시 영식 님을 통해 초보 개발자로서 AngularJS에 관한 많은 조언과 도움을 받았다. AngularJS에 대해 탄탄한 기반을 다지고 싶은 분들에게 이 책은 훌륭한 길잡이 역할을 할 것이라 생각한다.

고려대학교 컴퓨터학과 백준기

04

애플리케이션을
위한 공통
프레임워크 개발

11

05

메인 페이지
개발

06

그룹 페이지
개발

07

**실시간 반응
개발**

01

단일 페이지
애플리케이션 개발 준비

데스크톱에서 구동되는 일반 애플리케이션의 경험을 웹에서도 가능케 하는 기술로 리치 인터넷 애플리케이션(RIA)을 이끌었던 플렉스(Flex)가 한때 유행이었다. 네이티브 애플리케이션을 개발하듯 개발할 수 있는 기반 프레임워크와 사용자 컴포넌트의 제공과 브라우저 기반 사용자 경험을 전체 페이지의 변경 없이 일부 화면과 데이터 변경으로 수행할 수 있기 때문이었다. 모바일 시대로 바뀜에 따라 플렉스/플래시에서 HTML5/CSS3/자바스크립트와 같은 업계 간 공통 스펙을 바탕으로 한 기술만으로도 네이티브 애플리케이션과 동일한 사용자 경험을 줄 수 있는 다양한 프런트엔드 자바스크립트 프레임워크가 나오고 있고, 그중에서 앵귤러 프레임워크(AngularJS, 이하 앵귤러)를 기반으로 한 단일 페이지 애플리케이션 개발 방식이 큰 인기를 누리고 있다. 단일 페이지 애플리케이션(Single Page Application, 이하 SPA)을 개발한다는 의미는 '단일 페이지'라는 글자만 빼면 우리가 생각하는 일반적인 네이티브 애플리케이션을 개발하는 방식과 크게 다르지 않다. 단지 실행하는 기반이 브라우저이고, 브라우저를 제공하는 업체가 함께 정한 표준 기술로 개발한다는 점만 다르다.

일반적인 웹 기반 애플리케이션을 개발한다고 상상해 보자. 우선 프런트엔드에 보여지는 화면을 웹 퍼블리셔(Web Publisher)가 제작해 개발자에게 전달하고, 백엔드 개발 언어로 자바(Java)를 선택한다면 JSP 서버 템플릿으로 화면과 데이터 결합에 대한 뷰(View)를 웹 개발자(Web Developer)가 작성한다. 백엔드는 스프링(Spring) 프레임워크를 사용해 서비스를 개발하고 데이터베이스 접속을 위해 마이바티스(MyBatis) 같은 프레임워크를 사용한다. 현재 가장 흔하게 사용하는 기술과 역할을 나누어 보면 프런트엔드 개발의 중심이 백엔드 영역에 위치해 있다. 하지만 SPA 개발은 개발 무게 중심이 백엔드에서 프런트엔드로 옮겨간다. SPA 개발을 할 수 있게 지원하는 자바스크립트 프레임워크인 앵귤러(AngularJS) 프레임워크가 화면 제어, 데이터 바인딩 및 업무 로직 개발을 할 수 있는 아키텍처를 제공하기 때문이다. SPA 개발 방식을 채택하면 굳이 서버는 복잡해질 필요가 없으며 단순 데이터 서비스 서버로만 기능해도 충분하다. 이때 일반적으로 서버는 REST 방식의 JSON 포맷을 기반으로 데이터를 주고받는다. 최근에는 쉽고 빠르게 REST API 서비스를 개발하기 위해 노드(NodeJS), 익스프레스(ExpressJS)와 몽고디비(MongoDB)로 백엔드 애플리케이션을 개발하는 사례가 늘고 있고, 최근에는 이런 기술 스택의 통칭으로 민스택(MEAN Stack)이라 부르고 있다.

〈그림 1.1〉은 민스택과 SPA 개발을 위한 영역을 보여주고 있다. 물론 SPA 개발을 위해 서버를 무조건 노드 기반으로 할 필요는 없으며 자바의 스프링 프레임워크 또는 다른 서버 언어로도 개발할 수 있다. 단지 애플리케이션 개발 시 빠른 생산성으로 인해 노드 기술을 채택했을 뿐이다. 그림에서와같이 클라이언트 영역은 앵귤러 프레임워크가 화면 제어 및 업무 로직을 담당하고 서버 영역은 노드/익스프레스/몽고디비가 REST API 서비스를 한다.

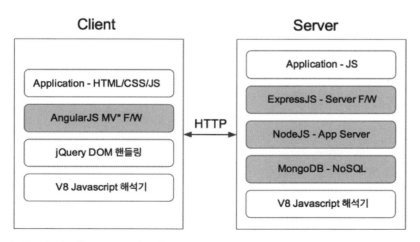

〈**그림 1.1**〉 민스택(MEAN Stack) 구성

민스택 기반으로 SPA 개발을 하려면 기본 환경을 구성하고 도구를 설치해야 한다. 이번 장에서는 프런트엔드 개발을 위한 도구를 설치하고 사용법을 간략히 익힌다. 그리고 실무 프로젝트 서비스를 만들기전에 간단한 SPA 기반의 애플리케이션을 만들어 봄으로써 기존 웹 개발 방식과 SPA 개발 방식의 차이점을 알아보자.

1-1 개발 도구 설치

SPA 개발을 시작하기 전에 설치할 도구는 5가지다. 2가지는 기반이 되는 도구이고, 3가지는 프런트엔드 애플리케이션 개발에 특화된 도구다.

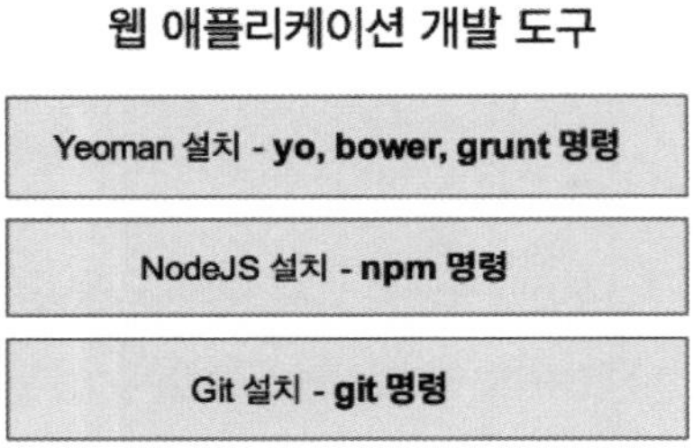

웹 애플리케이션 개발 도구

| Yeoman 설치 - **yo, bower, grunt 명령** |
| NodeJS 설치 - **npm 명령** |
| Git 설치 - **git 명령** |

〈그림 1.2〉 애플리케이션 개발 도구

〈그림 1.2〉에서 깃(Git)은 소스 버전 관리 도구로서 분산으로 소스 버전 관리가 가능하므로 협업 생산성을 높여준다. 또한, 오픈소스일 때는 깃의 중앙 저장소로 깃헙(http://github.com) 서비스를 많이 사용한다. 근래 대부분 오픈소스가 깃헙에 등록돼 있고 프런트엔드 라이브러리도 대부분 깃헙에 등록돼 있다. 그리고 프런트엔드 도구는 자바스트립트로 작성돼 별도 프로세스로 구동시키기 위해 노드 위에서 작동한다.

또한, 각 역할이 다른 프런트엔드 개발 도구 3가지를 합쳐 요맨(Yeoman)이라고 통칭하고 있지만, 각 도구의 역할은 완전히 다르다. yo(요)는 애플리케이션 초기 환경과 폴더 구조 및 필요한 기능 요소 파일을 자동으로 생성해 준다. bower(바우어)는 프런트엔드 애플리케이션의 의존성 라이브러리를 관리하는 도구로 자바 메이븐(Maven)의 의존성 라이브러리 관리와 대비된다. 즉, 필요한 라이브러리를 원격에서 내려받고, 내려받은 라이브러리가 의존하고 있는 라이브러리도 자동으로 로컬에 내려받는다. grunt(그런트)는 테스트와 배포 빌드를 위한 도구로 자바 앤트(Ant)/메이븐(Maven)의 빌드와 대비된다. 먼저 깃과 노드(NodeJS)를 설치하고 yo, bower, grunt를 차례로 설치해 보자.

깃 설치

깃은 소스를 브랜치(Branch) 개념으로 관리한다. 깃 공식 홈페이지(http://www.git-scm.com/)에서 운영체제 버전에 맞는 깃을 설치한다. 윈도 운영체제에서는 배쉬 쉘(bash shell)도 함께 설치한다.

〈그림 1.3〉 깃 공식 홈페이지

깃을 배우기 위해 http://www.git-scm.com/documentation 문서를 참조하거나, Pro Git Book의 한글 번역 사이트인 http://www.git-scm.com/book/ko를 참조한다.

〈그림 1.4〉 Pro Git 한글 번역 사이트

깃은 소스를 관리하는 도구이고 실제 소스를 저장하는 저장소는 별도로 구축해야 한다. 하지만 깃헙(https://github.com/) 서비스를 이용해 자신의 소스를 깃 방식으로 관리할 수 있다. 단, 공개 저장소(public)로 설정하면 무료이지만 개인 저장소(private)로 설정하려면 월 단위로 금액을 내야 한다. 본 서적의 소스는 모두 깃헙으로 공유할 예정이므로 각자 가입을 한다. 공유하는 깃헙의 그룹은 https://github.com/AngularJS-SPA-Development다.

노드 설치

노드(NodeJS)는 공식 홈페이지(http://
nodejs.org/)에서 내려받아 설치한다. 운
영체제에 맞는 버전을 자동으로 내려받을
수 있다.

〈그림 1.5〉 노드 사이트에서 노드 설치

노드 API는 http://nodejs.org/api/에서 확인할 수 있고, 기본적인 사용법은 'The Node Beginner
Book'의 한글 번역 사이트(http://www.nodebeginner.org/index−kr.html)를 참조한다.

요맨 설치

요맨(Yeoman, http://yeoman.io/)은 프런트엔드 개발을 위한 코드 자동 생성, 모듈 관리 및 빌드
도구를 통칭한다. 요맨은 소스를 내려받을 때 깃을 이용하고 자바스크립트로 작성됐기 때문에 노드 위
에서 구동된다.

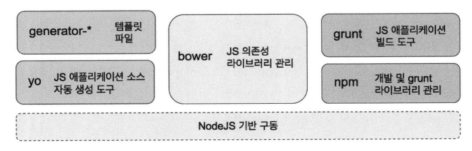

〈그림 1.6〉 프런트엔드 개발에 필요한 도구

〈그림 1.6〉을 보면 요맨은 3가지 서로 다른 기능을 제공하는 도구를 합쳐 놓았다.

- **yo 도구를 이용해 파일 자동 생성 기능을 제공한다.** 최초에 기본적인 애플리케이션 구조를 생성한 후 필요한 기능 요소를 자동으로 생성할 수 있다. 원하는 기능이 담긴 파일을 자동으로 생성해 주는 것을 제너레이터(Generator)라고 하며, 다양한 언어와 프레임워크에 맞춘 제너레이터를 제공하고 yo는 제너레이터를 통해 파일을 생성해준다. 따라서 앵귤러 기반의 SPA를 개발하고 싶다면 앵귤러관련 템플릿 파일을 가지고 있는 제너레이터를 설치하면 되고, 백본(Backbone.js) 기반으로 개발하고 싶다면 백본 제너레이터를 설치하면 된다. 즉, yo를 설치한 후에 애플리케이션 특성에 맞는 제너레이터를 설치한다. 제너레이터는 노드를 설치하면 존재하는 노드 패키지 매니저(npm, Node Package Manager)를 이용해 설치한다. 따라서 yo를 설치하고 애플리케이션 특성에 맞는 제너레이터를 찾아 설치하면 애플리케이션의 초기 골격을 만들거나 필요한 기능 요소의 파일을 자동으로 생성해 개발을 빠르게 진행할 수 있다.

- **bower 도구를 이용해 프런트엔드 의존성 라이브러리를 원격으로부터 내려받아 설치하고 index.html에 자동으로 설정해 준다.** bower(http://bower.io/)는 원래 트위터(Twitter)에서 애플리케이션 개발 시 클라이언트 모듈의 배포 및 의존성 관리를 위한 도구로 만든 것으로 요맨에 포함돼 있을 뿐 별도로 설치해 사용할 수 있다. bower를 이용해 내려받는 라이브러리는 깃헙과 같은 깃 저장소에 등록돼 있어야 하고, 누구나 자신의 라이브러리를 원격 bower 저장소에 등록할 수 있다.

- **grunt 도구를 이용해 프런트엔드 Assets(HTML/CSS/JS)의 테스트/통합/압축 등 빌드 배포 작업(Task)을 수행한다.** grunt(http://gruntjs.com/)는 애플리케이션을 위한 Task Runner 도구로 자바의 Ant와 유사하다. grunt는 테스트, 통합, 압축 등 하나의 할 일 단위를 테스크(Task)라고 부르고, 각 테스크를 위한 플러그인을 제공한다. 원하는 기능이 있다면 테스크 플러그인을 http://gruntjs.com/plugins 사이트에서 검색해 노드 패키지 매니저(npm)를 이용해 설치한 후 grunt 환경 파일에 테스크를 설정한다. 최근에는 스트림 기반의 걸프(gulp, http://gulpjs.com/)라는 빌드 도구도 있어서 프로젝트에 적합한 빌드 도구를 선택할 수 있다. 요맨에서는 grunt를 기본으로 하고 있지만, 최신 앵귤러 버전의 빌드 도구로 gulp를 사용하고 있어 점점 인지도가 높아지고 있다.

〈그림 1.7〉은 요맨을 사용하는 순서다. yo를 사용해 애플리케이션 구조를 만들고 필요한 요소 기능 파일을 생성하며, 프런트엔드에서 필요한 라이브러리는 bower를 이용해 내려받아 개발한 후 테스트 하거나 배포할 때 grunt를 사용한다. 각 도구는 자신만의 명령어가 있고, 서로 독립적인 기능이다. 즉, 완전히 독립된 도구로 bower, grunt만 사용할 수도 있고, bower만 사용할 수도 있다. 그러나 SPA를 쉽고 빠르게 개발하려면 3가지 도구를 숙지하는 것이 중요하다.

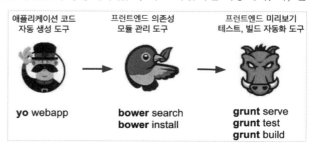

〈그림 1.7〉 요맨 사용 순서

요맨의 3가지 도구를 설치해 보자. 모두 노드 기반 위에서 운영되므로 노드 패키지 매니저(npm)를 이용해 도구를 설치한다. -g 옵션은 글로벌(Global) 옵션으로 위치에 상관없이 사용할 수 있게 설정 해 준다.

```
// yo 설치
  npm install -g yo
// bower 설치
  npm install -g bower
// grunt 설치
  npm install -g grunt-cli
```

서브라임 텍스트 편집기 설치

서브라임 텍스트는 http://www.sublimetext.com/에서 내려받아 설치한다. 서브라임 텍스트는 간 단하게 코드를 편집할 수 있는 에디터다. 이클립스(Eclipse)와 같은 익숙한 개발 도구를 사용해도 무 방하다.

1-2 단일 페이지 애플리케이션 생성

SPA를 시작할 때 처음부터 모든 것을 직접 준비할 필요 없이 한 번의 명령으로 필요한 환경과 파일을 생성해 주고 이를 기반으로 개발을 진행할 수 있다면 빠른 프로토타이핑이 가능할 것이다. 이를 가능하 게 해주는 것이 제너레이터다.

제너레이터는 yo에서 사용되며, 관련 기술 템플릿 묶음으로 명령을 통해 필요한 파일을 자동으로 생성 해준다. 따라서 yo 가 요구하는 제너레이터 요건사항을 충족하도록 개발해야 하고 필요한 템플릿 파일 을 내장해야 한다. 개발자가 직접 제너레이터를 만들어야 하지만 이미 널리 쓰이고 있는 기술에 대해서 는 잘 만들어진 제너레이터가 오픈소스로 공개돼 있다. 단, 자신의 서비스에 맞는 구조나 템플릿 파일 을 변경하고 싶을 때 사용자가 직접 수정할 수 있는 능력이 있으면 좋다. 프로젝트에 맞게 제너레이터 를 사용자 정의하는 방법은 3장에서 배울 것이다.

제너레이터는 애플리케이션의 환경 파일과 애플리케이션 기본 샘플 파일 및 폴더 구조를 자동으로 만 들어 준다. 〈그림 1.8〉은 제너레이터로 앵귤러 기반 애플리케이션을 개발할 때 일반적으로 사용하는 환경 파일이다. 앵귤러 단위 테스트를 위한 카르마(karma)라는 단위 테스트 프레임워크의 환경 파일 인 karma.conf.js, 프런트엔드에서 의존하는 라이브러리 목록을 가진 bower 환경 파일인 bower.

json, 빌드 태스크를 정의해 놓은 grunt 환경 파일인 Gruntfile.js와 grunt가 사용하는 플러그인이 npm을 통해 설치되므로 npm 환경 파일인 package.json 등이다. 해당 환경 파일에는 기본적인 환경 설정 내역이 등록돼 있으므로 명령 한 줄로 애플리케이션 샘플을 바로 확인해 볼 수 있다.

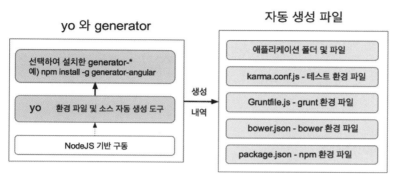

〈그림 1.8〉 yo 제너레이터로 생성되는 파일

각 생성 파일에는 기본 환경 설정이 이미 돼 있으므로 번거로운 초기 환경 설정을 하지 않아도 된다. 따라서 개발 초기 환경 설정에 들어가는 시간과 기본 코드를 생성하는 시간을 단축할 수 있다. 제너레이터는 항상 앞에 generator- 접두어가 붙어 있다. 제너레이터는 공식 제너레이터 사이트(http://yeoman.io/generators/official.html)와 커뮤니티 제너레이터 사이트(http://yeoman.io/generators/community.html)에서 검색할 수 있고, generator-generator를 이용해 자신만의 제너레이터를 만들 수도 있다.

yo generator 선택과 설치

우선 제너레이터의 사용법을 익히기 위해 공식 앵귤러 제너레이터인 generator-angular를 사용해 보자. generator-angular는 백엔드와 무관하게 프런트엔드만 개발해서 테스트해볼 수 있는 제너레이터다. 우선 클라이언트와 서버를 나눠서 개발한다면 앵귤러 제너레이터만 사용하면 되겠지만, 하나의 저장소를 기반으로 클라이언트와 서버 소스를 둔다면 다른 제너레이터를 선택해야 한다. 1장과 2장에서는 앵귤러 제너레이터를 이용해 프런트엔드 개발 및 테스트 과정을 살펴보고, 3장부터는 민스택 기반 개발에 적합한 제너레이터를 선택할 것이다. 이번 장과 관련한 소스는 깃헙(https://github.com/AngularJS-SPA-Development/chapter01-todo)에 접속하면 확인할 수 있다.

앵귤러 제너레이터를 설치하고 제너레이터를 구동시키는 yo와 노드 버전을 체크해 보자. 설치 시 해당 버전이거나 상위 버전이면 된다. 제너레이터는 yo 기반에서 실행되고, yo는 노드 기반으로 실행됨을 기억하자.

```
// 제너레이터 설치
  npm install -g generator-angular

// 버전 확인
  yo --version && bower --version && grunt --version
  1.4.6
  1.4.1
  grunt-cli v0.1.13
  node --version
  v0.12.2
```

yo를 이용한 ToDo 애플리케이션 생성

yo의 일반적인 명령어는 generator-NAME의 명명규칙에서 'yo NAME:〈Command〉'가 기본 명령 형식이 된다. 만일 generator-meanstack 을 설치했다면 'yo meanstack:〈Command〉'로 명령을 수행한다. 대부분의 generator는 오픈소스이고 깃헙과 같은 깃 중앙 저장소에 소스를 유지하고 있다. generator-angular는 https://github.com/yeoman/generator-angular에 있고 관련 〈Command〉 명령을 확인할 수 있다.

MyToDo 애플리케이션을 다음과 같은 순서로 생성해 보자. 먼저 todo 폴더를 만들고 todo 폴더로 이동한다. 다음으로 generator-angular를 설치했으므로 애플리케이션을 최초로 생성하는 명령인 'yo angular MyToDo' 또는 'yo angular:app MyToDo'를 수행한다. ':app'은 생략해도 된다.

```
// 프로젝트 디렉토리 생성
  mkdir todo && cd todo

// yo 애플리케이션 최초 한번 수행 : yo angular 〈ProjectName〉
  yo angular MyToDo
```

'yo angular MyToDo' 명령을 실행하면 다음과 같은 순서로 선택사항이 나온다. 불필요하거나 필요한 것에 대해 No나 Yes를 입력한다. Sass는 CSS의 preprocess 언어로 이번 장에서는 사용하지 않으므로 No를 선택한다. 트위터 부트스트랩은 UI 프레임워크로 Yes를 선택하고 앵귤러 모듈은 스페이스 키를 눌러 전부 선택한다.

```
$ yo angular MyToDo

     _-----_
    |       |    .--------------------------.
    |--(o)--|    |   Welcome to Yeoman,     |
    `---------´   |  ladies and gentlemen!   |
    ( _´U`_ )    '--------------------------'
    /___A___\
     |  ~  |
   __'.___.'__
 ´   `  |° Y `

Out of the box I include Bootstrap and some AngularJS recommended modules.

[?] Would you like to use Sass (with Compass)? No
[?] Would you like to include Bootstrap? Yes
[?] Which modules would you like to include?
  ○ angular-animate.js
 >● angular-cookies.js
  ● angular-resource.js
  ● angular-route.js
  ● angular-sanitize.js
  ○ angular-touch.js
```

〈그림 1.9〉 yo generator 수행 과정 중 옵션 선택

생성하면 todo 폴더 아래에 다음과 같은 폴더들이 생성된다. 보편적으로 사용하는 폴더명이니 익숙해지도록 하자. 〈그림 1.10〉에서 각 중요한 폴더와 파일은 다음과 같다.

- **app**: 프런트엔드 애플리케이션 Assets인 HTML/CSS/JS 파일이 위치한다. 대부분의 SPA 파일이 존재하는 폴더다.

- **bower_components**: bower가 내려받아 관리하는 의존성 라이브러리(모듈)가 위치한다. 의존성 라이브러리가 bower.json에 명시돼 있으면 'bower install' 명령을 수행했을 때 bower.json 파일에 명시된 모듈을 bower_components 폴더에 자동으로 설치하고, index.html에 관련된 자바스크립트 또는 CSS 파일 링크가 자동으로 삽입된다.

- **node_modules**: 노드 패키지 매니저를 이용해 내려받은 의존성 라이브러리(모듈)가 위치한다. bower.json처럼 package.json에 명시돼 있고 'npm install' 명령을 수행했을 때 package.json 파일에 명시된 모듈을 node_modules 폴더에 자동으로 설치한다.

- **test**: test 폴더의 spec 폴더에는 앵귤러 단위 테스트 프레임워크인 카르마(Karma) karma.conf.js 환경 파일과 단위 테스트 파일이 위치한다.

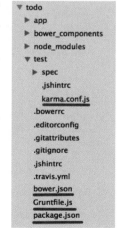

〈그림 1.10〉 todo 애플리케이션 최초 생성 파일 및 구조

애플리케이션 파일은 전부 app 폴더에 있고, 〈그림 1.11〉을 보면 app 폴더에 images, scripts, styles, views 폴더와 index.html이 있다. images 폴더에는 모든 이미지 관련 파일(.gif, .jpg, .png)이 있고, scripts 폴더에는 비즈니스 로직이 있는 자바스크립트 파일(.js)이 있으며, styles 폴더에는 스타일 파일(.css)과 views 폴더에는 .html 파일이 있다. 또한, bower_components 폴더에는 애플리케이션에서 사용하는 jquery, angular 모듈과 모던 브라우저가 아닐 때를 대비한 json3, es5-shim 모듈 그리고 UI 프레임워크인 트위터 부트스트랩 모듈이 폴더별로 있다.

todo/.bowerrc 환경 파일에는 'bower install' 명령 수행 시 모듈을 내려받아 설치할 폴더 위치가 설정돼 있다. 대부분 명명규칙을 bower_components를 사용하기 때문에 명칭은 그대로 사용하고 다른 폴더로 옮기고 싶다면 directory 키의 값을 수정하면 된다.

```
~/ todo
$ cat .bowerrc
{
  "directory": "bower_components"
}
```

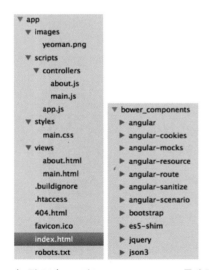

〈그림 1.11〉 app과 bower_components 폴더 구조

.travis.yml 설정 파일은 지속적인 통합(Continuous Integration)을 담당하는 서비스인 트래비스의 환경 파일이다. 보통 젠킨스(Jenkins)를 많이 쓰지만 깃헙에 올라간 오픈소스는 트래비스를 사용하기도 한다. 그 외 깃으로 소스 저장 시 불필요한 파일은 생성된 .gitignore에 작성하면 된다.

생성된 애플리케이션을 구동해보자. generator-angular는 프런트엔드에만 국한된 애플리케이션 구조를 만들지만, 노드를 이용해 간단하게 테스트할 수 있는 서버를 구동할 수 있고, 애플리케이션 소스를 변경했을 때 자동으로 브라우저 화면을 새로고침 해주는 편리한 기능을 내장하고 있다. 실행은 grunt의 task 명령을 이용해 수행한다. 초기 생성된 Gruntfile.js에 이미 기본적인 실행, 테스트, 빌드와 관련된 task가 등록돼 있다.

애플리케이션을 실행하는 태스크 명령은 'grunt serve'다. 에러 없이 실행됐다는 메시지가 나오고 Running "watch" task 메시지가 출력된다.

```
~ /todo
$ grunt serve
Running "serve" task
.. 중략 ..
Running "concurrent:server" (concurrent) task Done, without errors.

Running "connect:livereload" (connect) task
Started connect web server on http://localhost:9000

Running "watch" task
Waiting...
```

'grunt serve'가 수행하는 순서는 먼저 명령을 내린 폴더에서 Gruntfile.js 파일을 찾는다. 명령의 수행 순서는 Gruntfile.js 환경 파일에서 serve 태스크를 찾아 정의된 순서대로 실행한다. 노드 기반으로 테스트 서버를 실행시키므로 브라우저에서 애플리케이션을 확인할 수 있다. 만일 app 폴더의 에셋 (HTML/CSS/JS) 파일을 변경하면 마지막에 수행된 watch 태스크에 의해 브라우저 화면이 자동으로 갱신되므로 개발자가 직접 갱신할 필요가 없다. 〈그림 1.12〉는 백엔드 처리만 빠져있고, 자동으로 생성된 MyToDo 단일 페이지 애플리케이션 화면이다.

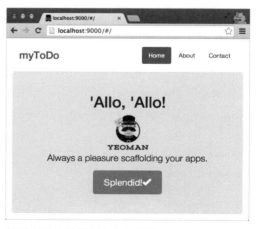

〈그림 1.12〉 수행 결과 MyToDo 화면

'**grunt test**' 명령은 test/spec 폴더에 작성된 단위 테스트 코드를 자동으로 수행해 오류 여부를 콘솔 화면에 출력해 준다.

'**grunt build**' 명령을 수행하면 app 폴더에 dist 폴더가 생성되면서 배포 버전의 파일이 생성된다. 보통 bower를 이용해 bower_components 폴더에 설치된 모듈은 모듈을 개발하기 위해 사용하는 파일과 배포 파일이 같이 존재하므로 디스크 용량이 커질 수 있다. 따라서 bower_components의 파일 중 index.html에 설정된 파일만 통합/압축해 새로 생성한 파일에 대해 dist 폴더에 자바스크립트는 scripts 폴더에, CSS는 styles에 배포한다. 배포 파일은 index.html에 주석으로 설정한 명칭대로 배포 파일이 생성되고 링크가 자동 수정돼 배포된다.

1-3 애플리케이션 컴포넌트 생성

애플리케이션을 초기화했으면 이제 SPA의 메인 파일인 index.html을 살펴보고, yo를 이용해 앵귤러 기능 요소(컴포넌트)를 어떻게 생성하는지 알아보자.

앵귤러를 위한 index.html 설정 이해하기

지금까지 계속 이야기한 SPA가 어떻게 수행되는지 알아보자. 애플리케이션을 구동하기 위한 호스트는 브라우저가 되고 index.html이 애플리케이션의 시작점이면서 부분적인 화면의 DOM에 대한 컨테이너 역할을 한다. 애플리케이션 화면의 변경은 index.html 일부 영역의 DOM이 변경되는 것으로 예를 들어, 부분 화면(Partial Views) HTML 파일은 app/views/ 폴더의 about.html, main.html이다. MyToDo 애플리케이션의 화면 상단에 있는 about 메뉴를 클릭하면 전체 화면이 바뀌는 것이 아니라 메뉴 하단의 DOM 내용만 바뀌는 것을 알 수 있다. index.html에서 부분적인 DOM 변경이 가능한 영역을 〈div ng-view=""〉〈/div〉로 지정한다. 〈그림 1.13〉에서 ng-view를 세 군데 설정했다면 index.html의 세 군데 DOM에서 부분적인 DOM 변경이 일어날 수 있는 것이다.

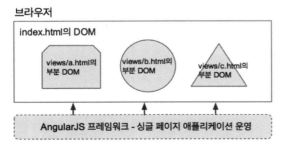

〈그림 1.13〉 SPA에서 부분적인 화면 운영 방식

또한 SPA는 클라이언트 템플릿을 사용한다. 템플릿에는 PHP, JSP처럼 서버에서 데이터를 바인딩해 최종 HTML 결과를 클라이언트로 보내는 서버 템플릿이 있고, 템플릿을 해석하고 데이터 바인딩을 클라이언트에서 하는 클라이언트 템플릿이 있다. 앵귤러는 확장자가 *.html인 클라이언트 템플릿을 해석할 수 있는 기능을 제공한다. 클라이언트 템플릿 처리는 서버에서는 데이터가 바인딩 되어 있지 않은 HTML 파일을 클라이언트에 전송만 하고, HTML을 해석하여 데이터 바인딩하는 것을 클라이언트에서 수행한다.

index.html은 크게 header 태그 부분 설정과 body 태그 부분 설정으로 나뉜다. header 태그에는 bower를 이용해 설치한 CSS 파일과 빌드 시 통합/압축할 설정이 주석 태그를 이용해 다음과 같이 들어간다.

- **build:** css와 endbuild 사이의 모든 .css 파일은 'grunt build' 수행 시에 지정된 파일 명칭의 css로 통합/압축된다. 예를 들어, 아래 코드에서는 styles/vendor.css와 styles/main.css를 주석으로 지정했다.
- **bower:** css와 endbower 사이에는 bower를 이용해 설치한 모듈의 css 파일이 자동으로 첨부된다.

그리고 body 태그는 최초 'yo angular MyToDo' 명령을 수행하면 첫 문자는 소문자가 되고, 접미사로 App이 붙는 myToDoApp 애플리케이션 명칭을 갖는다. 앵귤러는 ng-app="myToDoApp"을 통해 myToDoApp이라는 앵귤러 모듈로부터 애플리케이션을 초기화한다. 즉, myToDoApp은 애플리케이션 시작점의 메인 명칭이다. 그리고 body 영역 하단에도 다음과 같은 주석이 들어간다.

- **build:** js와 endbuild 사이의 모든 .js 파일은 'grunt build' 수행 시에 지정된 파일 명칭의 js로 통합/압축된다. 예를 들어, 다음 코드에서는 scripts/oldieshim.js, scripts/vendor.js를 주석으로 지정했다.
- **bower:** js와 endbower 사이에는 bower를 이용해 설치한 모듈의 js 파일이 자동으로 첨부된다.
- **build:** js({.tmp,app}) scripts/scripts.js와 endbuild 사이에는 특별히 yo를 이용해 명령 수행할 때 생성되는 js 파일을 자동으로 넣는다.

```html
<head>
    <meta charset="utf-8">
    <title></title>
    <meta name="description" content="">
    <meta name="viewport" content="width=device-width">
    <!-- Place favicon.ico and apple-touch-icon.png in the root directory -->

    <!-- build:css(.) styles/vendor.css -->
    <!-- bower:css -->
```

```html
    <link rel="stylesheet" href="bower_components/bootstrap/dist/css/bootstrap.css" />
  <!-- endbower -->
  <!-- endbuild -->

  <!-- build:css(.tmp) styles/main.css -->
  <link rel="stylesheet" href="styles/main.css">
  <!-- endbuild -->
</head>

<body ng-app="myToDoApp">
    … 중략 …

  <div ng-view=""></div>

  <!-- build:js(.) scripts/oldieshim.js -->
  <!--[if lt IE 9]>
  <script src="bower_components/es5-shim/es5-shim.js"></script>
  <script src="bower_components/json3/lib/json3.min.js"></script>
  <![endif]-->
  <!-- endbuild -->

  <!-- build:js(.) scripts/vendor.js -->
  <!-- bower:js -->
  <script src="bower_components/jquery/dist/jquery.js"></script>
  <script src="bower_components/angular/angular.js"></script>
  <script src="bower_components/json3/lib/json3.js"></script>
  <script src="bower_components/bootstrap/dist/js/bootstrap.js"></script>
  <script src="bower_components/angular-resource/angular-resource.js"></script>
  <script src="bower_components/angular-cookies/angular-cookies.js"></script>
  <script src="bower_components/angular-sanitize/angular-sanitize.js"></script>
  <script src="bower_components/angular-route/angular-route.js"></script>
  <!-- endbower -->
  <!-- endbuild -->

  <!-- build:js({.tmp,app}) scripts/scripts.js -->
  <script src="scripts/app.js"></script>
  <script src="scripts/controllers/main.js"></script>
  <script src="scripts/controllers/about.js"></script>
  <!-- endbuild -->
</body>
```

주석은 grunt를 이용한 통합/압축에도 사용되지만, bower를 사용해 모듈을 설치하면 index.html의 〈!-- bower:js --〉와 〈!-- bower:css --〉에 필요한 파일이 자동으로 삽입된다. 즉, 개발자가 설치한 모듈에 대해 index.html에 직접 삽입할 필요가 없다는 것이다. 또한 yo를 이용해 앵귤러 기능 요소를 추가해도 bower와 동일하게 〈!-- build:js (｛.tmp,app｝) scripts/scripts.js --〉 영역 아래에 .js 파일이 자동으로 추가된다.

yo를 이용한 앵귤러 컨트롤러 추가

앵귤러가 MV* 프레임워크인 이유는 MVC 패턴 또는 MVVM 패턴과 유사하기 때문이다. 뷰(View)는 HTML이 담당하고 모델(Model) 또는 뷰모델(ViewModel)은 스코프(Scope) 객체가 담당하며, 컨트롤러(Controller)는 앵귤러의 기능 요소(컴포넌트)다. MV*은 2장의 앵귤러 특징에서 좀 더 자세히 다룰 것이다. 간단히 앵귤러의 MVC 패턴 기준으로 본다면 컨트롤러는 뷰(View HTML)와 상호 작용하는 역할을 한다.

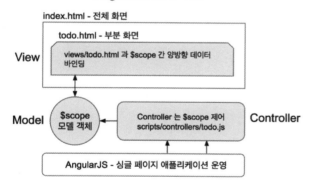

〈그림 1.14〉 AngularJS를 MVC 패턴으로 볼 때의 흐름도

yo 명령으로 todo.js 컨트롤러와 test 폴더에 테스트 파일을 생성한다. 그리고 views/todo.html은 직접 생성한다. generator-angular이므로 generator-를 제거한 angular 와 콜론(:) 뒤에 앵귤러 컴포넌트 명칭인 controller, service, directive, filter 중 하나를 넣고 한 칸 띈 후 사용자 정의 명칭을 넣는다. todo.js 코드 일부를 다음과 같이 변경한다.

```
// 컨트롤러 생성
$ yo angular:controller todo
   create app/scripts/controllers/todo.js
   create test/spec/controllers/todo.js


// app/scripts/controllers/todo.js를 다음과 같이 수정
angular.module('myToDoApp')
  .controller('TodoCtrl', function ($scope)
    $scope.todos = ['Item 1', 'Item 2', 'Item 3'];
  });


// app/views/todo.html을 생성하고 다음 코드 입력
<div class="container">
  <h2>My todos</h2>
  <p class="form-group" ng-repeat="todo in todos">
    <input type="text" ng-model="todo" class="form-control">
  </p>
</div>


// index.html에 자동으로 추가된 todo.js
  <!-- build:js({.tmp,app}) scripts/scripts.js -->
  <script src="scripts/app.js"></script>
  <script src="scripts/controllers/main.js"></script>
  <script src="scripts/controllers/about.js"></script>
  <script src="scripts/controllers/todo.js"></script>
  <!-- endbuild -->
```

ng-repeat, ng-model은 앵귤러에서 이미 정의한 지시자(Directive)로서 지시자에 대해서는 2장에서 자세히 살펴볼 것이다. HTML에서는 $scope.todos에서 $scope를 생략하고 todos 배열을 사용한다. 이제 새로 추가한 todo.js와 todo.html 사이의 관계를 app.js에서 설정한다.

app.js 파일은 index.html의 ng-app에 지정한 애플리케이션의 시작 모듈인 'myToDoApp'을 정의한 파일이다. 다음 코드를 보면 애플리케이션의 시작점으로 컨트롤러와 HTML의 관계를 설정한다. '/' 호출 시 기본 MainCtrl과 main.html로 되어 있는 코드 부분을 TodoCtrl과 todo.html로 변경한다. SPA의 특징을 이야기할 때 클라이언트 템플릿과 부분 DOM 변경을 위하여 앵귤러에서 제공하는 기본 ngRoute 모듈을 사용해 URI에 대해 보여질 부분 화면과 컨트롤러 관계 설정을 하고 있고, 이를 라우팅(Routing) 설정이라고 한다.

```
angular
  .module('myToDoApp', [
    'ngCookies',
    'ngResource',
    'ngRoute',
    'ngSanitize'
  ])
  .config(function ($routeProvider) {
  // MainCtrl, main.html 설정을 변경한다
    $routeProvider
      .when('/', {
        templateUrl: 'views/todo.html',
        controller: 'TodoCtrl'
      })
      .when('/about', {
        templateUrl: 'views/about.html',
        controller: 'AboutCtrl'
      })
      .otherwise({
        redirectTo: '/'
      });
  });
```

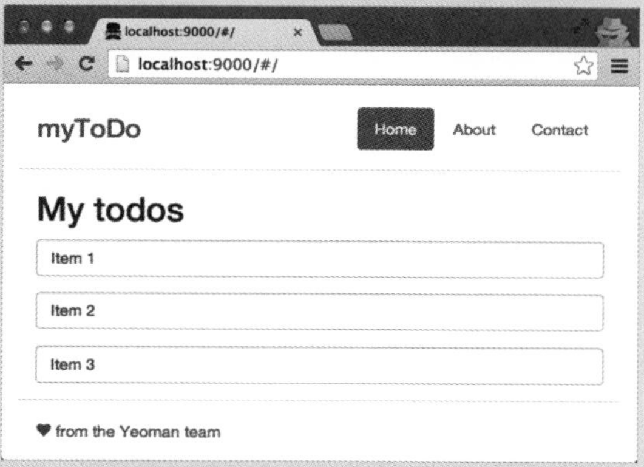

〈그림 1.15〉 myToDo 화면

HTML과 컨트롤러의 상호작용을 위해 먼저 컨트롤러에 addTodo 메서드를 추가하고 HTML에서 addTodo를 호출할 수 있게 ng-submit에 할당한다. 컨트롤러에는 $scope.addTodo로 메서드를 할당하지만, HTML에서는 $scope를 생략하고 정의된 메서드나 속성을 사용한다. 또한, 입력한 내용을 삭제할 수 있게 removeTodo 메서드를 서로 연결한다. 이때 넘겨주는 $index는 ng-repeat의 인덱스 숫자다.

```
// todo.html에서 form input 필드 추가

<div class="container">
  <h2>My todos</h2>

  <!-- Todos input -->
  <form role="form" ng-submit="addTodo()">
    <div class="row">
```

```html
    <div class="input-group">
      <input type="text" ng-model="todo" placeholder="할 일을 입력해 주세요" class="form-control">
      <span class="input-group-btn">
        <input type="submit" class="btn btn-primary" value="추가">
      </span>
    </div>
  </div>
</form>
<p></p>

<!-- Todos list -->
  <p class="input-group" ng-repeat="todo in todos" style="padding:5px 10px; cursor: move;">
    <input type="text" value="{{todo}}" class="form-control">
    <span class="input-group-btn">
      <button class="btn btn-danger" ng-click="removeTodo($index)" aria-label="Remove">X</button>
    </span>
  </p>

</div>
```

```javascript
// todo.js 기존 코드에서 다음과 같이 addTodo와
// removeTodo 추가 및 수정
angular.module('myToDoApp')
  .controller('TodoCtrl', function ($scope) {
    $scope.todos = [];
    $scope.addTodo = function () {
      $scope.todos.push($scope.todo);
      $scope.todo = '';
    };
    $scope.removeTodo = function (index) {
      $scope.todos.splice(index, 1);
    };
  });
```

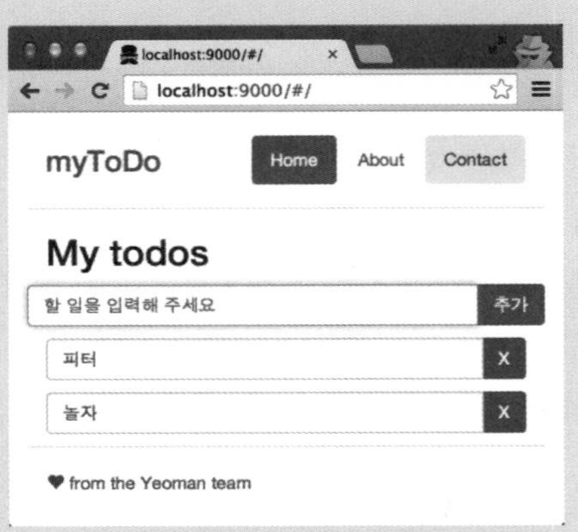

〈그림 1.16〉 추가 삭제를 넣은 폼 결과 화면

bower를 이용한 앵귤러 지시자 추가

bower를 이용해 앵귤러의 HTML 확장 기능인 지시자(Directive)를 추가해 보자. 지시자는 jQuery UI 플러그인과 같은 기능을 HTML 태그 방식으로 사용하고 싶을 때나, 반복된 HTML 태그를 추상화

해 의미 있는 태그로 표현하고 싶을 때 필요하다. 지시자는 HTML 태그로 표현되면서 jQuery UI 플러그인을 내장할 수 있어서 컴포넌트를 만들기에 적합하다. 그리고 앵귤러를 기반으로 애플리케이션을 개발할 때는 특수하게 앵귤러 컨텍스트가 HTML과 컨트롤러 사이의 양방향 데이터 바인딩을 관장하므로 jQuery를 바로 사용해 HTML에 자바스크립트를 함께 사용하는 것을 지향하고 있다. 따라서 필요한 jQuery UI 플러그인이 앵귤러 지시자로 만들어져 있는지 먼저 검색하고 요건에 맞는 플러그인을 bower를 이용해 설치해 사용하도록 한다.

bower_components에 설치된 모듈들의 의존 관계를 보면 앵귤러는 1.3.15 버전을 설치했고 업데이트 가능한 최신 버전 정보를 괄호( ) 안에 보여주고 있다. 해당 모듈 목록은 bower.json에도 설정된 사항이다.

```
~/todo
$ bower list
bower check-new      Checking for new versions of the project dependencies..
my-to-do#0.0.0 /Users/nulpulum/mobicon/angularjs_webapp/todo
├── angular#1.3.15
├─┬ angular-cookies#1.3.15
│ └── angular#1.3.15
   … 중략 …
│ └── angular#1.3.15
├─┬ angular-scenario#1.3.15
│ └── angular#1.3.15
├─┬ bootstrap#3.3.4
│ └── jquery#2.1.4
```

새로운 모듈을 검색하고 설치할 때 --save 또는 --save-dev를 옵션을 추가하면 운영 또는 개발에 필요한 모듈로 bower.json 파일에 저장된다. 해당 옵션을 주지 않으면 로컬에 설치하고 사용할 뿐 bower.json에 기록되지 않으므로 배포되는 컴포넌트라면 이를 주의해야 한다. 이제 정렬을 위한 지시자가 있는지 검색해 보고 설치해서 사용해 보자.

angular-ui-sortable을 설치할 때 angular-ui-sortable 또한 bower.json 파일을 가지고 있고, dependencies에 선언된 의존성 정보에 따라 추가로 jquery, jquery-ui 라이브러리도 자동으로 설치한다. angular-ui-sortable 모듈은 할 일 목록의 위치를 위, 아래로 드래그 앤 드롭으로 바꿀 수 있는 지시자다. 원래는 jQuery UI의 sortable이지만 앵귤러의 지시자로 모듈화했다.

```
// 검색하기
$ bower search angular-ui-sortable
Search results:

    angular-ui-sortable git://github.com/angular-ui/ui-sortable.git


// 설치하기
$ bower install angular-ui-sortable --save
… 중략 …
angular-ui-sortable#0.13.3 bower_components/angular-ui-sortable
├───── angular#1.3.15
└───── jquery-ui#1.11.4


jquery-ui#1.11.4 bower_components/jquery-ui
└───── jquery#2.1.4
```

bower_components 폴더에 angular-ui-sortable 모듈 내려받기

```
▼ bower_components
  ▶ angular
  ▶ angular-cookies
  ▶ angular-mocks
  ▶ angular-resource
  ▶ angular-route
  ▶ angular-sanitize
  ▶ angular-scenario
  ▼ angular-ui-sortable
      .bower.json
      .travis.yml
      bower.json
      sortable.js
      sortable.min.js
```

```
// index.html 확인: jquery.js와 jquery-ui.js 아래에 sortable.js 자동으로 추가
    <!-- build:js(.) scripts/vendor.js -->
    <!-- bower:js -->
    <script src="bower_components/jquery/dist/jquery.js"></script>
     … 중략 …
    <script src="bower_components/jquery-ui/jquery-ui.js"></script>
    <script src="bower_components/angular-ui-sortable/sortable.js"></script>
    <!-- endbower -->
    <!-- endbuild -->
```

MyToDo 애플리케이션의 루트에 있는 bower.json 파일에 angular-ui-sortable이 포함됐다. 버전 정보는 일반적으로 MAJOR, MINOR, PATCH 3개로 구분해 표현하고 앞에 나오는 기호는 지정한 버전보다 크거나, 작거나, 같은 버전을 설치한다는 의미다.

```
{
  "name": "my-to-do",   → 이름
  "version": "0.0.0",   → 버전
  "dependencies": {   → 프로덕션 의존 라이브러리 및 앵귤러 모듈
    "angular": "^1.3.0",
    … 중략 …
    "angular-route": "^1.3.0",
    "angular-ui-sortable": "~0.13.3"
  },
  "devDependencies": {   → 개발 시에만 필요한 의존 라이브러리 및 모듈
    "angular-mocks": "^1.3.0"
  },
  "appPath": "app",   → 애플리케이션 위치
  "moduleName": "myToDoApp"
}
```

bower를 이용해 배포되는 모듈은 자신만의 모듈 이름으로 컴포넌트화해 배포한다. 따라서 angular-ui-sortable 또한 자신만의 모듈 명칭이 있고, 해당 모듈을 MyToDo 애플리케이션에서 사용하게 된다. 앵귤러 기반의 애플리케이션은 모듈의 집합체로서 메인 모듈이 있고 메인 모듈이 사용하는 의존 모듈이 있다. 단지 bower로 설치하고 index.html에 자동으로 포함됐다고 해서 angular-ui-sortable 같은 모듈을 바로 사용할 수 있는 것이 아니라 모듈 사이의 의존성을 설정해야 사용할 수 있다. 의존성이 성립되면 메인 모듈은 의존 모듈에 정의된 앵귤러 컴포넌트를 자유롭게 사용할 수 있다.

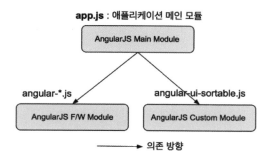

〈그림 1.17〉 MyToDo 애플리케이션 앵귤러 모듈 의존 관계도

〈그림 1.17〉과 같이 처음에는 가장 기본적인 모듈 관계를 사용하고, 애플리케이션이 복잡해지면 모듈 관계를 다양한 방식으로 구성할 수 있다. MyToDo 애플리케이션의 시작점은 app/scripts/app.js로 app.js의 모듈 set 구분의 두 번째 파라미터 배열에 의존 관계에 있는 모듈 명칭을 설정한다.

angular-ui-sortable을 설치하고 사용하기 위해 마지막으로 모듈 의존성을 설정하자. angular. module('myToDoApp', [의존 관계 모듈]) 모듈 명칭을 배열 안에 선언한다. bower_ components/angular-ui-sortable/sortable.js 파일을 열어보면 angular.module(〈ModuleName〉, …) 코드에서 ui.sortable이 모듈 명칭이 된다.

```
Angular
  .module('myToDoApp', [
    'ngCookies',
    'ngResource',
    'ngRoute',
    'ngSanitize',
    'ui.sortable'
  ])
  .config(function ($routeProvider) {
  … 중략 …
  });
```

bower를 이용해 ui-sortable 지시자를 설치하고, index.html에 관련된 파일 링크가 설정되고 최종적으로 모듈의 의존 관계를 설정하면 ui-sortable을 사용할 수 있다. todo.html에 지시자와 인라인 스타일을 설정한다.

```
<!-- Todos list -->
<div ui-sortable ng-model="todos">
  <p class="input-group" ng-repeat="todo in todos" style="padding:5px 10px; cursor: move;">
    <input type="text" ng-model="todo" class="form-control">
    <span class="input-group-btn">
      <button class="btn btn-danger" ng-click="removeTodo($index)" aria-label="Remove">X</button>
    </span>
  </p>
</div>
```

입력한 MyToDo 항목에 대해 〈그림 1.18〉의 화살표 부분을 드래그 앤드 드롭하면 할 일 레코드의 위치를 바꿀 수 있다. 2장에서는 〈p〉〈/p〉 태그 내용을 앵귤러의 사용자 정의 지시자로 만드는 방법을 배울 것이다.

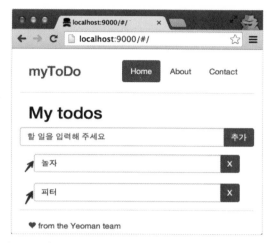

〈그림 1.18〉 정렬 가능한 ToDo 목록

1-4 애플리케이션 테스트 및 빌드

애플리케이션을 초기화하고 앵귤러 컴포넌트를 추가했다면 테스트를 수행한 후 배포를 위한 빌드를 하게 된다. 단위 테스트와 통합 테스트는 앵귤러 자체에 별도의 테스트 프레임워크로 제공하고 있다. 테스트 명령은 테스트 프레임워크를 이용해 직접 할 수도 있지만, 전체 태스크의 일관성을 위해 grunt에 통합하고 있다. 배포본을 만들기 위한 빌드 또한 grunt를 이용해 수행한다.

grunt를 이용한 테스트

제너레이터에 따라 단위, 통합 E2E 테스트에 대한 환경 설정을 해주는 제너레이터도 있고, 단위 테스트만 제공하는 제너레이터도 있다. 애플리케이션을 견고하게 만들고 싶다면 테스트 코드를 함께 작성하는 것이 중요하다. 앵귤러는 자바의 스프링처럼 의존성 주입을 통해 컴포넌트를 사용하므로 테스트할 때도 똑같이 컴포넌트를 주입받아 편리하게 테스트 코드를 작성할 수 있다. 또한, 별도의 테스트 프레임워크를 제공하고 있고 간편한 설정으로 테스트 환경을 쉽게 구성할 수 있다.

〈그림 1.19〉처럼 자바의 JUnit과 같은 단위 테스트 프레임워크로는 카르마(Karma) 단위 테스트 러너를 제공한다. 러너(Runner)는 앵귤러와 쟈스민(Jasmine), 모카(Mocha) 같은 단위 테스트 프레임워크를 서로 엮어서 구동할 수 있게 해주는 것이다. E2E 테스트는 End-to-End의 약어로 브라우저의 사용자 이벤트를 자동으로 수행하여 서버의 응답을 받아 화면에 렌더링 되는 결과까지 검증하는 테스트다.

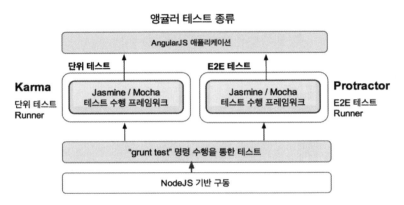

〈그림 1.19〉 앵귤러 애플리케이션의 단위 및 E2E 테스트

코드 블록의 테스트는 단위 테스트(Unit Test)를 하고, 웹 브라우저 화면에서 사용자 이벤트에 대한 테스트는 End-To-End(E2E) 테스트를 한다. 앵귤러는 두 가지 테스트를 위해 카르마(Karma)와 프로트랙터(Protractor)를 제공한다. generator-angular로 생성된 테스트 환경은 E2E 테스트 환경을 제외한 단위 테스트 환경 파일인 test/karma.conf.js 만 제공한다.

karma.conf.js 파일을 보면 files 환경 부분에 단위 테스트를 위한 의존 관계 파일 설정 부분이 있다. 즉, 메인 모듈에서 의존 관계를 설정한 파일이 이곳에 정의돼야 오류 없이 단위 테스트를 수행할 수 있다. bower install 했을 때 index.html에 관련 파일이 자동으로 추가되는 것처럼 karma.conf.js 의 // bower:js ~ // endbower 사이에 자동으로 추가된다.

```
// karma.conf.js 수정 부분
   files: [
      // bower:js
      'bower_components/angular/angular.js',
      'bower_components/angular-mocks/angular-mocks.js',
      'bower_components/angular-cookies/angular-cookies.js',
      'bower_components/angular-resource/angular-resource.js',
```

```
    'bower_components/angular-route/angular-route.js',
    'bower_components/angular-sanitize/angular-sanitize.js',
    'bower_components/jquery/dist/jquery.js',
    'bower_components/jquery-ui/jquery-ui.js',
    'bower_components/angular-ui-sortable/sortable.js',
    // endbower
    'app/scripts/**/*.js',
    'test/mock/**/*.js',
    'test/spec/**/*.js'
  ],

// 테스트 수행 ToDoCtrl 에서 에러 발생
$ grunt test

Running "concurrent:test" (concurrent) task
… 중략 …
PhantomJS 1.9.8 (Mac OS X) Controller:
TodoCtrl should attach a list of awesomeThings to the scope FAILED
TypeError: 'undefined' is not an object (evaluating 'scope.awesomeThings.length')  at
Aborted due to warnings.
concurrent:test    3.2s         59%
autoprefixer:dist  85ms    2%
karma:unit         2.1s     38%
Total 5.5s

// test 태스크 Gruntfile.js  정의 : karma 단위 테스트 수행 설정
  grunt.registerTask('test', [
    'clean:server',
    'concurrent:test',
    'autoprefixer',
    'connect:test',
    'karma'
  ]);
```

'grunt test'를 실행하면 TodoCtrl 에서 awesomeThings가 undefined로 TypeError가 발생했다. 이는 yo를 이용해 컨트롤러를 생성하면 기본 템플릿 코드로 TodoCtrl의 테스트 파일에 반영됐기 때문이다. 쟈스민 단위 테스트 프레임워크는 describe 단위로 테스트 코드를 작성하고, 내부에 beforeEach를 이용해 it 구문 수행 전에 전처리를 수행하며 실제 테스트는 it 구문에서 한다.

module, inject는 angular-mocks.js 모듈에 정의된 함수로서 메인 모듈을 설정하고 의존성 모듈을
주입 받을 때 사용한다.

```javascript
// /test/spec/controllers/todo.js : 자동으로 생성된 테스트 파일의 기존 구문
describe('Controller: TodoCtrl', function () {
  // load the controller's module
  beforeEach(module('myToDoApp'));

  var TodoCtrl, scope;

  // Initialize the controller and a mock scope
  beforeEach(inject(function ($controller, $rootScope) {
    scope = $rootScope.$new();
    TodoCtrl = $controller('TodoCtrl', {
        $scope: scope
    });
  }));

  it('should attach a list of awesomeThings to the scope', function () {
    expect(scope.awesomeThings.length).toBe(3); // 에러 발생
  });
});

// it 구문 수정
  it('should attach a list of awesomeThings to the scope', function () {
    expect(scope.todos.length).toBe(0);
  });
```

다시 'grunt test'를 수행했을 때 정상적인 – SUCCESS – 메시지를 출력하면 성공이다. 단위 테스트
와 통합 테스트에 대해서는 2장에서 자세히 다룬다.

```
$ grunt test
Running "clean:server" (clean) task
Cleaning .tmp...OK
… 중략 …
PhantomJS 1.9.8 (Mac OS X): Executed 2 of 2 SUCCESS (0.003 secs / 0.01 secs)
Done, without errors.
```

grunt를 이용한 배포

yo를 이용해 MyToDo 애플리케이션의 기본 골격 구조를 만들고,
SPA 개발을 위해 앵귤러 컴포넌트를 추가하고 index.html의 관계
를 살펴봤다. 개발을 완료하고 배포본을 만들기 위해 'grunt build'
태스크를 수행하면 dist 폴더가 생성되고, 운영에 반영할 파일이 복
사되며, js/css/image 파일을 통합/압축한 파일을 새로 생성해
변경 내역을 index.html 파일에 반영한 뒤 html 파일을 최소화
(minification)한다. 〈그림 1.20〉은 압축 생성된 파일이다.

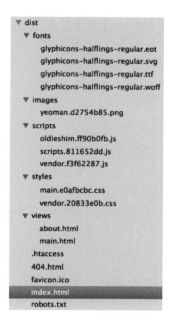

〈그림 1.20〉 배포 버전의 폴더와 파일

배포 버전의 index.html에 압축 파일이 반영된 내역 중 .css와 .js 파일 명칭의 예다.

```
<link rel="stylesheet" href="styles/vendor.20833e0b.css">
<link rel="stylesheet" href="styles/main.e0afbcbc.css">
… 중략 …
<!--[if lt IE 9]>
<script src="scripts/oldieshim.ff90b0fb.js"></script>
<![endif]-->
<script src="scripts/vendor.f3f62287.js"></script>
<script src="scripts/scripts.811652dd.js"></script>
```

〈그림 1.20〉의 dist 폴더를 보면 bower_components 폴더가 없다. 운영을 위해 불필요한 파일은
제거하고 HTML에서 참조하는 파일만 압축해 사용하기 때문이다. 또한, UI 프레임워크로 트위터 부
트스트랩을 사용하면서 fonts 폴더가 dist 폴더 루트에 추가로 복사됐다. fonts 폴더를 복사하라는 명
령은 각 모듈의 bower.json 설정에 있다. 즉, 빌드 시 bower_components 아래에 있는 각 모듈의
bower.json 설정도 참조한다.

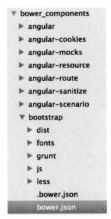

〈**그림 1.21**〉 트위터 부트스트랩의 bower_components/bootstrap/bower.json

〈그림 1.21〉은 트위터 부트스트랩의 폴더 구조다. 트위터 부트스트랩에 있는 bower.json의 main 키 값을 보면 파일 확장자가 css나 js가 아닌 경우 빌드할 때 추가할 파일을 배열로 명시하고 있다. 또한, main에 설정된 파일의 확장자가 css나 js면 index.html의 bower:js ~ endbower, bower:css ~ endbower 주석 태그 사이에 자동으로 포함된다.

```
"main": [
  "less/bootstrap.less",
  "dist/css/bootstrap.css",
  "dist/js/bootstrap.js",
  "dist/fonts/glyphicons-halflings-regular.eot",
  "dist/fonts/glyphicons-halflings-regular.svg",
  "dist/fonts/glyphicons-halflings-regular.ttf",
  "dist/fonts/glyphicons-halflings-regular.woff"
],
```

지금까지 아주 간단하게 프런트엔드 도구를 이용한 앵귤러 기반의 SPA 개발 과정을 짚어봤다. SPA 개발에 대한 초기 설정의 번거로움과 자동화 부분이 도구를 통해 해소되고 있으니 반드시 익숙해질 필요가 있다.

정리

프런트엔드 개발도 백엔드 개발처럼 도구의 도움으로 반복적인 작업을 최소화하고 업무 로직에 집중할 수 있다는 것을 알게 됐다. 특히 잘 만든 제너레이터를 사용하면 반복 작업 및 초기 프로젝트를 설정하는 시간을 단축할 수 있으므로 빠른 프로토타입핑을 가능하게 한다. 지금까지 배운 도구의 명령을 간략히 정리해 보자.

- 'yo angular ⟨AppName⟩' 애플리케이션의 골격 코드 생성

- 'grunt serve' 개발 테스트 서버를 실행 결과 확인

- 'grunt build' 개발 코드를 통합/압축해 배포 코드 생성

- 'yo angular:controller ⟨CtrlName⟩' 앵귤러 컨트롤러 및 테스트 코드 생성

- 'bower search ⟨Name⟩' 등록된 프런트엔드에서 사용할 라이브러리 또는 모듈 검색

- 'bower install ⟨Name⟩ —save' 검색된 모듈 설치 및 —save 옵션으로 bower.json에 기록

- 'grunt test' 테스트 작성한 코드에 대한 유닛 테스트 수행

- 'grunt build' 운영 배포 파일 생성

1장에서는 도구를 사용해서 어떻게 SPA 개발을 진행하는지 알아봤다. 2장에서는 앵귤러의 6가지 특징을 기준으로 반드시 알고 있어야 할 개념을 설명할 것이다.

02

AngularJS 프레임워크 이해

이번 장에서는 앵귤러 프레임워크에서 기본적으로 알고 있어야 할 개념을 6가지의 장점으로 나눠 설명한다.

테스트 프레임워크 (Unit, E2E)

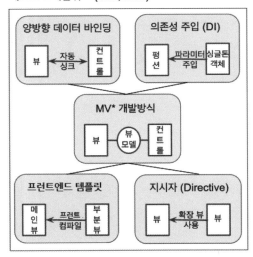

〈그림 2.1〉 앵귤러의 6가지 장점

1. MV* 개발 방식

우선 MV* 개발 방법으로 백엔드에서 개발하는 방식과 같이 에셋(HTML/CSS/JS)을 역할별로 분리해 구조적인 애플리케이션을 개발할 수 있게 한다.

2. 양방향 데이터 바인딩

양방향 데이터 바인딩은 뷰와 컨트롤러 사이의 데이터 변경에 대해 앵귤러 프레임워크단에서 자동으로 반영해 주는 기능이다. 뷰단의 이벤트에 대한 반응을 알기 위한 별도의 사용자 코드가 불필요하고 마찬가지로 컨트롤러에서 데이터 변경이 일어나면 뷰에서 알기 위한 별도의 사용자 코드가 불필요하므로 반복적인 작업을 단순화하여 뷰와 컨트롤러 사이의 의존관계를 약하게 하고 코드를 간소화할 수 있다.

3. 지시자(Directive)

지시자는 HTML을 확장하는 앵귤러만의 가장 특별한 기능으로 HTML 태그로서 뷰를 확장할 수 있고, 그 안에 상태와 액션을 담아 컴포넌트화 할 수 있으므로 화면 개발의 생산성을 높여준다.

4. 프런트엔드 템플릿

프런트엔드(클라이언트) 템플릿은 앵귤러 프레임워크가 HTML을 템플릿으로 간주하여 1차적으로 앵귤러 구문을 해석하고 데이터를 바인딩하는 템플릿 해석기 역할을 한다.

5. 의존성 주입

의존성 주입은 자바의 스프링 프레임워크에서 많이 사용되고 있는 개념으로 사용하려는 객체의 라이프 사이클(Life Cycle)을 앵귤러 프레임워크가 담당하고 필요한 시점에 함수 파라미터 주입으로 의존하는 객체를 주입받을 수 있다.

6. 테스트 프레임워크

앵귤러는 단위 테스트와 E2E 테스트를 위한 전용 테스트 러너를 제공하고 러너에 쟈스민, 모카 등 다양한 테스트 프레임워크를 사용할 수 있게 한다.

이번 장에서는 각 장점에 대해 기본적인 개념과 사용법을 알아보겠다.

2-1 MV* 프레임워크

앵귤러는 구조적인 애플리케이션을 개발하기 위하여 백엔드처럼 하나의 업무 로직에 대해 역할을 분리해 개발할 수 있다. 앵귤러 프레임워크는 MVC와 MVVM 프레임워크 스타일의 혼합으로 볼 수도 있는데 예를 들어, 모델은 POJO(Plain Old Javascript Object)이며 앵귤러에서 스코프($scope) 객체 속성으로 데이터를 참조한다. 그리고 뷰모델은 뷰에 데이터 상태를 관리하기 위한 메서드를 제공하며, 앵귤러에서 뷰모델은 스코프 객체 자신이다.

앵귤러 컨트롤러가 뷰모델의 데이터 핸들링을 담당하고, 뷰는 레이아웃과 컨트롤러의 뷰모델 핸들링에 따라 표현을 담당한다고 가정해 〈그림 2.2〉의 왼쪽과 같은 MVVM 패턴으로 본다면 프런트엔드에서 뷰에 입력(Input)이 발생할 때 뷰와 뷰모델 사이의 데이터 바인딩을 설명할 수 있다. 〈그림 2.2〉의 오른쪽과 같은 MVC 패턴으로 본다면 백엔드에서 데이터를 받아 올 경우 데이터 입력을 컨트롤러가 받아 모델에 반영해 주고 최종적으로 뷰에 반영하는 것이라고 설명할 수도 있다. 따라서 앵귤러 프레임워크를 딱히 무엇이라고 규정하기 어려우므로 무엇이든 될 수 있다는 MVW(Model View Whatever) 프레임워크라고 부른다.

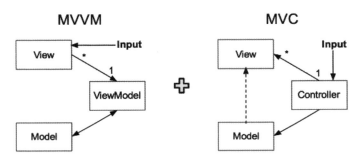

〈그림 2.2〉 MVVM 과 MVC 의 조합인 앵귤러 프레임워크

MVW로 불릴 수 있게 하는 앵귤러 구성요소(컴포넌트)는 〈그림 2.3〉과 같이 모듈을 기본 단위로 한다. 모듈은 앵귤러 컴포넌트를 정의할 수 있는 API를 제공하고, 모듈끼리의 의존성 설정으로 애플리케이션을 조합하는 구조다.

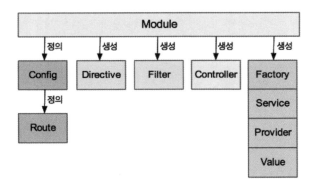

〈그림 2.3〉 앵귤러 구성요소

각 구성요소는 앵귤러 모듈을 생성한 후의 환경(config), 초기화 실행(run), 컨트롤러, 다양한 서비스(factory, service, provider, value), 필터(filter), 사용자 정의 태그(directive)다.

```
var todoAppModule = angular
                        .module('myToDoApp', [])
                        .config(function () { … })
                        .run(function() { … });

todoAppModule.controller(<CtrlName>, function() { … });
todoAppModule.factory(<FactoryName>, function() { … });
todoAppModule.service(<ServiceName>, function() { … });
todoAppModule.provider(<ProviderName>, function() { … });
todoAppModule.value(<CtrlName>, function() { … });

todoAppModule.filter(<CtrlName>, function() { … });

todoAppModule.directive(<CtrlName>, function() { … });
```

〈그림 2.4〉에 나와있는 앵귤러 구성요소의 동작 흐름을 보면 각 역할을 나누어 볼 수 있다. 모듈은 초기 환경과 화면의 변경 라우팅과 관련된 설정값을 가지고 있고, 팩토리/서비스는 백엔드로부터 데이터를 받아 오거나 컨트롤러로부터 데이터를 받아 처리한다. 컨트롤러는 뷰와 뷰모델($scope)을 통해 모델을 변경하면 변경된 모델값을 사용한다. 뷰 영역에는 뷰를 담당하는 HTML과 사용자 정의 태그를 만들어 사용할 수 있는 지시자가 위치한다. 따라서 앵귤러 모듈의 구성요소는 할 수 있는 역할이 구분돼 있다.

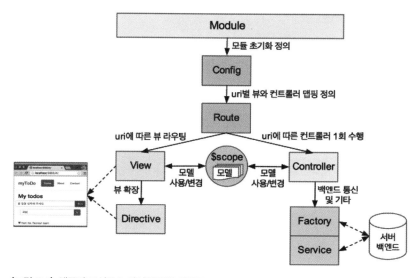

〈그림 2.4〉 앵귤러 구성요소 사이의 역할 흐름도

2-2 양방향 데이터 바인딩

앵귤러의 가장 큰 장점 중 하나인 양방향 데이터 바인딩(two-way data binding)은 뷰와 컨트롤러가 $scope라는 객체를 통해 값을 주고받으면 이벤트(Event)에 대한 리스너(Listener)를 등록하지 않고도 앵귤러 프레임워크 내부에서 뷰와 컨트롤러 사이에 사용하는 값을 자동으로 업데이트해주는 것이다.

스코프 내부와 상속 관계

양방향 데이터 바인딩의 핵심은 모델 객체인 $scope다. $scope 객체(이하 스코프 객체)는 앵귤러에서 사용하는 애플리케이션 모델 객체이면서 모델의 상태를 점검하는 다양한 메서드를 제공한다. 스코프 객체는 사용자가 직접 생성하지 않고 ng-app, ng-view, ng-controller와 같은 지시자에 앵귤러 프레임워크의 스코프 객체를 생성해 할당한다. 특히 애플리케이션 초기화에 사용되는 ng-app 지시자의 스코프 객체는 루트 스코프($rootScope)이며, 루트 스코프는 애플리케이션의 스코프 객체 상속구조에서 최상단에 위치하면서 하나만 존재한다. 스코프 객체의 특성은 DOM 트리구조와 연계하여 부모, 자식, 동료 관계가 성립하고, 스코프 객체는 상속을 통해 부모 스코프 객체의 속성을 참조할 수 있다. 〈그림 2.5〉를 보면 맨 위에 $rootScope가 있고 $rootScope를 통해 자식 스코프 객체가 생성되면서 상속관계에 놓인다.

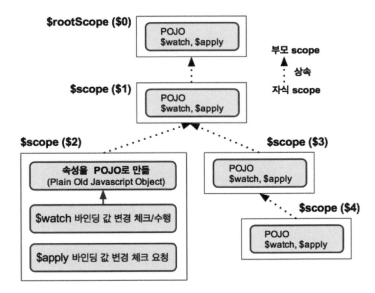

〈그림 2.5〉 스코프 객체 간 상속관계

〈그림 2.5〉에서 스코프 객체에 정의한 속성이 뷰에서 사용되면 속성의 변경을 체크하는 감시자가 속성마다 등록된다. 감시자 등록은 $scope.$watch를 통해 자동으로 되지만 사용자가 직접 설정할 수도 있다. 또한, 변경 감시는 일정 주기로 앵귤러 프레임워크에서 수행하지만, 사용자가 직접 수행하고 싶으면 $scope.$apply를 호출한다. 따라서 모든 스코프 객체에서 변경을 감지하거나 변경을 수행하는 $watch 등록과 $apply 호출을 직접 할 수 있다. 1장에서 개발한 MyToDo 애플리케이션을 크롬의 개발자 도구를 이용해 요소 검사를 하고, 콘솔창에 $0, $1을 출력해 보면 스코프 객체와 연계된 DOM 내역을 볼 수 있다. 또는 angular.element API를 이용해 스코프 객체의 내역을 볼 수 있다.

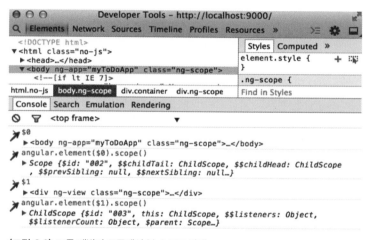

〈그림 2.6〉 크롬 개발자 도구에서 본 스코프 관계

〈그림 2.6〉을 보면 ng-app 지시자가 있는 스코프 $0이 루트 스코프($rootScope) 객체의 DOM 내역을 출력한다. angular.element($0).scope()를 호출하면 앵귤러 스코프 객체를 얻을 수 있다. $1과 angular.element($1).scope()를 보면 $rootScope의 자식 스코프 객체고 아이디 값이 순차적으로 증가함을 알 수 있다.

MyToDo 애플리케이션에서 양방향 데이터 바인딩

MyToDo 애플리케이션에서 todo.html과 TodoCtrl은 app.js에서 라우팅 설정을 했기 때문에 ng-model="todo"는 todo.html 영역의 DOM과 TodoCtrl 사이에 $scope 객체를 통해 양방향 데이터 바인딩이 돼 있다. ng-model="todo"에서 $scope는 생략하고 뷰를 담당하는 HTML에 스코프 객체의 속성을 사용한다. 뷰에서 todo 값을 변경하거나 컨트롤러에서 todo 값을 변경하면 스코프 객체는 $watch를 통해 변경을 감지하고 값의 변경을 수행한다.

```html
<!-- todo.html의 form input 영역 일부 -->

<form role="form" ng-submit="addTodo()">
  <div class="row">
    <div class="input-group">
      <input type="text" ng-model="todo" class="form-control">
      <span class="input-group-btn">
        <input type="submit" class="btn btn-primary" value="추가">
      </span>
    </div>
  </div>
</form>

<div ui-sortable ng-model="todos">
  … 중략 …
</div>
```

```javascript
// todo.js 컨트롤러 일부
angular.module('myToDoApp')
  .controller('TodoCtrl', function ($scope) {
    $scope.todos = [];
    $scope.addTodo = function () {
      $scope.todos.push($scope.todo);
      $scope.todo = '';
    };
    $scope.removeTodo = function (index) {
      $scope.todos.splice(index, 1);
    };
  });
```

코드에서 $scope의 속성으로 todo와 todos를 HTML(todo.html)과 앵귤러 컨트롤러(TodoCtrl. js)에서 사용하고 있다. 이때 뷰에서 바인딩되어 사용되는 모든 스코프 객체의 속성은 $watch 감시자를 갖게 되고, 이 감시자는 앵귤러 컨텍스트(AngularJS Context)의 $watch 목록에 자동으로 등록된다. 또한, 사용자가 직접 $scope.$watch를 통해 속성의 변경을 감시할 수 있고, 직접 변경한 값을 뷰에 자동으로 반영하기 위해 $scope.$apply를 호출할 수 있다.

이를 좀 더 자세히 이해하기 위해 〈그림 2.7〉을 통해 $watch 와 $apply의 흐름을 살펴보자. $scope
에 모델(속성)을 생성해 뷰에서 사용하면 모든 모델(속성)은 그림 상단에 있는 앵귤러 컨텍스트에
$watch 감시자로 감싸여 자동으로 등록된다. 예를 들어 뷰 입장에서 할 일 input 태그에 값을 입력
하면 일반 브라우저 이벤트가 앵귤러 컨텍스트로 들어간다. 그리고 변경이 감지되면 일정 시간 안에
(Dirty Checking) $watch 목록에 등록된 전체 $watch를 순회하며 이전/이후 값의 변경이 있다면
$watch에 등록한 콜백 함수를 수행하고 $scope.todos 배열의 요소 객체 값이 자동으로 바뀐다. 또
는 백엔드에서 전달받은 값을 컨트롤러가 $scope.todos에 반영하면 뷰가 자동으로 변경된다.

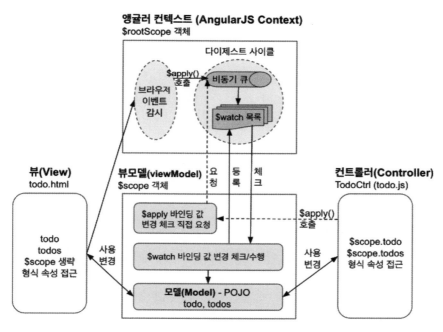

〈그림 2.7〉 앵귤러 컨텍스트의 양방향 데이터 바인딩 흐름도

바인딩된 모든 속성은 스코프 객체의 속성이고, 해당 속성값의 양방향 데이터 바인딩을 위해 위 과정을
앵귤러 프레임워크가 수행한다. 또한, 앵귤러 프레임워크가 내장하고 있는 지시자를 사용하면 자동으
로 앵귤러 컨텍스트 안에서 수행되지만 〈그림 2.8〉과 같은 3가지 경우에는 앵귤러 컨텍스트에 들어가
기 위해 $apply()를 사용자가 직접 호출해야 한다.

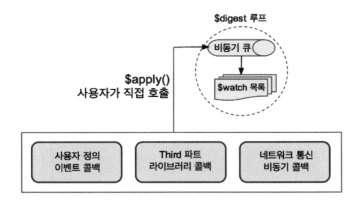

〈그림 2.8〉 $apply를 직접 호출하는 3가지 경우

사용자가 직접 브라우저 이벤트를 코드에서 다루거나, 제이쿼리 플러그인 같은 서드파티 라이브러리에
서의 콜백 함수를 정의할 때 콜백 함수의 내부 로직에서, 또는 네트워크 통신 등에서 $scope.〈속성〉으
로 값을 변경할 때 앵귤러 컨텍스트에 진입해서 $watch를 수행할 수 없으므로 코드에서 $apply를 호
출함으로써 앵귤러 컨텍스트에서 변경 감지를 위한 순회인 다이제스트 사이클($digest cycle)을 수
행토록 한다. $apply 호출 방식은 다음과 같이 두 가지 방법이 있지만, 다이제스트 사이클에 들어가기
위해 콜백 함수로 넘기는 첫 번째 방법을 권장한다.

```
// 콜백 함수를 파라미터로 넘겨주는 방법과 fn 호출 후 $apply() 호출하는 경우

// 첫 번째 방법
$scope.$apply(function() {
    …
});


// 두 번째 방법
fn();
$scope.$apply();


// $apply 내부 코드
$apply = function(fn) {
  try {
    fn();
  } finally() {
    $digest();
  }
}
```

스코프 생명 주기(Life Cycle)

스코프 객체는 앵귤러 프레임워크가 자동으로 생성하고 제거한다. 스코프 객체의 생명주기로 봤을 때 양방향 데이터 바인딩이 어떻게 실행되는지 살펴보자. 첫 번째 단계는 생성 단계로 ng-app을 보거나 부트스트랩 API를 이용해 애플리케이션을 초기화할 때 최초 $rootScope를 생성한다. 다음은 감시자 등록 단계로 DOM 또는 코드의 내역을 해석하여 사용하고 있는 속성에 대해 $watch를 등록한다. 그다음은 모델(속성) 변경 감지 단계로 모델의 변경이 일어나면 $apply를 수행해 앵귤러 컨텍스트로 들어간다. 그다음은 모델 변경 수행 단계로 앵귤러 컨텍스트로 들어오게 되면 다이제스트 사이클을 통해 등록된 $watch 목록 전체가 수행돼 변경 여부를 검사하고 변경이 있으면 등록한 콜백 함수를 수행한다. 마지막 단계는 스코프 객체 제거 단계로 자식 스코프 객체가 더 이상 필요 없으면 자식 스코프 scope.$destroy()를 호출하고 자식 스코프 객체를 $watch 목록에서 제거한다.

그 외 $scope 객체 메서드

스코프 객체는 $apply() 외에 다이제스트 사이클로 들어가는 몇 가지 메서드를 제공한다. '$eval(expressions, locals)'은 스코프 표현식(expression)을 파싱해 즉시 수행해 주고, '$evalAsync(expression)'는 스코프 표현식을 해석하고 특정 시점에 수행한다. 또한, 스코프 사이에 사용자 정의 객체를 주고받을 수 있도록 $broadcast, $emit, $on 메서드를 제공한다. 〈그림 2.9〉와 같이 스코프 상속 관계에서 하향, 상향으로 정보를 전달할 수 있다.

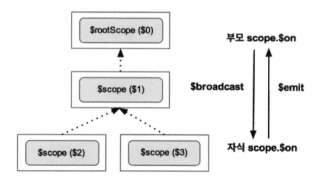

〈그림 2.9〉 스코프 사이의 이벤트 전달 방향

$broadcast는 상위 스코프 객체에서 하위 스코프 객체로 정보를 전달할 때 사용하고, $emit은 하위 스코프 객체에서 상위 스코프 객체로 정보를 전달한다. $on은 $broadcast 또는 $emit에서 발생시킨 이벤트를 듣고 수행할 콜백 함수를 등록한다. 스코프 객체 사이에 정보를 주고받기 위해 $broadcat,

$emit, $on을 적절히 사용하면 강하게 결합하지 않고 느슨한 결합을 하는 코드로 애플리케이션을 개발할 수 있다.

2-3 의존성 주입(DI, Dependency Injection)

위키피디아에서 의존성 주입을 찾아보면 "의존성 주입은 제어의 역전(IOC)를 구현하고 프로그램 디자인이 의존성 역전 원리(DIP)를 따르게 하는 소프트웨어 디자인 패턴이다. 해당 용어는 마틴 파울러가 만들었다."라고 나온다. (http://en.wikipedia.org/wiki/Dependency_injection)

DIP는 객체지향 설계를 위해 따라야 하는 S.O.L.I.D의 5가지 원리 중 하나이고 로버트 마틴(Rober C. Martin)이 주창했다. 5가지 원리를 간단하게 살펴보면 다음과 같다.

- SRP(Single Responsibility Principle): 클래스는 하나의 책임만을 수행한다.
- OCP(Open/Closed Principle): 확장에는 열려있고 수정에는 닫혀있어야 한다.
- LSP(Liskov Substitution Principle): 객체는 서브타입 인스턴스로 교체할 수 있다.
- ISP(Interface Segregation Principle): 스펙 인터페이스를 나눈다.
- DIP(Independency Inversion Principle): 구현체가 아니라 추상화에 의존한다.

의존성 주입이 의존성 역전의 원리와 관계있는 것은 "DI가 DIP 원리를 따르기 위한 하나의 방법"이기 때문이다. 여기서 DIP 상위 레벨 모듈은 하위 레벨 모듈에 의존하면 안 된다. 둘은 추상화에 의해 의존해야 한다. 또한, 추상화는 상세화에 의존하지 않으며 상세화가 오히려 추상화에 의존해야 한다. 결국 다음과 같이 인터페이스(추상화)를 상속받아 구현체(상세화)를 만들고, 상위 레벨(클라이언트)은 하위 레벨(의존체)의 모듈을 주입받아 사용한다.

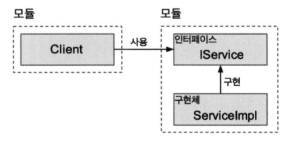

〈그림 2.10〉 의존성 역전의 원리에서 모듈 간 인터페이스 사용

그러나 앵귤러에서는 의존성 역전의 원리처럼 인터페이스를 정의해 구현체를 만드는 방식은 아니다. 〈그림 2.3〉과 같은 앵귤러의 구성요소에 대해 사용자 정의한 이름을 주입받아 사용한다. 즉, 각 요소는 객체화되어 주입(DI) 받아 사용할 수 있다. 이때 해당 요소 객체는 별도의 모듈로 정의할 수도 있고 같은 모듈 내에서 정의할 수도 있다.

MyTodo 애플리케이션의 todo.js를 보면 $scope 객체를 주입받아 사용하고 있고, 또는 사용자가 정의한 앵귤러의 요소를 주입받아 사용할 수도 있다.

```
angular.module('myToDoApp')
  .controller('TodoCtrl', function ($scope) {
    $scope.todos = [];
    $scope.addTodo = function () {
      $scope.todos.push($scope.todo);
      $scope.todo = '';
    };
    $scope.removeTodo = function (index) {
      $scope.todos.splice(index, 1);
    };
  });
```

앵귤러는 모듈 단위 개발이 가능한데, 다른 모듈의 주입을 받아 사용하기 위해서 모듈 간의 의존성만 설정하면 언제든 모듈 안에 있는 앵귤러 요소의 객체를 주입받아 사용할 수 있다. MyTodo 애플리케이션의 app.js를 보면 module(〈moduleName〉, [〈의존성 모듈들〉]) 형식으로 두 번째 파라미터에 의존성 모듈을 설정하면 'myToDoApp' 모듈에서 의존성 모듈에 정의된 앵귤러 요소의 객체를 주입받아 사용할 수 있는 것이다. 예를 들어 ngRoute 모듈에 대해 의존관계를 설정하면 ngRoute 모듈에 있는 $routeProvider 서비스를 주입받아 사용할 수 있다.

```
Angular
  .module('myToDoApp', [
    'ngCookies',
    'ngResource',
    'ngRoute',
    'ngSanitize',
    'ui.sortable'
  ])
  .config(function ($routeProvider) {
    … 중략 …
  });
```

myToDoApp 모듈과 ui.sortable 모듈 사이의 관계를 살펴보면 〈그림 2.11〉과 같이 표현할 수 있고, 의존대상(ui.sortable)의 모듈 요소를 의존하는(myTodoApp) 모듈에서 주입받아 사용할 수 있다.

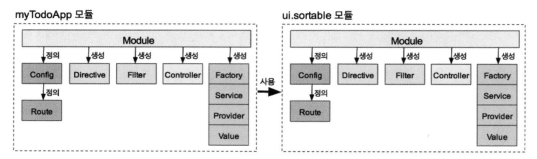

〈그림 2.11〉 myToDoApp 모듈이 ui.sortable 모듈 의존성 주입

앵귤러는 코드를 모듈화함으로써 재사용성과 확장성을 보장하고, 모듈에 정의한 앵귤러 요소의 사용은 의존성 주입(DI) 방식을 이용한다. 앵귤러의 의존성 주입 방식은 3가지가 있다. 첫째는 함수의 파라미터 주입 방식이고, 둘째는 $inject를 사용한 주입 방식이며, 셋째는 요소의 파라미터에 배열로 의존성 객체를 주입하는 방식이다. 첫 번째 방식부터 차례로 살펴보자.

첫 번째 방식은 예를 들어 앵귤러 모듈에서 정의한 서비스인 'database', 'logger'가 있다면 파라미터로 넘기는 방식이다.

```
function UserController(logger) {
 // logger 팩토리 객체를 주입받아 업무 로직 구현
}

myModule.factory('database', function() {
  return {
    getAll: function() {}
  };
});

myModule.factory('logger', function(database) {
  // database 팩토리를 주입받아 사용
  return {
      saveNewLog: function() {}
  };
});
```

두 번째 방식은 $inject 속성에 의존성 객체를 배열로 정의하는 방식이다.

```
function UserController(logger) {
  // logger factory 객체를 주입받아 업무 로직 구현
}

UserController.$inject = ['logger'];

myModule.factory('database', function() {
  return {
    getAll: function() {}
  };
});

function loggerFactory(database) {
  // database 팩토리를 주입받아 사용
  return {
    saveNewLog: function() {}
  };
}

loggerFactory['$inject'] = ['database'];
myModule.factory('logger', loggerFactory);
```

세 번째 방식은 앵귤러 요소에 배열로 의존성 객체를 정의하는 방식이다. 'logger' 객체는 UserController의 파라미터로 주입된다. 이때 loggerFactory와 같이 파라미터 명칭을 사용자가 임의로 지정할 수 있다.

```
myModule.controller('UserController', ['logger', function(loggerFactory) {
    // logger factory 객체를 주입받아 업무 로직 구현
 }]);

myModule.factory('database', function() {
  return {
    getAll: function() {}
  };
});

function loggerFactory(database) {
```

```
  // database 팩토리를 주입받아 사용
  return {
    saveNewLog: function() {}
  };
}


myModule.factory('logger', ['database', loggerFactory]);
```

운영, 배포할 때 자바스크립트 파일을 통합하고 축약한다면 첫 번째 방식은 오류가 발생한다. 오류가 발생하는 이유는 앵귤러에서 이미 정의된 객체(예를 들어 $scope, $rootScope, $resource)는 사용하기 위해 주입받을 때 명칭이 변경되면 안 되는데, 축약(Minification)하면서 주입 객체의 이름이 변경되기 때문이다. 두 번째와 세 번째 방식을 사용하면 축약할 때 생기는 오류를 피할 수 있다.

앵귤러는 의존성 주입의 장점인 관심의 분리(Separation of Concerns)를 통해 서로의 역할을 분리할 수 있고, 관심의 분리는 재사용할 수 있는 컴포넌트화를 가능하게 하고, 단위 테스트를 쉽게 만들어줌으로써 점진적인 개발 및 코드 리팩터링(Refactoring)을 수월하게 한다.

2-4 클라이언트 템플릿

앵귤러의 클라이언트 템플릿은 그냥 HTML(Plain Old HTML)이다. 브라우저가 HTML을 DOM으로 만든 후 앵귤러가 한 번 더 DOM을 컴파일한다. 이때 HTML의 확장인 앵귤러의 지시자를 해석해 뷰의 양방향 데이터 바인딩을 설정한다. 즉, 앵귤러는 문자(String) 템플릿을 다루는 것이 아니라 앵귤러 방식에 따라 해석된 DOM을 통해서 뷰를 제어하는 것이다. 〈그림 2.12〉를 보면 앵귤러 프레임워크는 데이터가 바인딩 된 HTML을 서버로부터 받는 것이 아니라, 앵귤러 표현식이나 사용자 정의 태그가 있는 HTML을 받게 된다. 즉, {{ … }}와 같은 단방향 데이터 바인딩 표현식 또는 〈chart〉와 같은 사용자 정의 태그(지시자)가 HTML에 있고 이를 해석한 최종 DOM을 통해 동작하는 것이다. 이를 위해 앵귤러는 HTML을 템플릿으로 받아들이고 해석해서 최종적으로 브라우저에 렌더링 가능한 DOM으로 만든다. 따라서 클라이언트에서 템플릿을 해석하므로 클라이언트 템플릿이라 한다. 반대로 JSP 같은 경우 서버에서 데이터를 바인딩해서 최종 결과 HTML을 클라이언트에 전송하므로 서버 템플릿이라 한다.

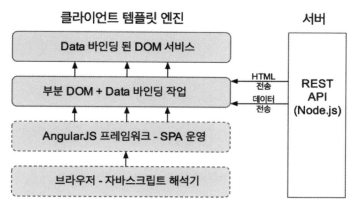

〈그림 2.12〉 앵귤러 클라이언트 템플릿 엔진

2-5 지시자(Directive)

지시자는 앵귤러의 웹 컴포넌트(Web Components)다. 뷰 영역에 속하며 HTML을 DIV 태그의 숲에서 사람이 읽을 수 있는 의미 있는 태그로 정의할 수 있게 한다. 또한, 뷰를 컴포넌트로 만들어 재사용 할 수 있게 한다.

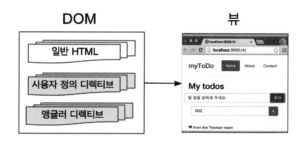

〈그림 2.13〉 뷰 담당 지시자(디렉티브) 종류

지시자가 DOM에 적용되는 순서

HTML에는 앵귤러 프레임워크가 이미 제공하는 지시자(ng-app, ng-model, ng-repeat 등)와 사용자가 직접 정의한 지시자를 사용할 수 있다. HTML에 앵귤러 지시자가 포함돼 있으면 HTML을 컴파일해 최종 DOM을 앵귤러 프레임워크와 연결하고, 뷰의 지시자와 앵귤러 컨트롤러 사이에 양방향 데이터 바인딩 상태를 만든다.

〈그림 2.14〉 지시자가 해석되고 수행되는 순서를 살펴보자.

1단계: HTML을 DOM으로 해석한다.

2단계: 해석한 DOM에서 지시자를 찾아 우선순위에 따라 지시자 목록에 정렬해 첨부한다. 그리고 지시자의 compile 함수를 수행해 지시자를 적합한 DOM으로 변환하고 지시자에 정의된 link 함수를 반환한다.

3단계: link 함수에 스코프 객체를 주입한 후 1회 호출하면서 '양방향 데이터 바인딩'을 위한 데이터 변경 감시를 위해 콜백 함수를 $digest 사이클에서 수행하도록 $watch 목록에 등록한다.

4단계: 앵귤러 컨텍스트에 등록된 최종 해석된 DOM을 브라우저에 렌더링한다.

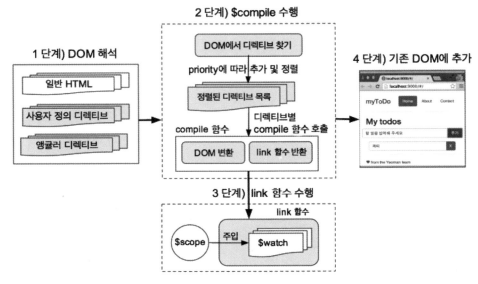

〈그림 2.14〉 지시자가 최종 DOM에 추가돼 브라우저에 표현되는 과정

지시자를 해석하고 DOM에 추가하는 과정을 소스로 살펴보자. angular.element를 통해 HTML을 DOM으로 만든 객체를 $compile 앵귤러 서비스를 이용해 해석하고, 반환된 링크 함수에 스코프 객체를 주입해 양방향 데이터 바인딩 환경을 설정하도록 한 후 최종적으로 브라우저에 표현되는 DOM에 추가한다.

```
var $compile = ...; // 코드에 주입하기
var scope = ...;
var parent = ...; // 컴파일된 템플릿 DOM을 추가할 부모 DOM
```

```
// ng-bind 지시자가 포함된 HTML 템플릿
var html = '<div ng-bind="exp"></div>';

// 1단계) HTML을 DOM으로 변환
var template = angular.element(html);

// 2단계) 템플릿 컴파일하기
var linkFn = $compile(template);

// 3단계) 컴파일된 템플릿과 스코프 객체를 연결
var element = linkFn(scope);

// 4단계) 부모 DOM에 추가
parent.appendChild(element);
```

지시자가 DOM으로 해석되면서 앵귤러 프레임워크와 바인딩 되는 핵심은 compile과 link다. compile은 지시자 안의 전체 DOM 구조를 해석하는 것이고, link는 스코프와 $watch의 리스너를 등록해 양방향 데이터 바인딩을 연결하는 역할을 한다. 예를 들어 ng-repeat은 for 문과 같이 설정한 배열의 길이만큼 순회하면서 동일 행(row)의 DOM을 표현한다. 이때 동일 행의 DOM을 표현하기 위해 매번 compile을 호출하면 성능상의 문제가 되므로 한 번만 compile을 수행해 행의 DOM을 만들고, 다음 행부터는 첫 번째 행의 DOM을 복제해 사용하고 link 함수를 행별로 스코프 객체를 주입해 사용한다.

지시자 정의

지시자의 기본 설정은 다음과 같다.

```
// 기본 설정값

var myModule = angular.module(...);
myModule.directive('directiveName', function (injectables) {
  return {
    restrict: 'A',
    priority: 0,
    scope: false,
    template: '<div></div>',
    templateUrl: 'directive.html',
```

```
    replace: false,
    transclude: false,
    terminal: false,
    require: false,
    controller: function ($scope, $element, $attrs, $transclude, otherInjectables) {
        …
    },
    controllerAs: 'controller',
    compile: function (tElement, tAttrs, transclude) { … },
    link: function (scope, iElement, iAttrs) { … }
  };
});
```

지시자의 명칭을 대, 소문자를 구분해 사용하면 HTML에서 대문자는 소문자로 변하고 앞에 대시(−)가 붙는다. 각 옵션은 설정하지 않으면 모두 기본값을 적용한다. 가장 단순하게 link 함수만 반환할 수도 있다. 다음 예는 link 함수만을 반환하는 경우로 keydown 이벤트와 keypress 이벤트가 발생했을 때 엔터 키(13) 값이면 앵귤러 컨텍스트에서 다이제스트 사이클에 들어가기 위해 스코프 객체의 $apply를 적용하고 표현식을 수행한 후($eval) 결과값을 넘겨준다.

```
// JS 예제

'use strict';
var app = angular.module("App", []);
app.directive('mobiconEnter', function () {
    return {
     controller: ['$scope', function(scope) {
        scope.search = function() {
           return '---> hi peter';
        }
      }],
    link: function (scope, element, attrs) {
     element.bind("keypress", function (event) {
       if(event.which === 13) {
          // 앵귤러 컨텍스트에서 수행되지 않는 이벤트를 앵귤러 컨텍스트에
          // 들어갈 수 있도록 $apply 호출
          scope.$apply(function (){
              var msg = scope.$eval(attrs.mobiconEnter)
```

```
            console.log(msg);
            console.log('===>', event.target.value);
        });
        event.preventDefault();
      }
    });
  }
  }
});



// HTML

<input type="text" mobicon-enter="search()"/>
```

restrict는 HTML에서 지시자의 사용 형태를 지정한다. 종류는 다음과 같다.

- 'A': 태그 엘리먼트의 애트리뷰트(Attributes)로 사용. restrict를 지정하지 않으면 기본값은 'A'다(v1.3.6부터 기본값이 EA로 변경). 〈div my-todo〉〈/div〉

- 'E': 태그 엘리먼트로 사용. 〈my-todo〉〈/my-todo〉. 주의할 점은 IE8에서 사용하려면 사용자 정의 엘리먼트의 DOM 해석을 위해 index.html에 document.createElement('my-todo'); 문구를 넣어야 한다.

- 'C': 스타일의 클래스 명칭으로 사용. 〈div class="my-todo"〉〈/div〉

- 'M': 주석으로 사용. 〈!— directive: my-todo —〉

restrict는 서로 혼합하여 사용할 수 있고, 주로 'AE'를 많이 사용하며, 가급적 스타일 클래스 지정과 혼동되는 것을 피하려고 C 지정을 피한다.

priority는 compile/link를 호출하기 전에 지시자의 우선순위를 정렬한다. 우선순위를 설정하는 이유는 이용하는 지시자에서 이용을 당하는 지시자가 먼저 compile/link를 수행하도록 하려면 우선순위를 설정해야 한다. 우선순위를 설정하지 않으면 기본값은 0이다. 값이 클수록 우선순위가 높다.

terminal의 기본값은 false이고, true로 설정하면 ngRepeat, ngSwitch보다 수행 우선순위를 강제로 높여준다.

지시자의 스코프 객체의 범위 종류

양방향 데이터 바인딩에서 스코프 객체의 상속에 관해 이야기했는데, 지시자 또한 스코프 객체와 관계를 맺고 데이터 바인딩에 대한 방식을 정의할 수 있다.

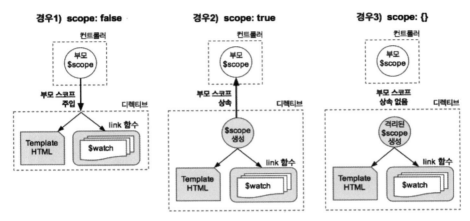

〈그림 2.15〉 지시자에서 스코프 객체를 정의하는 세 가지 경우

〈그림 2.15〉를 참고하여 지시자에서 스코프 객체를 정의하는 세 가지 경우를 살펴보자. 첫 번째는 scope를 false로 지정(scope: false)해 부모 스코프 객체를 지시자의 link 함수나 컨트롤러에 그대로 주입받아 사용하는 경우이고, 두 번째는 scope를 true로 지정(scope:true)해 상위 스코프를 통해 자식 스코프 객체를 생성한 후 자식 스코프 객체를 주입해 부모 스코프와 상속 관계에 놓이는 경우이며, 세 번째는 scope:{…}로 지정해 격리된 스코프 객체를 생성한 후 부모 스코프 객체와의 상속 관계를 끊어버리는 경우다.

〈그림 2.15〉에서 첫 번째 경우는 scope를 지정하지 않았을 때 기본으로 적용된다. scope를 false로 지정하면 지시자를 위한 별도의 스코프 객체를 생성하지 않고 지시자를 감싸고 상위 DOM과 관계를 맺고 있는 스코프 객체를 사용한다.

다음 코드에서는 scope를 false로 지정해 myDirective의 템플릿에서 TodoCtrl의 $scope에 정의한 name 속성을 사용한다. 지시자 〈input〉 태그의 값을 변경하면 지시자의 값과 HTML의 〈h4〉 태그의 {{name}} 값도 함께 변경된다. 이는 같은 스코프 객체를 사용하기 때문이다.

```
// HTML
<div ng-controller="TodoCtrl">
    <h4 ng-click="reverseName()">Hey {{name}}, Click to reverse name</h4>
    <div my-directive></div>
</div>

// JS 예제
var app = angular.module("App",[]);
app.controller("TodoCtrl",function($scope){
    $scope.name = "Peter Yun";
    $scope.reverseName = function(){
        $scope.name = $scope.name.split('').reverse().join('');
    };
});
app.directive("myDirective", function(){
    return {
        restrict: "EA",
        scope: false,
        template: "<div>Name is : {{name}}</div>"+
        "Change Name : <input type='text' ng-model='name' />"
    };
});
```

두 번째로 scope를 true로 지정하면 지시자를 위한 별도의 스코프 객체를 상위 스코프 객체로부터 생성해 할당하고 부모 DOM의 스코프 객체와 상속 관계에 놓인다. 이럴 때는 부모 스코프 객체의 속성이 객체가 아닐 때 하위 스코프 객체에서 사용할 경우 주의해야 한다. 부모 스코프 객체의 속성이 객체가 아닌 단순 타입(Primitive type. 예를 들어 false, string)을 변경할 경우 하위 스코프 객체를 사용하는 뷰에는 반영되지만, 하위 스코프 객체에서 부모 스코프 객체의 단순 타입 속성을 변경하면 하위 스코프 객체에 속성이 새롭게 생성돼 반영된다. 이는 스코프 객체의 상속 관계에서 상위 스코프 객체의 속성을 변경할 때 속성이 객체인지 단순 타입인지 주의해야 할 점이다.

다음 코드는 scope가 true일 때 부모 스코프 객체의 속성이 객체가 아닌 경우로 자식 스코프 객체의 속성 변경은 부모 스코프 객체에 영향을 못 미치므로 〈h4〉 태그의 {{name}} 이름은 지시자의 〈input〉 태그의 값을 변경해도 그대로 'Peter Yun'을 유지한다.

```
// HTML
<div ng-controller="TodoCtrl">
    <h4 ng-click="reverseName()">Hey {{name}}, Click to reverse name</h4>
    <div my-directive></div>
</div>


// JS
var app = angular.module("App",[]);
app.controller("TodoCtrl", function($scope){
    $scope.name = "Peter Yun";
    $scope.reverseName = function(){
        $scope.name = $scope.name.split('').reverse().join('');
    };
});


app.directive("myDirective", function(){
    return {
        restrict: "EA",
        scope: true,
        // 상위 스코프 객체의 name 속성값을 출력한다.
        template: "<div>Name is : {{name}}</div>"+
        "Change Name : <input type='text' ng-model='name' />"
        // ng-model="name" 값을 넣는 순간 하위 레벨 스코프 객체 .name 속성이
        // 생성된다.
    };
});
```

세 번째로 Object literal("scope: { }")은 스코프 객체를 부모 스코프 객체와 격리(isolated scope) 시키는 것이다. 지시자를 모듈화해 컴포넌트로 만들 때 일반적으로 이 방법을 사용한다.

다음 예에서 지시자 템플릿의 초기 〈div〉 태그의 {{name}} 값은 'scope: {}'의 지정으로 부모 스코프의 name 속성을 참조할 수 없으므로 공백으로 나온다. 지시자의 〈input〉 태그에 값을 입력하면 부모 스코프 객체의 name 속성에 영향을 미치지 않기 때문에 〈h4〉 태그의 {{name}} 값이 변경되지 않고, 지시자 영역의 〈div〉 태그 {{name}}에만 영향을 미친다.

```
// HTML
<div ng-controller="TodoCtrl">
    <h4 ng-click="reverseName()">Hey {{name}}, Click to reverse name</h4>
    <div my-directive></div>
</div>

// JS 예제
var app = angular.module("App",[]);
app.controller("TodoCtrl",function($scope){
    $scope.name = "Peter Yun";
    $scope.reverseName = function(){
        $scope.name = $scope.name.split('').reverse().join('');
    };
});
app.directive("myDirective", function(){
    return {
        restrict: "EA",
        scope: {},
        template: "<div>Name is : {{name}}</div>"+
        "Change Name : <input type='text' ng-model='name' />"
    };
});
```

지시자가 격리된 스코프 객체를 사용할 때 부모 스코프 객체와 데이터를 주고받기 위해 세 가지 접두사 심볼 문자(prefix symbol string)를 제공한다. 각 심볼 문자는 격리된 스코프 객체를 정의할 때 혼용해서 사용할 수 있다.

@ 단방향 연동: 부모 스코프 객체 → 자식 스코프 객체 (text / one-way binding)

= 양방향 연동: 부모 스코프 객체 ↔ 자식 스코프 객체 (direct model / two-way binding)

& 단방향 메서드 연동: 부모 함수 ← 자식 함수 (behaviour / method binding)

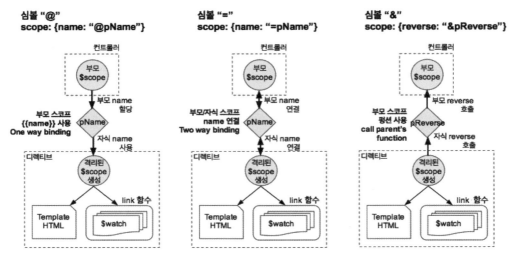

〈그림 2.16〉 격리된 스코프 객체의 부모 스코프 객체와 커뮤니케이션 방법

'@' 심볼 문자는 부모 스코프 객체의 속성을 사용할 수 있지만, 지시자의 자식 스코프 객체는 부모 스코프 객체에 영향을 미치지 않는다. 부모 스코프 객체의 name과 지시자의 자식 스코프 객체의 name은 'pName'이라는 HTML 태그의 속성(Attribute)을 통해 부모 스코프 객체의 속성(Property) 값을 받을 수 있다. 아래 예에서 〈div my-directive p-name="{{name}}"〉의 {{name}}은 부모 스코프 객체의 name 속성이고, p-name 속성을 중개자로 하여 받은 값은 지시자(자식) 스코프 객체의 name 속성값으로 할당돼 지시자 템플릿 안의 {{name}}과 'ng-model=name'에서 사용하고 있다. 그러나 템플릿에서 수정한 자식 스코프 객체의 name 속성값은 부모 스코프 객체의 name 속성값에 반영되지 않는 단방향 설정이다. 만일 〈div my-directive p-name="{{name}}"〉 에서 p-name="{{name}}"을 제거하면 부모 스코프 객체의 name 속성값을 못 받는 것이다. 그리고 〈div my-directive name="{{name}}"〉으로 표현하고 싶다면 즉, 이름을 동일하게 사용하면 scope: { name: "@" }로 정의할 수 있다. 단방향이므로 표현식 {{ … }}을 사용한다.

```
// HTML
<div ng-app="myTodApp">
    <div ng-controller="TodoCtrl">
        <h4 ng-click="reverseName()">Hey {{name}}, Click to reverse name</h4>
        <div my-directive p-name="{{name}}"></div>
    </div>
</div>
```

```
// JS
var app = angular.module("myTodApp",[]);
app.controller("TodoCtrl",function($scope){
    $scope.name = "Peter Yun";
    $scope.reverseName = function(){
        $scope.name = $scope.name.split('').reverse().join('');
    };
});
app.directive("myDirective", function(){
    return {
        restrict: "EA",
        scope: {
            name: "@pName"
        },
        template: "<div>Name is : {{name}}</div>"+
        "Change Name : <input type='text' ng-model='name' />",
        link: function (scope, iElement, iAttrs) {

            // @ 이면서 HTML의 애트리뷰트 p-name의 변경을 감시하고 싶을 때1)
            iAttrs.$observe("pName", function(name) {
                console.log('--->', name);
            });

            // @ 이면서 격리 스코프 객체의 name 속성을 감시하고 싶을 때2)
            scope.$watch('name', function(newValue, oldValue) {
                console.log('==>', newValue, '--', oldValue);
            });

            // @ 이면서 iAttrs.pName으로는 감시되지 않음에 주의한다.
            // 만일 =pName 이면 사용할 수 있다.
            scope.$watch(iAttrs.pName, function(newValue, oldValue) {
                console.log('++++>', newValue, '--', oldValue);
            });
        }
    };
});


// 지시자 최초 수행 결과. 이후 변경에 대해 3번째 줄은 나오지 않는다.
---> Peter Yun
```

```
===> Peter Yun -- Peter Yun
++++> undefined -- undefined
```

// 결과 화면

Hey Peter Yun, Click to reverse name

Name is : Peter Yun ^^

Change Name : [Peter Yun ^^]

격리 스코프에 '@pName'을 정의했을 때, 〈my-directive p-name="xxx"〉에서 p-name 속성의 값 변경을 감시하고 싶다면 속성 객체의 $observe 메서드를 이용해 iAttrs.$observe("pName", function(name){...}) 방식으로 속성값의 변경을 감시하거나, scope.$watch('name', function(newValue, oldValue){...}) 방식으로 변경을 감시한다.

$observe와 $watch의 사용상 차이는 다음과 같다.

> **첫째,** $observe는 속성 객체의 메서드고, $watch는 스코프 객체의 메서드다.

> **둘째,** $observe는 지시자 안에서만 호출할 수 있고 $watch는 스코프 객체가 사용되는 모든 곳에서 호출할 수 있다. 예를 들어 $watch는 컨트롤러에서도 사용할 수 있다.

> **셋째,** @ 심볼 문자를 정의해 HTML에 p-name="{{name}}"과 같이 {{ }} 앵귤러 표현식을 사용했을 때 $observe를 이용한다.

> **넷째,** $watch는 앵귤러의 표현식을 $parse를 이용해 함수로 바꿔 다이제스트 사이클 안에서 변경을 감시하는 방식이므로 scope.$watch(iAttrs.pName, …) 예제에서 p-name="{{name}}"의 p-name 값에 {{와 }} 기호는 앵귤러 표현식을 감싸는 기호이므로 적용을 받지 못하는 것이다.

> 만일 $watch로 iAttrs.pName을 감시하려면 name: "=pName"으로 적용하고, HTML에서 p-name="name"으로 사용하면 된다. 즉, $observe는 p-name="{{name}}" 안에 값이 최종 변경되면 호출되고, scope.$watch('name', …)는 name 값이 바뀔 때마다 호출된다.

'=' 심볼 문자는 부모 스코프 객체와 지시자의 자식 스코프 객체 사이에 양방향 데이터 바인딩을 가능하게 한다. 양방향 데이터 바인딩이므로 p-name="{{name}}"으로 표현하지 않고 〈div p-name="name"〉과 같이 표현식을 감싸는 부호({{ }})를 사용하지 않고 표현한다. 부모 스코프 객체 또는 지시자(자식) 스코프 객체에서 값을 변경하면 서로 영향을 미친다. 이는 격리된 스코프 객체의 속성이 객체이거나 기본 타입일 때와 무관하게 적용된다.

```
// HTML
<div ng-controller="TodoCtrl">
    <h4 ng-click="reverseName()">Hey {{name}}, Click to reverse name</h4>
    <div my-directive p-name="name"></div>
</div>


// JS
var app = angular.module("App",[]);
app.controller("TodoCtrl",function($scope){
    $scope.name = "Peter Yun";
    $scope.reverseName = function(){
        $scope.name = $scope.name.split('').reverse().join('');
    };
});


app.directive("myDirective", function(){
    return {
        restrict: "EA",
        scope: {
            name: "=pName"
        },
        template: "<div>Name is : {{name}}</div>"+
        "Change Name : <input type='text' ng-model='name' />"
    };
});
```

'&' 심볼 문자는 지시자에서 액션으로 reverse()가 호출되면 부모 스코프의 reverseName()을 호출하고 싶을 때 p-reverse 애트리뷰트를 매개로 스코프 객체의 메서드 속성을 연동한다.

```
// HTML
<div ng-controller="TodoCtrl">
    <h4 ng-click="reverseName()">Hey {{name}}, Click to reverse name</h4>
    <div my-directive
        p-name="name"
        p-reverse="reverseName()"></div>
</div>
```

```js
// JS
var app = angular.module("App",[]);
app.controller("TodoCtrl",function($scope){
    $scope.name = "Peter Yun";
    $scope.reverseName = function(){
        $scope.name = $scope.name.split('').reverse().join('');
    };
});


app.directive("myDirective", function() {
    return {
        restrict: "EA",
        scope: {
            name: "=pName",
            reverse: "&pReverse"
        },
        template: "<div>Name is : {{name}}</div>"+
        "Change Name : <input type='text' ng-model='name' />" +
        "<br/><input type='button' ng-click='reverse()' value='Reverse Name'/>"
    };
});
```

Template, TemplateUrl, TemplateCache, replace와 ng-template 사용

지시자의 템플릿을 지정하는 방법으로는 template: '<span ng-bind="message" />'와 같이 HTML을 직접 설정하는 방법과 templateUrl: '/partials/message.html'과 같이 템플릿 파일의 경로를 지정하는 방식이 있다.

지시자를 모듈화할 경우 templateUrl을 이용해 template HTML을 별도의 파일로 지정하기보다는 $templateCache로 템플릿을 캐싱해 사용한다. 예를 들어 앵귤러는 많이 사용하고 있는 UI 프레임워크인 트위터 부트스트랩을 앵귤러 지시자로 만들어 놓았는데, 'ui-bootstrap-tpls.js'에서 '-tpls'가 템플릿 파일의 내역을 미리 $templateCache에 저장했음을 의미한다. 따라서 별도의 템플릿 HTML을 복사하지 않고 'ui-bootstrap-tpls.js'만 사용한다.

ui-bootstrap-tpls.js 중에서 alert에 관한 지시자 설정과 템플릿 캐싱 내역은 예제와 같이 HTML을 $templateCache를 이용해 별도의 자바스크립트로 만들어주는 grunt 플러그인도 있으므로 분리해서 HTML과 JS를 개발한 후 HTML을 템플릿 캐쉬를 이용한 JS 파일로 변환할 수 있다(https://github.

com/ericclemmons/grunt-angular-templates). 다음 예에서 $templateCache.put으로 키와 문자값을 입력하고 지시자에서 templateUrl에 템플릿의 키를 설정한다.

```javascript
angular.module('ui.bootstrap.alert', [])
.controller('AlertController', ['$scope', '$attrs', function ($scope, $attrs) {
  $scope.closeable = 'close' in $attrs;
}])

.directive('alert', function () {
  return {
    restrict: 'EA',
    controller: 'AlertController',
    templateUrl: 'template/alert/alert.html',
    transclude: true,
    replace: true,
    scope: {
      type: '@',
      close: '&'
    }
  };
});

angular.module("template/alert/alert.html", []).run(["$templateCache", function($templateCache) {
  $templateCache.put("template/alert/alert.html",
    "<div class=\"alert\" ng-class=\"{'alert-{{type || 'warning'}}': true, 'alert-dismissable': closeable}\" role=\"alert\">\n" +
    "    <button ng-show=\"closeable\" type=\"button\" class=\"close\" ng-click=\"close()\">\n" +
    "        <span aria-hidden=\"true\">&times;</span>\n" +
    "        <span class=\"sr-only\">Close</span>\n" +
    "    </button>\n" +
    "    <div ng-transclude></div>\n" +
    "</div>\n" +
    "");
}]);
```

alert 지시자의 scope { type: '@', close: '&' }가 사용된 다음 예를 보면 AlertDemoCtrl 컨트롤러(부모)의 스코프 type이 'template/alert/alert.html' 템플릿을 사용하는 지시자(자식) 스코프 객체에서 {{type || 'warning'}} 표현식으로 사용되고, 'ng-click=\"close\"'는 부모 스코프 객체의 closeAlert($index) 메서드 속성을 호출한다.

```
// HTML
<div ng-controller="AlertDemoCtrl">
  <alert ng-repeat="alert in alerts"
         type="{{alert.type}}"
         close="closeAlert($index)">
     {{alert.msg}}
  </alert>
  <button class='btn btn-default' ng-click="addAlert()">Add Alert</button>
</div>

// JS
function AlertDemoCtrl($scope) {
  $scope.alerts = [
    { type: 'danger', msg: 'This is a danger.' },
    { type: 'success', msg: 'This is a success message.' }
  ];

  $scope.closeAlert = function(index) {
    $scope.alerts.splice(index, 1);
  };
}
```

replace는 true 또는 false 값이 올 수 있고, 기본값은 false다. false로 설정하면 현재 엘리먼트 태그 안에 템플릿 내역을 넣고, true로 설정하면 현재 엘리먼트를 템플릿 내역으로 바꾼다.

```
// HTML
<replaced></replaced>
<not-replaced></not-replaced>

// JS
var app = angular.module('App', []);
app.directive('replaced', function () {
  return {
    restrict: 'E',
    template: '<span>This gets replaced</span>',
    replace: true,
    link: function (scope, element) {
      console.log('replaced:', element[0].outerHTML);
    }
```

```
    };
  });

app.directive('notReplaced', function () {
  return {
    restrict: 'E',
    template: '<span>This is not replaced</span>',
    replace: false,
    link: function (scope, element) {
      console.log('not replaced:', element[0].outerHTML);
    }
  };
});
```

// console로 찍힌 결과값

```
replaced: <span>This gets replaced</span>
not replaced: <not-replaced><span>This is not replaced</span></not-replaced>
```

지시자 생성 시 간혹 ng-template을 사용하는 경우가 있다. 예를 들어 멀티미디어 콘텐츠의 원본을 볼 때 jQuery의 팬시박스(FancyBox) 라이브러리를 사용해 팬시박스에 넣어 표현할 템플릿으로 ng-template을 이용해 〈script type="text/ng-template" id="〈ID〉"〉와 같이 템플릿을 정의한다. HTML 태그에서 'mobicon-fancybox' 속성 지시자를 사용하기 위해 restrict를 A로 설정하고, ng-template으로 정의한 아이디 'fancybox_preview_image.html'의 파일을 메인 페이지에 첨부한다. 그리고 $templateCache에 ng-template 파일에 정의한 아이디를 캐싱한다. 이때 scope는 기본값(false)을 사용하므로 부모(컨트롤러) 스코프 객체에 openFancybox 메서드와 photo 속성값을 지정한다. 또한, ng-template의 내역을 앵귤러 컨텍스트로 바인딩하기 위해 $compile(template)을 호출하고 부모 스코프 객체를 주입한다. 만일 지시자의 templateUrl로 지정하지 않을 때에는 $compile(template)을 이용해 직접 앵귤러 컨텍스트에 등록할 수 있다.

// HTML : 사용하고자 하는 화면

```
<a href="">
    <img
         ng-src="{{photo}}"
         mobicon-fancybox
         ng-click="openFancybox('fancybox_preview_image.html', photo)">
</a>
```

```
// Template script : index.html을 메인 화면 페이지에 첨부한다.
  <script type="text/ng-template" id="fancybox_preview_image.html">
      <div style="width:100%; height:100%">
          <img ng-src="{{photo}}">
      </div>
  </script>


// mobiconFancybox 지시자를 정의한다. Scope가 false이므로 $scope.openFancybox 메서드는 상위 스코프
객체와 관련을 맺고 있는 DOM에서 호출할 수 있다.
var app = angular.module('App', []);
app.directive('mobiconFancybox', function ($compile, $templateCache) {
    // ng-template에서 가져온 템플릿은 캐싱한다.
    var getTemplate = function (contentHtml) {
      return $templateCache.get(contentHtml);
    };
    return {
      restrict: 'A',
      controller: function($scope) {
          // scope: false (기본) 부모 스코프 객체에 메서드와 속성 설정임.
          $scope.openFancybox = function (templateId, image) {
              $scope.photo = image;

              // HTML 앵귤러 컨텍스 편입을 위한 컴파일과 부모 $scope 주입
              var template = getTemplate(templateId);
              var popOverContent = $compile(template)($scope);

              // 팬시박스 오픈
              $.fancybox.open({ content: popOverContent, type: 'html' });
          };
      }
    };
});
```

compile, link의 $watch 등록을 이용한 양방향 데이터 바인딩

compile 함수는 link 함수 호출 전에 먼저 호출돼 특별히 지시자의 DOM 조작을 수행하고자 할 때 정의한다. compile 함수의 파라미터는 두 개다. 첫 번째 tElement 파라미터는 지시자가 적용된 엘리먼트로, 제이쿼리 오브젝트이므로 $로 감쌀 필요가 없다. 두 번째 tAttrs 파라미터는 엘리먼트에 선

언된 속성 목록으로, good-peter라는 속성이 있다면 iAttrs.good-peter로 접근하지 않고 대시가 있으면 대시를 생략하고 바로 뒤에 있는 문자를 대문자로 변환해 iAttrs.goodPeter로 접근한다. compile 함수에서는 스코프 객체에 접근할 수 없고 반환하는 link 함수를 통해 스코프 객체에 접근한다. 즉, compile 후에 link 함수가 호출돼 ng-repeat과 같이 반복적인 DOM을 보여줄 때 사용함으로써 성능 이슈를 해결하면서 스코프 객체를 주입해 $watch를 등록할 수 있게 한다. 즉, 최초 한 번 compile을 통해 DOM을 생성한 후 동일한 DOM을 복제해 다음번에 반복해서 사용하여 compile은 한 번만 수행하도록 하고 각 행에 대해 link 함수만 수행하는 구조다.

```
app.directive('myDirectiveName', function() {
  return {
    compile: function(tElement, tAttrs) {
      // DOM 변경에 대한 코드
      tElement.append('Hi Peter');

      return function(scope, iElement, iAttrs, controller) {
        //linking 함수 코드
      };
    }
  };
});
```

link 함수는 DOM 엘리먼트의 이벤트 리스너 등록, 스코프 속성의 변경 감시자 등록, DOM 업데이트 등의 역할을 수행한다. link 함수의 파라미터는 4개다. 첫 번째 파라미터인 scope는 지시자가 사용하는 스코프 객체이고 정의하기에 따라 부모이거나 자신의 스코프 객체다. 두 번째 iElement 파라미터는 지시자가 적용된 엘리먼트로 제이쿼리 오브젝트다. 세 번째 iAttrs 파라미터는 엘리먼트에 선언된 속성 목록이다. 네 번째 파라미터인 controller는 require에 정의한 지시자의 컨트롤 객체를 받아 지시자끼리 상호 작용하는 용도로 사용하는 데 다음 단락에서 상세히 설명하겠다.

지시자는 HTML에서 사용되고 항상 부모 컨트롤러가 존재한다고 가정할 수 있다. 즉, 부모 컨트롤러가 있다는 것은 부모 스코프 객체가 늘 존재한다는 것이다. link 함수는 스코프 객체를 통해 뷰와 상호작용하는 역할을 한다. 다음 예에서 스코프 객체를 정의하지 않으면 scope는 기본값인 false가 적용되므로 부모 스코프 객체인 MainCtrl의 스코프 객체를 전달받아 사용한다. 또한, DOM 이벤트 콜백 함수에서 스코프 객체를 다루면 앵귤러 컨텍스트 내의 다이제스트 사이클를 타지 않으므로 scope.$apply() 호출을 통해 다이제스트 사이클를 강제로 수행해 양방향 데이터 바인딩을 할 수 있게 한다.

```
<div ng-controller="MainCtrl">
  <input type="text" ng-model="color" placeholder="Enter a color" />
  <hello-peter/>
</div>

app.directive('helloPeter', function() {
  return {
    restrict: 'AE',
    replace: true,
    template: '<p style="background-color:{{color}}">Hello Peter</p>',
    link: function(scope, elem, attrs) {
      elem.bind('click', function() {
        elem.css('background-color', 'white');
        scope.$apply(function() {
          scope.color = "white";
        });
      });
      elem.bind('mouseover', function() {
        elem.css('cursor', 'pointer');
      });
    }
  };
});
```

controller, require와 link 네 번째 파라미터와의 관계

지시자 내부에 정의한 컨트롤러는 다른 지시자와 상호작용을 하기 위해 사용할 수도 있다. require 설정으로 컨트롤러를 설정한 지시자를 정의하면, link의 네 번째 파라미터로 해당 컨트롤러 객체를 파라미터로 받을 수 있다. 다음 예는 외부 지시자에 포함된 내부 지시자가 있다고 가정했을 때, 내부 지시자의 link 함수가 외부 지시자에 정의한 컨트롤러 객체를 네 번째 파라미터로 받아서 호출하는 경우다.

```
// HTML
<outer-directive>
  <inner-directive></inner-directive>
</outer-directive>
```

```javascript
// JS : outerDirective 지시자
var app = angular.module('App', []);
app.directive('outerDirective', function() {
  return {
    scope: {},
    restrict: 'AE',
    controller: function($scope, $compile, $http) { // 1) 컨트롤러 정의
      this.addMessage = function(innerDirective) {
        console.log('inner directive message:' + innerDirective.message);
      };
    }
  };
});


// JS : innerDirective 지시자 : 컨트롤러 객체를 네 번째 파라미터로 받음
app.directive('innerDirective', function() {
  return {
    scope: {},
    restrict: 'AE',
    require: '^outerDirective', // 2) require 필수 사항 정의
    link: function(scope, elem, attrs, outerController) {
      scope.message = "Hi, Outer directive";
      outerController.addMessage(scope);
    }
  };
});
```

만일 require를 정의했으나, 외부 지시자에 controller 함수를 정의하지 않았다면 에러를 던진다. require 정의 형식은 〈옵션〉〈지시자 명칭〉이며 에러를 방지하기 위한 옵션은 4가지가 있다. 또한, require: ['directive1', 'directive2', 'directive3'] 배열로 다중 지시자를 정의하면 link 함수의 네 번째 파라미터로 배열 순서에 따른 지시자의 컨트롤러를 배열로 받을 수 있다.

- **정의한 지시자 명칭 앞에 아무런 옵션도 없을 경우(no prefix):** 현재 엘리먼트의 controller 함수를 link 함수의 네 번째 파라미터로 반드시 넘겨 주어야 한다. 만일 controller 함수가 없다면 에러를 던진다.

- **?:** controller가 있으면 link의 네 번째 파라미터로 주고 없으면 null을 넘겨준다.

- **^:** 부모 엘리먼트를 검색해 controller 함수를 link 함수의 네 번째 파라미터로 반드시 주어야 한다. 만일 controller 함수를 못 찾으면 에러를 던진다.

- **?^:** 부모 엘리먼트를 검색해 controller 함수를 link 함수의 네 번째 파라미터로 주고 없으면 null을 넘겨준다.

주로 ^ 접두사를 사용하며 없으면 에러를 발생시키는 것이 좋다. 트위터 부트스트랩을 앵귤러 지시자로 만든 다음 예를 살펴보자. 〈accordion〉 태그가 외부 지시자이고 〈accordion-group〉 태그가 내부 지시자일 때, 'AccordionController' 함수를 정의해 'accordion' 지시자의 컨트롤러로 지정하고, 스코프 객체의 isOpen 속성을 감시($watch)하다 클릭한 패널과 다른 패널의 열고/닫기를 'AccordionController'로 제어를 위임하고 있다. 이때 주의할 점은 지시자에서 컨트롤러 객체를 통해서 접근할 메서드는 this를 통해 선언해야 한다.

```
// HTML에서 지시자 사용
<div ng-controller="AccordionDemoCtrl">
  <accordion>
    <accordion-group heading="Peter"
      is-open="status.isFirstOpen" is-disabled="status.isFirstDisabled">
      This content is peter info.
    </accordion-group>
    <accordion-group heading="Mobicon"
      is-disabled="status.isFirstDisabled">
      This content is mobicon info.
    </accordion-group>
  </accordion>
</div>


// JS : AccordionDemoCtrl 일부
function AccordionDemoCtrl($scope) {
  $scope.status = {
    isFirstOpen: true,
    isFirstDisabled: false
  };
}


// JS : ui-bootstrap-tpls.js
angular.module('ui.bootstrap.accordion', ['ui.bootstrap.collapse'])
.constant('accordionConfig', {
  closeOthers: true
})


// 컨트롤러에 하위 지시자인 accordionGroup을 제어하기 위한 메서드를 정의한다.
// 이때 지시자에서 접근하는 메서드를 this에 선언한다.
.controller('AccordionController', ['$scope', '$attrs', 'accordionConfig', function ($scope, $attrs,
accordionConfig) {
```

```
    this.closeOthers = function(openGroup) {
      … 중략 …
    };
    this.addGroup = function(groupScope) {
      … 중략 …
    };
    this.removeGroup = function(group) {
      … 중략 …
    };

}])


// 외부(부모) 지시자
.directive('accordion', function () {
  return {
    restrict: 'EA',
    controller: 'AccordionController',
    transclude: true,
    replace: false,
    templateUrl: 'template/accordion/accordion.html'
  };
})


// 내부(자식) 지시자
.directive('accordionGroup', function() {
  return {

    // accordion 지시자를 필요로 하며 link 함수의 네 번째 파라미터로
    // accordion의 controller 객체를 주어야 함.
    require: '^accordion',
    restrict: 'EA',
    transclude: true,
    replace: true,
    templateUrl: 'template/accordion/accordion-group.html',
    scope: {
      heading: '@',
      isOpen: '=?',
      isDisabled: '=?'
    },
```

```
   // require:'^accordion' 설정에 따라 accordion의 컨트롤러 객체를 전달함
   link: function(scope, element, attrs, accordionCtrl) {

     // 최초 호출 시 accordionGroup 지시자의 격리된 스코프 객체를 개별적으로
     // 상위 accordion 컨트롤러에 등록한다.
     accordionCtrl.addGroup(scope);

     scope.$watch('isOpen', function(value) {
       if ( value ) {

         // 값의 변경이 있으면 accordionGroup 지시자의 격리된 스코프를 넘겨
         // 상위 accordion 컨트롤러에 제어를 위임한다.
         accordionCtrl.closeOthers(scope);
       }
     });

     scope.toggleOpen = function() {
       if ( !scope.isDisabled ) {
         scope.isOpen = !scope.isOpen;
       }
     };
   }
  };
})
```

controller를 지시자에 직접 정의한 형태의 다른 예를 보자. 위쪽에 있는 버튼을 클릭하면 아래에 있는 박스 색과 테두리 선이 변경돼 ON/OFF 효과를 내는 스위치다.

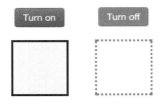

〈그림 2.17〉 스위치 ON/OFF 변경 그림

외부 switchBox 지시자에 controller를 정의하고 하위 lightArea 지시자에서 접근하기 위해 this에 this.getStatus() 메서드를 정의한다. ng-class="turnStatus"의 값은 'on' 또는 'off'이고 해당 값

은 버튼 클릭 이벤트에 따라 동적으로 〈div light-area **class="turn on"**〉 또는 〈div light-area **class="turn off"**〉로 적용돼 CSS의 값 .turn.on 또는 .turn.off 값을 적용받는다.

```
// HTML : 트위터 부트스트랩 CSS 사용
<div class="btn btn-success" switch-box>
    {{'Turn ' + status}}
    <div light-area class='turn' ng-class="turnStatus"></div>
</div>


// JS
var app = angular.module('App', []);
app.directive('switchBox', function() {
    return {
        restrict: 'A',
        controller: function($scope, $element, $attrs) {
            $scope.status = 'on';

            $scope.toggle = function() {
                // 양방향 데이터 바인딩을 수행하기 위해 $scope.$apply() 호출
                $scope.$apply(function() {
                    $scope.status = ($scope.status === 'on' ? 'off' : 'on');
                });
            };
            // 하위 지시자 lightArea의 link 함수에서 접근할 메서드
            this.getStatus = function() {
                return $scope.status;
            };
        },
        link: function(scope, element, attrs) {
            element.bind('click', function() { // click 이벤트 처리
                scope.toggle();
            });

            // status 값에 따라 switchBox의 버튼을 disable/enable 한다.
            scope.$watch('status', function(newValue, oldValue) {
                if (newValue === 'on') {
                    element.removeClass('disabled');
                } else {
                    element.addClass('disabled');
```

```
            }
        });
    }
    };
});


app.directive('lightArea', function() {
    return {
        restrict: 'A',
        require: '^switchBox',
        link: function(scope, element, attrs, controller) {
            // status가 변경됐는지 감시하다 turnStatus 값을 변경한다.
            scope.$watch('status', function() {
                scope.turnStatus = controller.getStatus();
            });
        }
    };
});


// CSS
// 박스 기본값
.turn{
    position: absolute !important;
    display:block;
    left: 25px;
    top: 80px;
    width: 80px;
    height: 80px;
}

// class="turn on"이 적용될 때
.turn.on {
    background: yellow;
    border: solid 3px black;
}

// class="turn off"가 적용될 때
.turn.off {
    background: white;
    border: dotted 3px gray;
}
```

transclude, ng-transclude 사용

transclude는 지시자 태그 안에 있는 자식 태그 내용을 포함해 표현하고 싶을 때 사용한다. transclude를 포함하는 방법은 두 가지가 있다. 첫 번째 방법은 transclude를 true로 설정 (transclude:true)해 지시자 템플릿 안의 〈ng-transclude〉 태그나 〈div ng-transclude〉 속성으로 ng-transclude가 있는 곳에 지시자 태그 안에 정의한 HTML 내역을 넣는 방법이고, 두 번째 방법은 transclude를 element로 설정(transclude: "element")해 compile 함수의 세 번째 파라미터로 transclude 함수를 넘겨 제어하는 방법이다.

transclude를 true 설정한 첫 번째 방법부터 살펴보자. 앞선 예제에서 accordion도 transclude를 사용해 'This content is peter info.'의 내용을 표현하고 있다.

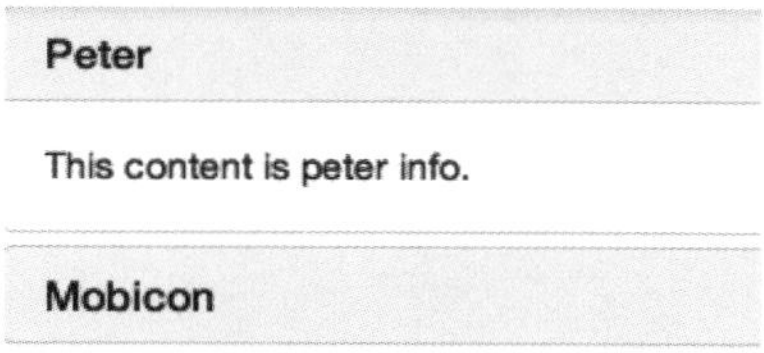

Peter

This content is peter info.

Mobicon

〈그림 2.18〉 accordion 지시자의 transclude 사용

transclude를 사용하면 지시자 템플릿 HTML의 어느 부분에 표현할지 ng-transclude를 지정해야 한다. 다음 예에서는 〈div class=\"panel-body\" ng-transclude〉〈/div〉에 ng-transclude를 지정해 "This content is peter info." 값을 〈div class=\"panel-body\"〉 태그 안에 표현한다.

```
// HTML
  <accordion>
    <accordion-group heading="Peter"
                        is-open="status.isFirstOpen"
                        is-disabled="status.isFirstDisabled">
      This content is peter info.
    </accordion-group>
    … 중략 …
  </accordion>

// JS : ui-bootstrap-tpls.js 일부
moduleName.directive('accordionGroup', function() {
  return {
    …
```

```
  transclude: true,
  replace: true,
  templateUrl:'template/accordion/accordion-group.html',
  scope: {
    heading: '@',
    isOpen: '=?',
    isDisabled: '=?'
  },
}

// template/accordion/accordion-group.html 템플릿 안에
// ng-transclude로 표현 위치 지정
angular.module("template/accordion/accordion-group.html", []).run(["$templateCache",
function($templateCache) {
  $templateCache.put("template/accordion/accordion-group.html",
    "<div class=\"panel panel-default\">\n" +
    " <div class=\"panel-heading\">\n" +
    "   <h4 class=\"panel-title\">\n" +
    "     <a class=\"accordion-toggle\" ng-click=\"toggleOpen()\">" +
    "       <span ng-class=\"{'text-muted': isDisabled}\">{{heading}}</span>" +
    "     </a>\n" +
    "   </h4>\n" +
    " </div>\n" +
    " <div class=\"panel-collapse\" collapse=\"!isOpen\">\n" +
    "               <div class=\"panel-body\" ng-transclude></div>\n" +
    " </div>\n" +
    "</div>");
}]);
```

transclude: "element" 정의는 지시자의 전체 엘리먼트를 전환한다. 다음 예를 보면 compile 함수가 link 함수를 반환할 때 〈div transclude-element〉 지시자의 모든 내역을 link 함수의 세 번째 파라미터로 transcludeFn 함수를 넘겨주고 있다. transcludeFn의 두 번째 파라미터인 콜백 함수 function(cloneElemt)에서 'I got transcluded 〈child〉〈/child〉'의 모든 내역을 cloneElemt 파라미터로 받아 〈div transclude-element〉인 xElemt에 cloneElemt를 넣고 있다.

Hi Peter

I got transcluded with my child

〈그림 2.19〉 transclude: 'element' 결과 화면

```
// HTML
<div transclude-element>I got transcluded <child></child></div>

// JS
var app = angular.module('App', []);
app.directive('transcludeElement', function() {
    return {
        restrict: 'A',
        transclude: 'element',
        compile: function(xElemt, tAttrs, transcludeFn) {
            return function (scope, el, tAttrs) {
                transcludeFn(scope, function (cloneElemt) {
                    xElemt.after(cloneElemt).after('<h3>Hi Peter</h3>');
                });
            };
        }
    };
});


app.directive('child', function(){
    return {
        restrict: 'E',
        link: function($scope, element, attrs) {
            element.html(' with my child');
        }
    };
});
```

2-6 테스트 프레임워크(단위, E2E)

앵귤러 프레임워크는 단위(Unit) 테스트와 End-to-End(E2E) 테스트를 위한 별도의 테스트 수행 프레임워크를 제공한다. 테스트 코드의 작성으로 기능 개발에 추가적인 시간이 소요되지만, 배포 전에 회귀 테스트 수행으로 변경 및 추가에 따른 버그를 미리 발견할 수 있으므로 향후 제품의 품질 개선을 위해 별도의 시간을 할애하는 것보다는 시간 비용을 줄일 수 있다.

앵귤러의 단위 테스트는 카르마 기반에 쟈스민 또는 모카 테스트 프레임워크을 사용하고, E2E 테스트는 셀레니엄 웹드라이브(Selenium WebDirver)로 브라우저 테스트 자동화를 하며, 프로트랙터 (Protractor) 프레임워크 기반에 쟈스민 또는 모카 테스트 프레임워크을 사용한다. 카르마, 프로트랙터, 쟈스민 및 모카 모두 노드(NodeJS) 기반으로 구동된다. 〈그림 2.20〉을 보면 단위 테스트는 카르마 위에 쟈스민 또는 모카를 선택해서 사용할 수 있고, E2E 테스트는 프로트랙터 기반 위에 마찬가지로 쟈스민이나 모카를 이용해 테스트 코드를 작성한다. 이때 브라우저를 자동 수행하여 화면 이벤트를 발생시키는 역할은 셀레니엄 웹드라이브가 담당한다.

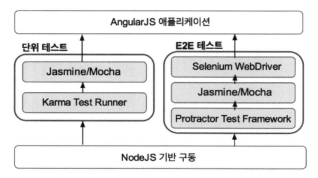

〈그림 2.20〉 단위 및 E2E 테스트 구성 요소

카르마 기반 단위 테스트

단위 테스트는 코드의 조각을 시스템 구성과 상관없이 테스트하기 위해 가짜 객체(fake object)나 메서드를 이용한다. 함수 단위의 테스트 중 가장 작은 단위의 테스트다. 단위 테스트는 단위 함수가 원하는 결과를 생산하는지 검증하고, 다른 단위 코드 리팩터링으로 인해 코드에 영향을 미치는지 쉽게 감지할 수 있다. 일반적으로 함수의 입력값에 따른 결과값을 검증하는 용도로 작성한다.

전통적으로 단위 테스트를 반복 실행하면서 외부 환경과 격리해서 수행하기 위해 의존성 주입(DI)과 모의 객체(Mock Object)를 사용한다. 이를 위해 앵귤러 프레임워크에서는 단위 테스트를 위한 ngMock 모듈을 제공한다. ngMock을 이용해 앵귤러 컴포넌트의 의존성 주입을 할 수 있고 백엔드 REST API 호출을 위한 모의 객체를 사용할 수 있다. ngMock에는 의존성 주입으로 angular.mock. module을 통해 앵귤러 모듈을 로딩하고, angular.mock.inject 를 통해 앵귤러 요소의 의존성 주입을 한다. 또한, $httpBackend 서비스를 통해 백엔드의 REST API 호출에 대해 테스트를 할 수 있다. ngMock은 쟈스민 또는 모카 테스트 프레임워크에서 사용하는데 기본 설정된 쟈스민을 기반으로 ngMock을 어떻게 사용하는지 알아보자.

앵귤러에서 제공하는 단위 테스트 수행기인 카르마는 노드를 기반으로 수행되므로 환경 파일인 karma.conf.js를 노드 프로그래밍 방식으로 정의한다. 환경 파일이 노드의 모듈이 되는데 이에 대해서는 5장에서 구체적으로 살펴보자.

```
module.exports = function(config) {
  config.set({
    basePath: '../..',
    files: [
        'app/scripts/**/*.js',
        'test/unit/*.spec.js'
    ],
    exclude: [],
    port: 1234,
    frameworks: ['jasmine'],
    autoWatch: true,
    browsers: ['PhantomJS', 'Chrome', 'Safari', 'Firefox']
  });
};
```

쟈스민은 BDD(Behavior-Driven Development) 방식의 자바스크립트 코드 테스트 프레임워크다. Suit, Spec, Expectation의 문구를 사용해 코드를 테스트한다. 〈그림 2.21〉을 보면 모든 테스트 코드는 describe 안에 작성돼야 하고 중첩하여 describe 할 수 있다. 초기 환경 설정은 beforeEach에서 수행하고 it 구문 안에서 검증 코드를 작성한다. 이후 테스트가 끝나면 정리를 위해 beforeAfter를 수행한다.

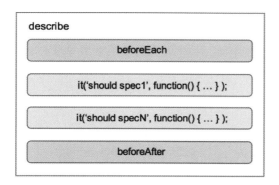

〈그림 2.21〉 BDD 구성

```
describe("A suite", function() {
  it("contains spec with an expectation", function() {
    expect(true).toBe(true);
  });
});
```

앵귤러 모듈을 테스트하려면 ngMock(angular-mocks.js)을 설치하고 karma.conf.js 환경 파일에 어떤 테스트 프레임워크을 사용할지 설정한다. 기본적으로 쟈스민이 설정돼 있다. 모카 프레임워크를 사용하려면 npm을 통해 mocha 모듈과 karma-mocha 모듈을 설치하고 설정을 변경해야 한다. 1장에서 generator-angular를 이용해 만든 카르마의 test 폴더에 karma.conf.js 내역으로 테스트하려는 .js 파일과 기본 .js파일이 선언돼 있다. 또한, 카르마 테스트를 할 때마다 브라우저가 자동으로 실행되지 않게 PhantomJS로 설정을 변경한다.

```
frameworks: ['jasmine'],
files: [
    'bower_components/angular/angular.js',
    'bower_components/angular-mocks/angular-mocks.js',
    … 중략 …
    'bower_components/angular-ui-sortable/sortable.js',
    'app/scripts/**/*.js',
    'test/mock/**/*.js',
    'test/spec/**/*.js'
],
browsers: [ 'PhantomJS'],
```

1장의 MyTodo 애플리케이션에서 컨트롤러 테스트 코드를 보면 수행 전에 beforeEach에서 module을 로딩한다. $controller와 $rootScope를 inject를 통해 주입받아 TodoCtrl에 스코프 객체를 넘겨주어 it 구문에서 expect를 통해 TodoCtrl의 내역을 검증하고 있다. it 구문이 수행되기 전에 beforeEach가 수행되므로 초기화된 상태에서 it 구문이 수행됨을 주의한다.

```
// 컨트롤러 JS
angular.module('myToDoApp')
  .controller('TodoCtrl', function ($scope) {
    $scope.todos = [];
    … 중략 …
  });
```

```
// 컨트롤러 테스트 JS
describe('Controller: TodoCtrl', function () {

  beforeEach(module('myToDoApp'));

  var TodoCtrl, scope;
  beforeEach(inject(function ($controller, $rootScope) {
    scope = $rootScope.$new();
    TodoCtrl = $controller('TodoCtrl', {
      $scope: scope
    });
  }));

  it('should todos', function () {
    expect(scope.todos.length).toBe(0);
  });

  it('should addTodo', function () {
    scope.addTodo('hi');
    expect(scope.todos.length).toBe(1);
  });

  it('should removeTodo', function () {
    scope.addTodo('peter');
    scope.removeTodo(0);
    expect(scope.todos.length).toBe(0);
  });
});
```

앵귤러 서비스를 만들고 컨트롤러와 서비스를 리팩터링 하면서 서비스 부분을 단위 테스트를 해보자. 리팩터링 할 때 뷰(HTML)에서 사용하는 메서드의 변화는 없다. 최초에 yo를 이용해 앵귤러 서비스를 생성할 때 단위 테스트 코드가 자동으로 생성된다. todoService에 자료구조와 업무 로직을 생성하고 TodoCtrl에서 todoService를 주입받아 사용한다. 'grunt test'를 수행해 에러가 없다면 todoService에 대한 단위 테스트 코드를 작성한다.

```
// yo를 이용해 서비스 생성하기
~/todo on  master
$ yo angular:service todo-service
   create app/scripts/services/todo-service.js
   create test/spec/services/todo-service.js

// 서비스 JS : todo 코드를 추가한다.
angular.module('myToDoApp')
  .service('todoService', function todoService() {
    var todos = [];
    this.getTodo = function() {
      return todos;
    }
    this.addTodo = function (todo) {
      todos.push(todo);
    };
    this.removeTodo = function (index) {
      todos.splice(index, 1);
    };
  });

// 컨트롤러 JS : 컨트롤러에서 서비스를 주입받아 처리하도록 수정한다.
angular.module('myToDoApp')
  .controller('TodoCtrl', function ($scope, todoService) {
    $scope.todos = todoService.getTodo();

    $scope.addTodo = function () {
      todoService.addTodo($scope.todo);
      $scope.todo = '';
    };

    $scope.removeTodo = function (index) {
      todoService.removeTodo(index);
    };
  });

// grunt test 수행으로 변경에 따른 에러 여부 체크 : Done, without errors.
```

```
Running "karma:unit" (karma) task
WARN [karma]: Port 8080 in use
INFO [karma]: Karma v0.12.17 server started at http://localhost:8081/
INFO [launcher]: Starting browser PhantomJS
WARN [watcher]: Pattern
INFO [PhantomJS 1.9.7 (Mac OS X)]: Connected on socket 3W_Sbhq5O-D6PAMlrFPa with id 76004821
PhantomJS 1.9.7 (Mac OS X): Executed 3 of 3 SUCCESS (0.014 secs / 0.014 secs)

Done, without errors.


Execution Time (2014-07-25 08:38:55 UTC)
concurrent:test    3.3s                                      53%
autoprefixer:dist  82ms   1%
karma:unit         2.7s                                45%
Total 6.1s
```

todoService의 테스트 코드를 보면 inject를 통해 todoService 앞뒤에 언더바(_)를 붙여 서비스를 주입받아 테스트를 위한 용도임을 명시한다. it 구문에서 강제로 잘못된 값을 넣고 카르마 테스트를 수행하면 기대값과 틀린 결과값이기 때문에 'Service: todoService should todos FAILED' 메시지가 출력된다.

```javascript
describe('Service: todoService', function () {
  beforeEach(module('myToDoApp'));

  var todoService;
  beforeEach(inject(function (_todoService_) {
    todoService = _todoService_;
  }));

  it('should todos', function () {
    expect(todoService.getTodo().length).toBe(1);
  });

  it('should addTodo', function () {
    todoService.addTodo('hi');
    expect(todoService.getTodo().length).toBe(1);
  });

  it('should removeTodo', function () {
    todoService.addTodo('peter');
    todoService.removeTodo(0);
    expect(todoService.getTodo().length).toBe(0);
  });
});
```

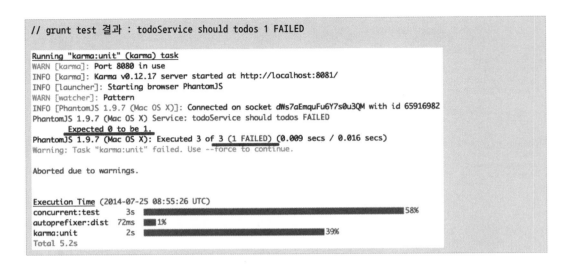

```
// grunt test 결과 : todoService should todos 1 FAILED

Running "karma:unit" (karma) task
WARN [karma]: Port 8080 in use
INFO [karma]: Karma v0.12.17 server started at http://localhost:8081/
INFO [launcher]: Starting browser PhantomJS
WARN [watcher]: Pattern
INFO [PhantomJS 1.9.7 (Mac OS X)]: Connected on socket dWs7aEmquFu6Y7s0u3QM with id 65916982
PhantomJS 1.9.7 (Mac OS X) Service: todoService should todos FAILED
        Expected 0 to be 1.
PhantomJS 1.9.7 (Mac OS X): Executed 3 of 3 (1 FAILED) (0.009 secs / 0.016 secs)
Warning: Task "karma:unit" failed. Use --force to continue.

Aborted due to warnings.


Execution Time (2014-07-25 08:55:26 UTC)
concurrent:test   3s                                                58%
autoprefixer:dist 72ms    1%
karma:unit        2s                                         39%
Total 5.2s
```

앵귤러 서비스를 생성한 뒤 컨트롤러를 리팩터링하고, 테스트를 수행하고, 추가로 애플리케이션 코딩을 하고 다시 리팩터링하는 과정을 반복 수행하면서 서비스의 API에 대한 입력값에 대한 결과값을 검증하는 테스트의 목적을 얻을 수 있다.

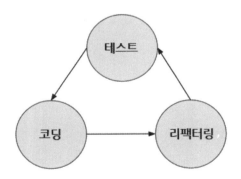

〈그림 2.22〉 애플리케이션과 테스트 코드 사이의 개발 사이클

다음으로 앵귤러 지시자의 테스트 방법을 알아보기 위해 yo를 이용해 todo 지시자를 만들어 보자. 다음 예와 같이 todo.html에서 todo 목록 표현 부분의 HTML을 잘라서 todo.js 지시자의 템플릿으로 넣는다. 그리고 자른 HTML 자리에 〈todo〉 지시자로 간단히 표현한다. 〈todo〉 지시자는 격리된 스코프 객체를 지정하지 않고 기본 설정인 'scope: false'를 사용하므로 'TodoCtrl'의 스코프 객체를 상속받아 사용한다.

```
// todo 지시자 생성
$ yo angular:directive todo
   create app/scripts/directives/todo.js
   create test/spec/directives/todo.js


// todo.html : todo 지시자로 뷰의 내역을 수정한다.
   <div ui-sortable ng-model="todos">
     <!-- 해당 HTML은 제거되고 todo.js 지시자의 template으로 지정한다.
       <p class="input-group" ng-repeat="todo in todos" style="padding:5px 10px; cursor: move;">
       <input type="text" value="{{todo}}" class="form-control">
       <span class="input-group-btn">
         <button class="btn btn-danger" ng-click="removeTodo($index)" aria-label="Remove">X</button>
       </span>
     </p>
      -->


     <div  ng-repeat="todo in todos">
       <todo></todo>
     </div>
   </div>


// app/scripts/directives/todo.js : 뷰의 내역을 template 안에 넣어 todo 지시자로 만든다
angular.module('myToDoApp')
  .directive('todo', function () {
    return {
      restrict: 'E',
      template:
        '<p class="input-group" style="padding:5px 10px; cursor: move;">' +
          '<input type="text" value="{{todo}}" class="form-control">' +
          '<span class="input-group-btn">' +
            '<button class="btn btn-danger" ' +
              'ng-click="removeTodo($index)" aria-label="Remove">X</button>' +
          '</span>' +
        '</p>',
      link: function postLink(scope, element, attrs) {}
    };
  });
```

다음 예에서 지시자 〈todo〉에 대해 테스트 코드를 작성을 살펴보자. 지시자에 적용된 todo의 값을 확인하기 위해 먼저 스코프 객체의 todo 속성에 샘플값을 설정한다. 다음으로 $compile 서비스를 이용해 지시자를 컴파일하고, scope를 주입하여 데이터 바인딩 환경을 만들어 준다. 그리고 $digest()를 호출해 지시자 템플릿(뷰)과 스코프 사이에 데이터 바인딩을 맺어주어 스코프 객체의 todo 값을 최종 뷰에 적용한다. 테스트에서는 사용자가 직접 화면을 클릭할 수 없으므로 $digest를 호출하는 것이다. 단, $digest 호출은 테스트에서만 허용한다. 스코프 설정값은 'hi peter'이고 기대값은 'hi'로 했기 때문에 에러가 발생한다. expect(element.find('input').val()).toEqual('hi peter'); 로 수정하고 다시 'grunt test' 명령을 수행한다.

```javascript
describe('Directive: todo', function () {
  beforeEach(module('myToDoApp'));
  var element, scope;
  beforeEach(inject(function ($rootScope) {
    scope = $rootScope.$new();
  }));

  it('should todo list', inject(function ($compile) {
    // 1) 샘플 데이터 스코프에 설정
    scope.todo = 'hi peter';
    // 2) 지시자 컴파일 - DOM 적용
    element = angular.element('<todo></todo>');
    element = $compile(element)(scope);
    // 3) scope.todo의 값이 적용되게 $digest() 직접 호출
    scope.$digest();
    // 4) 적용된 최종 input의 value 값 체크
    expect(element.find('input').val()).toEqual('hi');
  }));
});

// grunt test : 기대값 'hi peter'가 아님을 출력한다.
```

```
Running "karma:unit" (karma) task
WARN [karma]: Port 8080 in use
INFO [karma]: Karma v0.12.17 server started at http://localhost:8081/
INFO [launcher]: Starting browser PhantomJS
WARN [watcher]: Pattern
INFO [PhantomJS 1.9.7 (Mac OS X)]: Connected on socket 2jvoeMGTW1RQTIsFvSMl with
PhantomJS 1.9.7 (Mac OS X) Directive: todo should todo list FAILED
        Expected 'hi peter' to equal 'hi'.
PhantomJS 1.9.7 (Mac OS X): Executed 8 of 8 (1 FAILED) (0.008 secs / 0.028 secs)
```

사용자 정의 지시자에서 templateUrl을 사용할 경우 templateUrl은 $http의 GET 요청을 통해 HTML을 요청하게 되는데, 테스트할 때 오류가 발생한다.

```
// todo-list.html로 분리된 템플릿 파일
<p class="input-group" style="padding:5px 10px; cursor: move;">
  <input type="text" value="{{todo}}" class="form-control">
  <span class="input-group-btn">
    <button class="btn btn-danger"
      ng-click="removeTodo($index)" aria-label="Remove">X</button>
  </span>
</p>


// todo.js 지시자
angular.module('myToDoApp')
  .directive('todo', function () {
    return {
      restrict: 'E',
      templateUrl: 'scripts/directives/todo-list.html',
      link: function postLink(scope, element, attrs) {}
    };
  });


// grunt test 수행

PhantomJS 1.9.7 (Mac OS X) Directive: todo should todo list FAILED
        Error: Unexpected request: GET scripts/directives/todo-list.html
```

테스트 시 오류를 방지하기 위해 카르마에서 전처리기 플러그인인 nghtml2js (https://github.com/karma-runner/karma-ng-html2js-preprocessor)를 제공한다. 해당 모듈은 todo-list.html을 테스트할 때 캐싱하고 로딩하여 줌으로써 오류를 방지한다. 먼저 npm을 이용해 karma-ng-html2js-preprocessor를 설치하고 karma 환경 내역을 수정한 뒤 테스트 코드에서 템플릿 모듈을 로딩한다.

카르마가 글로벌 영역에 설치돼 있다면 'npm uninstall -g karma' 명령으로 제거한다. 카르마와 전처리기는 로컬(여기서는 todo 애플리케이션)에 놓고, 카르마 환경에는 네 가지를 추가한다.

1. files에 템플릿 HTML 파일의 위치 설정한다.

2. 'ng-html2js' 전처리기를 추가한다.

3. ngHtml2JsPreprocessor의 stripPrefix에 명칭으로 제거할 접두사와 테스트할 때 추가할 모듈 명칭을 설정한다.

4. plugins에 karma-ng-html2js-preprocessor 플러그인 명칭을 설정한다.

이제 테스트를 수행할 때 HTML을 템플릿을 모듈로 만들어 사용할 수 있다.

```
// 전처리기 설치
$ npm install karma-ng-html2js-preprocessor

// test/karma.conf.js 카르마 환경 설정
    files: [
      … 중략 …
      'app/scripts/**/*.js',
      'test/spec/**/*.js',
      'app/scripts/**/*.html'
    ],

    preprocessors: {
      'app/scripts/**/*.html': 'ng-html2js'
    },

    ngHtml2JsPreprocessor: {
      stripPrefix: 'app/',
      moduleName: 'templates'
    },

    plugins: [
      'karma-phantomjs-launcher',
      'karma-jasmine',
      'karma-ng-html2js-preprocessor'
    ],

// test/spec/directives/todo.js 테스트 코드에 templates 모듈 추가
describe('Directive: todo', function () {

  beforeEach(module('myToDoApp'));
  beforeEach(module('templates'));

  var element, scope;
  beforeEach(inject(function ($rootScope) {
```

```
    scope = $rootScope.$new();
  }));

  it('should todo list', inject(function ($compile) {
    scope.todo = 'hi peter';

    element = angular.element('<todo></todo>');
    element = $compile(element)(scope);
    scope.$digest();

    expect(element.find('input').val()).toEqual('hi peter');
  }));
});
```

프로트랙터 기반 E2E 테스트

예전부터 브라우저 기반으로 애플리케이션을 테스트하기 위한 시도가 있었고, 셀레니엄(selenium, http://docs.seleniumhq.org/)과 웹드라이버가 따로 있었으나 현재는 셀레니엄 버전 2.0에서 셀레니엄과 웹드라이버의 각 장점을 취해 셀레니엄 웹드라이버라는 이름으로 발전했다. 앵귤러 프로트랙터는 셀레니엄 웹드라이버를 기반으로 애플리케이션 UI를 테스트하기 위해 브라우저를 자동으로 기동해 테스트를 수행하는 E2E 테스트 프레임워크다.

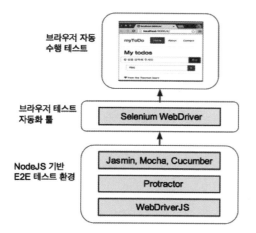

〈그림 2.23〉 E2E 테스트를 위한 구성 및 흐름

프로트랙터는 웹드라이버를 사용하기 위해 WebDriverJS를 기반으로 수행되고, 단위 테스트에서 사용한 쟈스민의 BDD방식 테스트 코드를 작성한다. 어떻게 테스트가 진행되는지 보기 위해 프로트랙터 프레임워크을 1장의 todo 애플리케이션에 적용해보자.

먼저 프로트랙터를 설치한다. 'npm install protractor'를 수행하면 셀레니엄 웹드라이버를 같이 설치해 주지만, 셀레니엄 웹드라이버를 업데이트하면 크롬 브라우저에서 자동화 테스트를 하는 크롬 드라이버(ChromeDriver)를 설치해 준다. E2E 테스트를 위해 셀레니엄 서버를 테스트 전에 구동해야 하지만 크롬 드라이버를 사용하면 구동할 필요가 없다. 이는 크롬 드라이버에서 자체 서버를 내장하고 있기 때문이며 편리하게 E2E 테스트를 할 수 있다. 다음으로 크롬 드라이버 전용 환경 파일을 만든다.

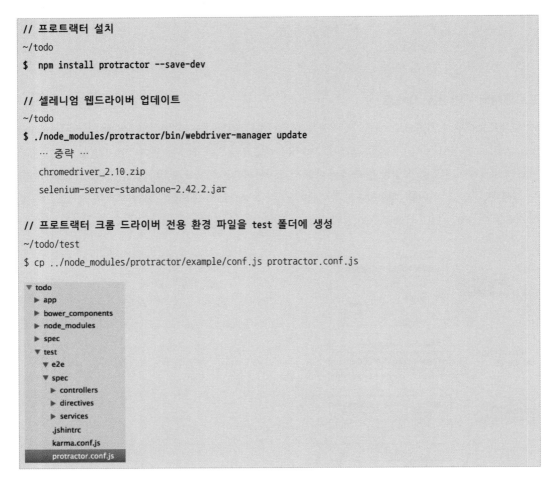

```
// 프로트랙터 설치
~/todo
$ npm install protractor --save-dev


// 셀레니엄 웹드라이버 업데이트
~/todo
$ ./node_modules/protractor/bin/webdriver-manager update
    … 중략 …
    chromedriver_2.10.zip
    selenium-server-standalone-2.42.2.jar


// 프로트랙터 크롬 드라이버 전용 환경 파일을 test 폴더에 생성
~/todo/test
$ cp ../node_modules/protractor/example/conf.js protractor.conf.js
```

```
▼ todo
  ▶ app
  ▶ bower_components
  ▶ node_modules
  ▶ spec
  ▼ test
    ▼ e2e
    ▼ spec
      ▶ controllers
      ▶ directives
      ▶ services
    .jshintrc
    karma.conf.js
    protractor.conf.js
```

protractor.conf.js 프로트랙터 환경 내역을 수정한다. chromeDriver의 위치를 다시 수정하고 specs에 e2e 테스트 코드의 위치를 수정한다. 셀레니엄 단독 서버를 수행해 테스트하고 싶다면 chromeOnly와 chromeDriver를 제거하고 seleniumAddress를 지정한다.

```javascript
exports.config = {
  // Selenium Standalone sever는 시작하지 않고 Chrome만 사용
  chromeOnly: true,
  // 기존 chromeDriver: '../selenium/chromedriver',
  chromeDriver: '../node_modules/protractor/selenium/chromedriver',

  // 만일 Selenium Standalone sever를 기동해 테스트를 원고 싶을 경우 설정.
  // chromeOnly와 chromeDriver 주석처리
  // seleniumAddress: 'http://0.0.0.0:4444/wd/hub',
  // Capabilities to be passed to the webdriver instance.
  capabilities: {
    'browserName': 'chrome'
  },

  // e2e 테스트 코드 위치
  // 기존 specs: ['example_spec.js'],
  specs: ['e2e/**/*.js'],

  // browser.get() 호출 시 기본 url 주소 : 로컬 테스트 주소
  baseUrl: 'http://localhost:9000',

  // Jasmine 옵션
  jasmineNodeOpts: {
    showColors: true,
    defaultTimeoutInterval: 30000
  }
};
```

제대로 동작하는지 보기 위해 환경 파일을 지정해 E2E 테스트를 수행해 본다. protractor 명령어 다음에 환경 파일의 위치를 지정한다.

```
~/todo
$ protractor  test/protractor.conf.js
Using ChromeDriver directly...
```

```
Finished in 0.001 seconds
0 tests, 0 assertions, 0 failures
```

다음으로 E2E 테스트 코드를 작성해 보자. 애플리케이션 화면 테스트를 위해 페이지 오브젝트 디자인 패턴(Page Object Design Pattern) 방식을 사용하면 중복 코딩을 방지하고 페이지 오브젝트를 이용해 재사용 가능한 테스트를 수행할 수 있다. 또한, UI가 변경됐을 때 테스트 코드는 그대로 두고 페이지 오브젝트만 변경하는 방식을 취할 수 있어 변화에 대한 유지보수를 수월하게 해준다. 이를 위해 해야 할 것은 먼저 화면에 대한 페이지 오브젝트를 정의한 후에 페이지 오브젝트를 사용해 테스트 코드를 정의하면 된다. MyToDo 애플리케이션에 대한 페이지 오브젝트를 작성하기 위해 프로트랙터의 몇 가지 전역변수를 알아보자.

- **browser:** 웹드라이버의 인스턴스로 페이지를 내비게이션한다.

- **element:** 테스트하려는 페이지의 엘리먼트를 찾고 상호작용 해주는 도움 함수로 ElementFinder 객체를 반환한다. 예를 들어, $('my-css')의 의미는 element(by.css('my-css'))와 같다. var elementFinder = element(locator)로 정의한다. 여기서 locator는 by 컬렉션의 메서드를 이용해 찾는다.

- **by:** 엘리먼트를 찾을 수 있는 로케이터의 컬렉션으로 CSS, ID, ng-bind, {{}} 앵귤러 표현 등을 찾을 수 있다. 예를 들어, 〈div ng-model="todo"/〉는 by.model("todo")로 찾고, 〈div〉{{todo}}〈/div〉는 by.binding("todo")로 찾는다. 또는 〈div ng-repeat="todo in toods"〉는 by.repeater("todo in todos").row("1")로 두 번째 todo 객체를 찾을 수 있다.

- API에 대해 https://github.com/angular/protractor/blob/master/docs/api.md를 참조한다.

TodoPage 함수를 만들고 그 안에서 테스트 URL을 입력한다. 입력하고 추가하는 버튼의 엘리먼트를 찾고 addTodo에서 값을 입력하고, 실제 click() 이벤트를 준다. todoAt은 입력한 todo 목록을 찾아서 value="{{todo}}"로 입력한 값을 반환하는 페이지 오브젝트다. 프로그램은 노드에서 구동되므로 module.exports한다.

```
// /test/e2e/pages/todo-page.js 내역
'use strict';
var TodoPage = function () {
  browser.get('/#');
};


TodoPage.prototype = Object.create({}, {
  // get
```

```
  todoModel: { get: function () { return element(by.model('todo')); }},
  addButton: { get: function () { return element(by.css('[value="추가"]')); }},
  todoList: { get: function () { return element.all(by.repeater('todo in todos')); }},
  // set
  addTodo: { value: function (todoValue) {
    this.todoModel.sendKeys(todoValue);
    this.addButton.click();
  }},
  todoAt: { value: function (idx) {
    return this.todoList.get(idx).$('input').getAttribute('value');
  }}
});

module.exports = TodoPage;
```

이제 페이지 오브젝트를 이용해 테스트 코드를 작성해보자. 노드의 require를 이용해 노드 모듈인 TodoPage를 가져온다. beforeEach에서 TodoPage 인스턴스를 생성하고 addTodo를 통해 할 일 1개를 미리 입력한다. 각 it 구문에 할 일을 입력하고 목록에 입력한 구문과 일치하는 할 일 목록이 존재하는지 검증한다. 테스트를 수행하면 크롬 브라우저가 자동으로 실행돼 할 일 목록을 입력하고 목록에 할 일이 추가됐는지 검증한 뒤 브라우저를 닫는다.

```
// /test/e2e/todo.js 테스트
'use strict';
var TodoPage = require('./pages/todo-page.js');

describe('todo application', function() {
  var page;

  beforeEach(function() {
    page = new TodoPage();
    page.addTodo('hi peter');
  });

  describe('todo list', function() {
    it('should list todos', function() {
      expect(page.todoList.count()).toEqual(1);
      expect(page.todoAt(0)).toEqual('hi peter');
    });
```

```
  it('should add a todo', function() {
    page.addTodo('It is great thing');
    expect(page.todoList.count()).toEqual(2);
    expect(page.todoAt(1)).toEqual('It is great thing');
  });
 });
});
```

```
▼ test
  ▼ e2e
    ▼ pages
        todo-page.js
      todo.js
  ▶ spec
  .jshintrc
  karma.conf.js
  protractor.conf.js
```

// 테스트 수행
```
~/mobicon/angularjs_webapp/todo
$ protractor test/protractor.conf.js
Using ChromeDriver directly...
Finished in 4.474 seconds
2 tests, 4 assertions, 0 failures
```

E2E 테스트 수행을 Grunt 태스크로 적용해보자. Grunt 플러그인은 http://gruntjs.com/plugins 사이트에서 검색해 적절한 플러그인을 찾아보고, 프로트랙터를 구동해 주는 'grunt-protractor-runner'를 개발 의존관계로 설치한다.

```
$ npm install grunt-protractor-runner --save-dev
```

현재 protractor.conf.js 환경에는 크롬 브라우저만 테스트하도록 설정했다. 만약 파이어폭스나 사파리에서 테스트하고 싶다면 어떻게 해야 할까? 이때는 환경 파일 내역을 바꿔 주고 셀레니엄 서버를 별도로 띄워야 한다. 제티(Jetty)기반이므로 JRE(Java Runtime Environment, 1.6 버전 이상을 설치한다)가 설치돼 있어야 한다.

```javascript
// Gruntfile.js에 프로트랙터를 추가한다.
grunt.initConfig({
    … 중략 …
    karma: {
      unit: {
        configFile: 'test/karma.conf.js',
        singleRun: true
      }
    },
    protractor: {
      options: {
          configFile: "test/protractor.conf.js",
          keepAlive: true, // If false, the grunt process stops when the test fails.
          noColor: false, // If true, protractor will not use colors in its output.
          args: {
              // Arguments passed to the command
          }
        },
      chrome: {
        options: {
          args: {
            browser: "chrome"
          }
        }
      },
      safari: {
        options: {
          args: {
            browser: "safari"
          }
        }
      },
      firefox: {
        options: {
          args: {
            browser: "firefox"
          }
        }
      }
    }
});
```

```
// protractor.conf.js 환경 파일 수정

// chrome* 설정은 주석 처리하고 seleniumAddress를 설정한다.
  // chromeOnly: true,
  // chromeDriver: '../node_modules/protractor/selenium/chromedriver',
  seleniumAddress: 'http://0.0.0.0:4444/wd/hub',


// 셀레니엄 서버 기동
~/todo
$ ./node_modules/protractor/bin/webdriver-manager start
seleniumProcess.pid: 11321
정보: Launching a standalone server


//Grunt 기동
~/todo
$ grunt protractor
```

'grunt protractor'를 수행하면 3가지 브라우저에 대한 E2E 테스트를 수행한다. 각 브라우저 테스트의 수행 속도를 빠르게 하려면 Grunt의 concurrent에 등록하면 된다. 'grunt test' 태스크를 수행하면 카르마 단위 테스트를 수행하고 E2E 테스트를 수행하도록 태스크에 등록한다.

```
// Gruntfile.js의 concurrent에 브라우저가 동시 기동하여 테스트하도록 설정
grunt.initConfig({
    concurrent: {
        … 중략 …
        test: [
            'copy:styles'
        ],
        e2e_test: [
            'protractor:chrome',
            'protractor:firefox',
            'protractor:safari'
        ]
    },
    … 중략 …
});
```

```
// test Task에 등록
grunt.registerTask('test', [
  'clean:server',
  'concurrent:test',
  'autoprefixer',
  'connect:test',
  'karma',
  'concurrent:e2e_test'
]);
```

또한 Gruntfile.js 환경의 watch에 HTML이나 JS, CSS에 변경이 있으면 자동으로 테스트하도록 설정한다.

```
grunt.initConfig({
    watch: {
      … 중략 …
      e2eTest: {
        files: ['test/e2e/{,*/}*.js',
                '<%= yeoman.app %>/scripts/{,*/}*.js',
                '<%= yeoman.app %>/{,*/}*.html',
                '.tmp/styles/{,*/}*.css'],
        tasks: ['protractor']
      }
    }
});
```

정리

앵귤러는 크게 6가지 장점으로 인해 다양한 프로젝트에서 채택해 사용하고 있다. 굳이 서버가 노드가 아니더라도 자바 진영에서 사용하는 스프링 프레임워크 또는 PHP, 루비 등 백엔드 개발 언어와 무관하게 SPA를 개발할 수 있다.

- 앵귤러 개발 툴인 요맨과 결합해 개발 생산성을 높여주고 앵귤러 MV* 프레임워크의 기능 요소를 파일별로 생성해 점진적 개발을 가능하게 한다.

- 양방향 데이터 바인딩은 개발을 빠르게 진행할 수 있게 해주고, 뷰와 컨트롤러 사이의 약한 결합으로 테스트 코드 개발 및 확장 유연성을 보장한다.

- 제이쿼리 플러그인을 지시자로 전환한 오픈소스가 급증함에 따라 지시자를 직접 만들기보다 검색하고 좋은 것을 선택하여 씀으로 빠른 생산성을 보장한다.

- 단위 테스트와 E2E 테스트 프레임워크를 제공함으로써 프런트엔드 개발에서도 깨지지 않는 견고한 애플리케이션 개발을 가능하게 한다.

- 커뮤니티와 블로그 포스팅을 통해 원하는 답을 쉽게 얻을 수 있다. 또한, 구글의 지원으로 지속적으로 버그가 해결되고 버전 업데이트되므로 신뢰할 수 있다.

- 최근에는 폰갭과 결합하여 하이브리드 앱을 빠르게 만들 수 있도록 앵귤러 지시자화 된 Ionic(http://ionicframework.com)과 같은 하이브리드 프레임워크가 다양하게 공개되고 있다. 따라서 과거 2~3년 전의 제이쿼리 모바일의 경험을 무시해도 될 만큼 네이티브에 근접하는 사용자 경험을 모바일에서도 제공하고 있다.

앵귤러는 SPA를 개발할 수 있는 프레임워크다. 따라서 기본적인 6가지 장점의 개념을 이해하고 사용법을 숙지해야 한다.

03

SPA 기획 및 생성

프런트엔드 네이티브 애플리케이션을 개발할 때를 떠올려 보면 기본적으로 저작 도구의 도움을 받아 화면을 쉽게 만들 수 있고, 업무 코드를 화면과 분리해 개발하는 방법을 제공한다. 예를 들어 델파이 (Delphi)나 플렉스 빌더(Flex Builder)의 개발 도구를 생각해 보자. 해당 개발 도구는 화면을 만들고, 화면 이벤트에 대한 업무 코드를 분리해서 작성할 수 있으며, 개발 코드의 빌드를 거쳐 실행 가능한 바이너리 파일을 생산한다. 앵귤러 프레임워크를 기반으로 프런트엔드 SPA를 개발하게 되면 프런트엔드 네이티브 애플리케이션을 개발할 때 제공됐던 기능을 유사하게 제공받아 개발할 수 있다.

SPA 개발을 위한 조건 또한 화면 개발이 편리해야 하고, 화면과 업무 로직의 분리가 잘 돼야 하며, 코드를 구조화해 유지보수와 생산성을 높일 수 있어야 한다. 이를 위해서는 앵귤러 프레임워크 외에 다양한 오픈소스를 함께 알아야 한다. 웹 퍼블리셔가 없다면 개발자가 직접 트위터 부트스트랩(Twitter Bootstrap) 또는 머터리얼 디자인(Material Design) 같은 UI 프레임워크를 이용해 화면 레이아웃과 폼을 만들 수 있어야 한다. 이는 기존의 델파이나 플렉스 빌더에서 개발자가 직접 화면을 만드는 과정과 유사하다.

또한, 화면과 업무 로직 사이에 느슨한 코드 연결을 할 수 있어야 생산성, 유지보수성, 테스트 가능성, 코드 가독성 및 협업 등이 빠르게 이뤄질 수 있다. 이는 앵귤러 프레임워크의 특성인 양방향 데이터 바인딩, 모델−뷰−컨트롤(MVC) 개발 패턴과 의존성 주입 방식을 이용해 할 수 있다. 업무 데이터가 프런트엔드 애플리케이션에 있는 경우가 아니라면 대부분 클라이언트/서버 모델에 따라 AJAX 기술을 이용해 비동기 방식으로 서버에 데이터를 요청해야 한다. 이를 통해 페이지의 전환 없이 화면의 일부만 변경해 SPA를 개발할 수 있어야 한다. 이 또한 앵귤러의 AJAX 호출을 추상화한 $http, $resource 서비스를 이용해 AJAX 기술을 쉽게 이용할 수 있다.

전체 화면 구성과 업무 로직이 완료된 후에는 요맨의 Grunt로 테스트 및 빌드를 수행해 최종 SPA의 배포본을 만들 수 있다. 배포본은 설정에 따라 HTML, 이미지, CSS, 자바스크립트 파일을 합치거나 파일 크기를 줄이고, 코드를 해석할 수 없는 형태로 만드는 작업을 한다. 이는 Grunt 플러그인 형태로 제공하고 있다.

프런트엔드에서 화면을 제어하고 업무 로직을 제어한다면 굳이 서버가 복잡해질 필요가 없으며 백엔드는 단순한 데이터 서비스 서버로만 기능해도 충분하다. 즉, SPA 개발을 한다면 서버는 REST API 서버를 지향하는 추세다. 이를 위한 프런트엔드/백엔드 기술 스택으로 민스택(MEAN Stack)이 인기를 누리고 있다. SPA를 중심에 놓고 민스택을 본다면 〈그림 3.1〉과 같이 볼 수 있다. 우선 화면의 업무 로직 제어는 앵귤러 프레임워크가 담당한다. 앵귤러와 함께 화면 저작을 쉽게 하기 위한 오픈소스 UI 프레임워크와 다양한 사용자 정의 태그 지시자, 테스트 도구 그리고 자동화 도구의 도움이 필요하다. REST API 데이터 서비스는 노드 위에 익스프레스(ExpressJS)를 기반으로 자바스크립트를 이용해 서비스를 개발하고 데이터 저장소는 몽고디비(MongoDB)가 담당한다. 이렇게 몽고디비, 익스프레스, 앵귤러, 노드 네 가지 기술 명칭을 합쳐서 MEAN이라고 한다. 하지만 해당 기술이 SPA를 개발하기 위한 절대적인 기술 스택은 아니며 업무적인 특성과 보유 기술을 고려해 백엔드 기술 스택을 선택할 수 있다.

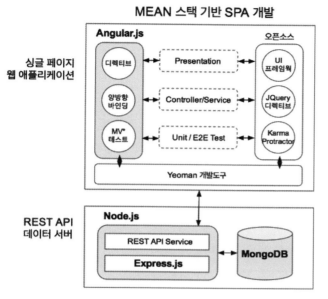

〈그림 3.1〉 민스택 기반 SPA

이번 장에서는 SPA를 개발하기 위한 요구사항을 정의해보자. 소프트웨어 요구사항 정의(SRS, Software Requirements Specification) 중에서 이 책에서는 사용자 인터페이스 설계와 기능 요구 사항만 간략히 정리한다. 그리고 민스택 기반으로 개발을 진행할 수 있는 요맨의 제너레이터를 선정하고 수정하는 방법을 알아본다. 제너레이터를 이용해 애플리케이션을 초기화하고 index.html을 IE 8에서 적용할 수 있는 환경으로 만드는 방법도 알아보고, SPA를 개발하기 위해 고려해야 하는 사항도 살펴보겠다.

3-1 애플리케이션 기획

앞으로 진행할 실무 예제 프로젝트는 설문 응답을 공유하는 서비스다. 서비스 명칭은 서베이 고릴라 (Survey Gorilla)로 한다. 누구나 가입할 수 있으며 그룹을 만들 수 있다. 그룹을 만든 사용자가 그룹의 소유자가 되고, 그룹 소유자는 설문을 생성할 수 있는 권한이 있다. 사용자는 생성된 그룹에 가입 신청을 할 수 있으며 그룹 소유자의 승인을 거쳐 그룹 멤버가 된다. 그룹 소유자가 아닌 일반 멤버는 설문을 생성할 수는 없고 답변만 가능하다. 애플리케이션은 다음과 같이 네 개의 화면으로 분류할 수 있다.

- **메인 페이지:** Main Page

- **그룹 정보 페이지:** Group Info Page

■ **그룹 활동 페이지:** Group Activity Page

■ **설문 생성 페이지:** Card Create Page

메인 페이지

메인 페이지는 랜딩(Landing) 페이지이며 'index.html' 파일이다. index.html에 'ng-app' 지시자를 설정하면 SPA의 메인 페이지가 된다. 〈그림 3.2〉처럼 왼쪽 위에는 서비스 명칭과 로고가 있고, 오른쪽 위에는 가입과 로그인할 수 있는 링크가 있다. 콘텐츠 영역에는 두 개의 탭을 이용해 내가 생성하거나 가입한 그룹과 가입하지 않은 그룹을 카드 형태로 나열한다. 카드에는 그룹 이미지와 설명을 출력하고 카드를 클릭하면 그룹 상세 정보를 볼 수 있다. 메인 페이지는 가입 후 로그인해야만 볼 수 있다.

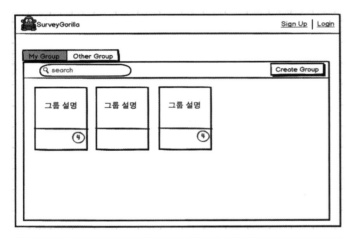

〈그림 3.2〉 서베이 고릴라 메인 및 로그인 화면

로그인은 이메일과 비밀번호를 입력하는 전통적인 방식과 OAuth를 이용한 소셜 로그인으로 페이스북과 구글플러스 또는 트위터를 사용한다. 서버에서 로그인을 처리하는 방식은 쿠키나 세션을 이용한 전통적인 방식이 아닌 토큰 방식을 이용한다. HTML 폼은 클라이언트 측에서 유효성 검사를 한다.

그룹 정보 페이지

메인 페이지에서 가입하지 않은 그룹을 선택하면 〈그림 3.3〉과 같이 그룹 정보 페이지로 이동한다. 그룹 정보 페이지에서는 그룹을 생성하거나 그룹에 가입할 수 있다. 그룹을 생성한 그룹 소유자는 그룹의 대표 이미지를 업로드하거나 변경하는 등 그룹의 상세 정보를 제어할 수 있다. 일반 사용자는 그룹 정보를 조회만 할 수 있다.

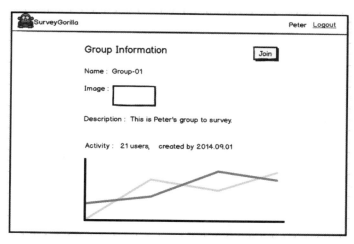

〈그림 3.3〉 그룹 정보 페이지

그룹 활동 페이지

메인 페이지에서 가입한 그룹을 선택하면 그룹 활동 페이지로 이동한다. 그룹 활동 페이지 왼쪽 위에는 그룹을 생성한 사용자의 정보가 나오고, 아래에는 그룹에 가입한 회원의 목록이 나온다. 오른쪽에는 설문 조사를 생성하는 버튼이 있고, 그룹 소유자만 설문을 생성할 수 있다. 오른쪽 아래에는 기존에 생성한 설문 목록이 나온다. 설문은 진행 상태와 완료 상태가 있으며 진행 상태의 설문은 설문 조사 형태로 나오고, 완료 상태의 설문은 설문 결과가 시각적으로 출력된다.

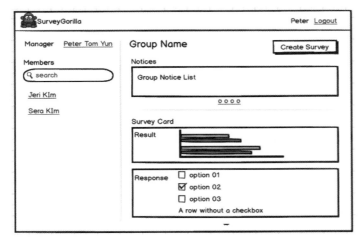

〈그림 3.4〉 그룹 활동 페이지

설문 생성 페이지

그룹 활동 페이지에서 그룹 소유자는 설문을 생성할 수 있다. 설문 생성 페이지 화면은 팝업창 형태다. 상단에서 설문 종류(주관식/객관식)를 선택할 수 있고, 이미지나 유튜브 동영상을 링크할 수 있다. 생성되는 즉시 그룹에 가입한 모든 사용자에게 실시간 알람이 전송된다.

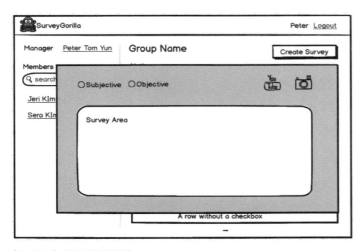

〈그림 3.5〉 설문 생성 페이지

지금까지 인터페이스를 설계하면서 간단하게 기능의 흐름을 알아봤다. 개발에 앞서 SPA 개발을 위해 가장 먼저 준비할 것은 서베이 고릴라에 적합한 yo 제너레이터를 선정하는 것이다. 다음 절에서는 서베이 고릴라에 적합한 yo 제너레이터를 선정하고 개발 요건에 맞게 제너레이터를 수정하는 방법을 알아보자.

3-2 애플리케이션 제너레이터 설계

SPA 개발을 위해 민스택을 사용하기로 했다. 1장에서 사용한 generator-angular 제너레이터는 프런트엔드만 충족하므로 서베이 고릴라의 개발 요건을 충족시키지 못한다. 따라서 프런트엔드와 백엔드의 기본 코드를 생성할 수 있는 제너레이터를 다시 선정해야 한다. 최근에 민스택을 위한 제너레이터가 많이 나왔지만, 다음 절에서 설명하는 애플리케이션의 폴더 구조와 앵귤러 코딩 스타일의 가이드 기준을 만족하는 제너레이터를 선정한다. 선정한 제너레이터의 부족한 부분을 직접 수정해 적용하는 방법도 살펴보자. 이번 절에서 정의하는 제너레이터를 미리 보고 싶다면 https://github.com/AngularJS-SPA-Development/generator-sg에서 소스를 확인할 수 있다.

애플리케이션의 폴더 구조 전략

클라이언트와 서버를 같은 저장소에서 개발할 것이므로 client와 server로 폴더를 나눈다. 단위 업무를 개발하기 위한 파일은 HTML, CSS, 자바스크립트인데 초기 앵귤러 제너레이터는 앵귤러 프레임워크 표준 개발 가이드에 따라 HTML은 partial 폴더에, 자바스크립트는 앵귤러 기능에 따라 controllers, services, directives 폴더에 그리고 CSS는 assets나 css 폴더에 위치시켰다. 이와 같은 폴더 구조는 하나의 업무에 대해 개발하거나 유지보수를 할 경우 partial, controllers 외 기타 css 폴더를 오가면서 파일을 열고 확인해야 하므로 불편함을 초래한다.

새로운 제너레이터의 요건으로는 먼저 단위 업무를 개발할 때 개발자가 원하는 폴더를 만들고 해당 단일 폴더에 단위 업무에 필요한 모든 파일 즉, HTML, CSS, 자바스크립트 파일을 제너레이터로 생성한다. 이렇게 하면 단위 업무를 폴더별로 구분해 관리할 수 있고, 단위 애플리케이션 파일을 한 곳에서 관리할 수 있으므로 개발 생산성과 유지보수성을 높일 수 있다. 또한, 생성된 CSS, 자바스크립트 파일은 Grunt 수행 시 index.html에 자동으로 추가돼야 한다. 즉, yo를 이용해 생성된 CSS, 자바스크립트 파일을 index.html에 개발자가 직접 추가하지 않고 자동으로 적용되게 해서 오류를 제거하고 생산성을 높인다.

그리고 단위 테스트를 위한 자바스크립트 파일도 단위 업무 폴더에 함께 생성한다. 예전에는 client 폴더와 같은 레벨에 test 폴더를 두고 그 밑에 단위 테스트나 E2E 테스트 파일을 생성했는데, 단위 테스트는 업무 파일과 함께 지속적으로 리팩터링해야 하는 대상이므로 같은 폴더에 생성하도록 한다. 그러나 E2E 테스트를 위한 자바스크립트 파일은 client/server 전체를 테스트하는 것이므로 client/server 폴더와 같은 레벨로 e2e 폴더에 생성한다.

〈그림 3.6〉과 같이 client, server, e2e 폴더가 있고, client 아래의 app에는 단위 업무 애플리케이션인 HTML, CSS, 자바스크립트 파일을 폴더별로 생성한다. 공통으로 사용하는 이미지, CSS는 assets 폴더에 두고, bower를 통해 자동으로 관리되는 컴포넌트는 bower_components 폴더에, 앵귤러 기반 사용자 정의 지시자 또는 개발자가 직접 수정한 오픈소스 컴포넌트는 components 폴더에 둔다.

〈그림 3.6〉 서베이 고릴라 서비스에 적용할 SPA의 폴더 구조

애플리케이션 제너레이터 선정

제너레이터란 요맨의 yo 명령으로 최초의 애플리케이션 폴더 구조와 초기 코드 파일을 생성해 주고, 개발을 진행하면서 단위 컴포넌트 파일을 생성할 때 사용하는 미리 정의한 템플릿 파일의 묶음이다. 따라서 다양한 기술 환경에 맞춘 다양한 제너레이터가 있고, 필요하다면 직접 만들거나 수정할 수 있다. 이는 요맨 홈페이지(http://yeoman.io/authoring/)에서 소개하고 있다. 민스택 기반의 제너레이터는 이미 존재하므로 직접 제작하기보다는 기존에 있는 제너레이터를 활용하겠다. 민스택을 위한 제너레이터로 MEAN.IO(http://mean.io/)와 MEANJS.org(http://meanjs.org/)가 소개되고 있지만 최근 개편된 generator-angular-fullstack(https://github.com/DaftMonk/generator-angular-fullstack)이 위에서 정의한 요구 조건에 맞는 애플리케이션 폴더 구조를 생성할 수 있다. generator-angular-fullstack의 장점은 단위 업무 레벨로 한 폴더에 HTML, CSS, 자바스크립트 파일을 원하는 폴더에 생성할 수 있고, 단위 테스트 파일도 같은 폴더에 생성해주며, Grunt 환경 파일 도 잘 정의돼 있다.

먼저, generator-angular-fullstack을 npm을 이용해 설치한다.

```
$ npm install -g generator-angular-fullstack
```

'yo 〈generator명칭〉〈애플리케이션 명칭〉' 명령을 수행하면 애플리케이션을 생성하면서 아래 와 같은 옵션을 사용할지 말지 선택할 수 있다. 클라이언트 옵션으로 자바스크립트, HTML, CSS, uiRouter, 트위터 부트스트랩, UI Bootstrap의 사용을 Yes로 선택한다. UI Bootstrap은 앵귤러팀 에서 트위터 부트스트랩을 앵귤러 지시자로(http://angular-ui.github.io/bootstrap/) 만들어 놓 은 모듈이다. 서버 옵션으로는 몽고디비 제어를 위한 드라이버인 몽구스(Mongoose), 로그인 예제 생성, oAuth 생성, socket.io의 사용을 Yes로 선택한다.

완료되면 SPA-test 폴더를 생성해 다음과 같이 yo 명령을 수행하면 〈그림 3.6〉과 같은 폴더 구조가 생성된다. 선택한 옵션들은 yo-rc.json 파일에 기록되고 애플리케이션을 다시 생성하기 위해 동일한 명령을 수행하면 옵션을 선택하지 않고 yo-rc.json에 설정된 내용을 기반으로 다시 애플리케이션을 생성한다.

```
$ mkdir SPA-test
$ cd SPA-test
$ yo angular-fullstack SPATest

# Client
[?] What would you like to write scripts with? JavaScript
[?] What would you like to write markup with? HTML
[?] What would you like to write stylesheets with? CSS
[?] What Angular router would you like to use? uiRouter
[?] Would you like to include Bootstrap? Yes
[?] Would you like to include UI Bootstrap? Yes

# Server
[?] Would you like to use mongoDB with Mongoose for data modeling? Yes
[?] Would you scaffold out an authentication boilerplate? Yes
```

```
[?] Would you like to include additional oAuth strategies? Google, Twitter
[?] Would you like to use socket.io? Yes
You're using the fantastic NgComponent generator.
Initializing yo-rc.json configuration.
```

generator-angular-fullstack은 단위 모듈 생성을 위해 generator-ng-component 하위 의존 제너레이터(sub-generator)를 함께 사용한다. 설치한 제너레이터의 명령은 generator-를 뺀 angular-fullstack이므로 명령은 'yo angular-fullstack:〈앵귤러 컴포넌트 명칭〉〈사용자 정의 명칭〉'이다. 〈앵귤러 컴포넌트 명칭〉은 제너레이터 루트 폴더에 동일한 명칭의 폴더가 있어야 하며 app 폴더는 반드시 있어야 한다. 최초 애플리케이션은 yo angular-fullstack:app이지만 :app은 생략할수 있다. :app을 생략하면 app 폴더를 지칭하는 것이다. app 폴더는 최초 애플리케이션의 전체 골격 템플릿 파일이 있는 곳이다. 따라서 'yo angular-fullstack SPATest' 명령을 수행하면 최초 애플리케이션 골격 파일이 생성되고, 컨트롤러를 생성하고 싶다면 'yo angular-fullstack:controller Test' 명령을 수행하는 방식이다.

'grunt serve' 명령을 수행하면 이전 장의 generator-angular와 달리 실제 서버 코드가 있는 server/app.js가 노드 기반으로 수행된다. 그리고 노드에서 몽구스를 통해 몽고디비에 접속하므로 명령을 수행하기 전에 몽고디비를 기동해야 한다. 아직 몽고디비가 설치돼 있지 않다면 몽고디비 홈페이지(http://www.mongodb.org/downloads)에서 몽고디비를 내려받아 설치하고 다음과 같이 기동한다. 몽고디비는 사전에 스키마를 생성할 필요가 없고 실시간으로 몽구스 드라이버를 통해 생성하거나 수정하는 도큐먼트 방식 저장소인 NoSQL이다.

```
$ cd c:/mongodb-3.0.2
$ mkdir meanstack
$ mongod -dbpath=c:/mongodb-3.0.2/meanstack
   … 중략 …
  2015-05-02T16:13:33.751+0900 [initandlisten] waiting for connections on port 27017
```

몽고디비를 도구를 이용해 관리하고 싶다면 로보몽고(Robomongo, http://robomongo.org/)를 사용한다. 로보몽고를 설치한 후 기동하면 몽고디비 기본 포트인 27017에 접속할지 팝업창이 뜨고 더블 클릭해 접속하면 SPAtest-dev 데이터베이스가 있다. 그 아래에 Collections 폴더가 있고, Collections 폴더에는 things, users 등의 샘플 컬렉션이 있다. things나 users 컬렉션을 더블 클릭하면 내용을 조회할 수 있다. 또는 오른쪽 위에 있는 db.things.find(), db.users.find() 명령을 이용해 질의할 수도 있다. 몽고디비와 몽구스에 대한 설명은 5장에서 다룬다.

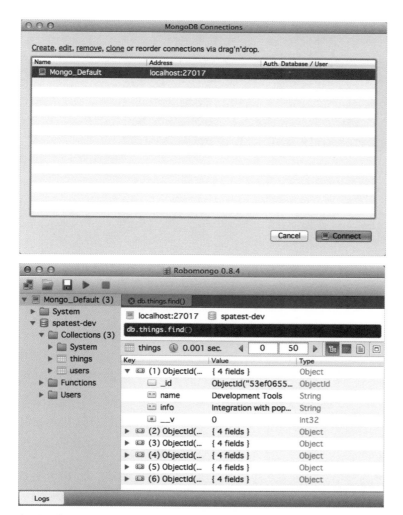

〈그림 3.7〉 로보몽고 접속과 몽고디비 컬렉션 조회

'grunt serve'를 수행하면 브라우저가 자동으로 수행되고 9000번 포트로 서버가 호출되면서 몽고디비 컬렉션인 things와 users의 샘플 데이터를 기반으로 화면이 보인다.

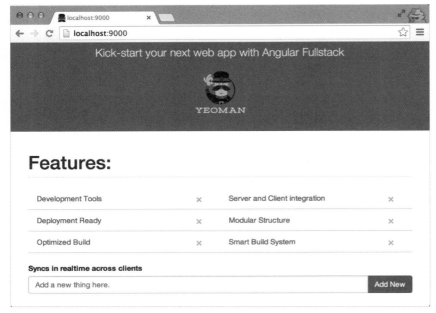

〈그림 3.8〉 angular-fullstack 수행 화면

〈그림 3.8〉은 민스택의 노드, 익스프레스, 몽구스를 이용해 몽고디비에 접속한 정보를 앵귤러와 트위터 부트스트랩 기반으로 작성한 SPA 결과 화면이다. 하단의 입력 영역에 새로운 글을 입력하면 입력한 내역이 몽고디비에 저장되고, http://localhost:9000에 접속한 모든 브라우저에 Socket.io를 통해 실시간으로 업데이트된다. 브라우저를 하나 더 띄워 글을 입력하고 확인해보자.

generator-angular-fullstack은 업무 개발에 필요한 폴더 구조를 자유롭게 생성할 수 있다. 하지만 앵귤러 코딩을 할 때 코드 스타일에 부족한 부분이 있으므로 개발 생산성과 유지보수성을 높이고 도메인 요구사항을 잘 표현할 수 있게 코드 스타일 전략을 정의하고 제너레이터 템플릿 파일을 수정해 보자.

앵귤러 코드 스타일 전략

코드는 업무 도메인의 요건을 쉽게 읽을 수 있도록 표현하고 향후 요건 변경에 대해 바로 이해하고 접근할 수 있어야 한다. 또한, 여러 개발자가 쉽게 이해할 수 있는 코드를 생산할 수 있어야 하고, 앵귤러를 처음 접하지만 자바스크립트, CSS, HTML을 어느 정도 사용해 본 경험이 있는 개발자가 보기에 거리감이 없어야 한다. 당연한 이야기지만 적절한 코드 스타일 규칙을 정하고 자동으로 생성된 템플릿 코드를 이용해 요건을 충족하는 코드를 생산하도록 좀 더 적극적으로 강제할 수 있어야 한다. 그런 의미에서 yo의 제너레이터는 코드의 스타일을 강제하기에 좋은 도구다. 즉, 미리 원하는 코드 스타일을 적용한 템플릿을 이용해 개발하도록 하는 것이다. 위와 같은 사항을 충족하는 코드 스타일에 대해 알아보자.

첫째, 파일 하나에 하나의 컴포넌트만 정의한다. 개발할 때는 개별 파일이지만 운영 배포본에는 모든 파일을 통합하고 압축해 원하는 파일 수만큼 만들어 운영하면 된다. 예를 들어 자바 기반으로 개발할 때 패키지로 구분해 자바 파일을 생성하듯이 개발한다. 이처럼 앵귤러 컴포넌트를 개발할 때의 이점은 브라우저의 개발자 도구로 자바스크립트 파일을 쉽게 찾고, 쉽게 디버깅할 수 있다. 또한, 테스트 범위가 작아져서 단위 테스트 코드 크기를 작게 유지할 수 있으며 파일 명칭을 가독성 있게 지으면 유지보수나 개발 생산성 또한 올라간다.

```
/* 피해야 하는 방법 : 한 파일에 controller, factory 역할 두 개가 포함 */

// oneControllerFactory.js
angular
    .module('app', [])
    .controller('OneController' , OneController)
    .factory('oneFactory' , oneFactory);


function OneController() { }
function oneFactory() { }

/* 추천 방법 : controller, factory 역할을 별도의 파일로 분리 */

// oneController.js 파일
angular
    .module('app')
    .controller('OneController' , OneController);


function OneController() { }

// oneFactory.js 파일
angular
    .module('app')
    .controller('oneFactory' , oneFactory);


function oneFactory() { }
```

둘째, IIFE(Immediately Invoked Function Expression, 즉시 실행 함수 표현)를 모든 앵귤러 컴포넌트에 사용한다. IIFE는 변수가 글로벌 변수가 되는 것을 막아주므로 글로벌 변수 오염을 방지할 수 있다. 이는 다른 코드들과 함께 운영될 때, 글로벌 변수 때문에 발생하는 예기치 못한 상황을 미리 방지할 수 있다. 예를 들어 일반적인 앵귤러 코드 스타일 가이드는 angular.controller('⟨Name⟩', function() {… 구현 코드 …}); 과 같이 첫 번째 파라미터는 컴포넌트 명칭이고, 두 번째 파라미터는 콜백 함수다. 콜백 함수가 길어지면 가독성이 떨어지고 앵귤러를 처음 접하는 개발자에게 이질감을 줄 수 있다. 따라서 두 번째 파라미터 콜백 함수를 밖으로 빼고 IIFE 형식을 통해 OneController 함수가 글로벌 영역을 오염시킬 위험이 존재하지만 이를 내부 함수로 만들기 때문에 오염을 방지할 수 있다. 예를 들어 오픈소스의 지시자를 보면 대부분 IIFE를 사용해 글로벌 영역 오염을 방지하면서 지시자를 컴포넌트화하고 있다. 따라서 다음과 같이 IIFE를 사용한다.

```
/* 추천 방법 */

// commonUtil.js
(function () {
  'use strict';
  angular
    .module('app')
    .factory('OneController', OneController);

  function OneController () { … 구현 … }
})();

// localStore.js
(function () {
  'use strict';
  angular
    .module('app')
    .factory('oneFactory', oneFactory);

  function oneFactory () { … 구현 … }
})();
```

셋째, 앵귤러 모듈의 get, set을 정의할 때 모듈 객체를 변수에 할당해 사용하지 않는다. 이는 가독성을 높여주고 모듈 변수의 충돌을 방지할 수 있다. 앵귤러 모듈의 set은 angular.module('⟨name⟩',

[]); 이고 get은 angular.module('〈name〉')이다. set 할 때 두 번째 파라미터에는 모듈이 의존하는 모듈 명칭을 나열한다. 최초 한 번 설정한 이후에는 첫 번째 파라미터로 모듈 명칭만을 사용해 모듈을 get 할 수 있다. 모듈을 set 할 때 추천하는 방법은 다음과 같다.

```
/* 피해야 할 방법: 모듈을 set 할 때 app 변수를 만들지 말자 */
(function() {
  'use strict';
  var app = angular.module('app', [
      'ngAnimate',
      'ngRoute'
  ]);
})();

/* 추천 방법 : app 변수 생성 없이 글로벌 변수 angular를 이용해 모듈의 set 수행 */
(function() {
  'use strict';
  angular
    .module('app', [
        'ngAnimate',
        'ngRoute'
    ]);
})();
```

앵귤러 모듈을 get 할 때도 변수를 별도로 만들지 않는다.

```
/* 피해야 할 방법: 모듈을 get 할 때 app 변수를 만들지 말자 */
(function() {
  'use strict';
  var app = angular.module('app');
  app.controller('OneController' , OneController);

  function OneController() { }
})();

/* 추천 방법: app 변수의 생성 없이 글로벌 변수 angular를 이용해 모듈의 get 수행 */
(function() {
  'use strict';
  angular
```

```
    .module('app')
    .controller('OneController' , OneController);

  function OneController() { }
})();
```

SPA는 최초에 애플리케이션 모듈을 set하고, 두 번째 파라미터에 의존 관계에 있는 모듈을 나열해 애플리케이션 내에서 사용할 수 있다. 따라서 다음과 같은 과정을 거쳐 항상 필요한 모듈을 set 해 의존 관계를 설정할 필요가 있다. 먼저 bower 명령으로 앵귤러 컴포넌트를 설치한 다음 bower 명령으로 내려받은 앵귤러 컴포넌트 폴더에는 bower.json 파일이 있고, 해당 파일의 main 키 값으로 정의한 내역이 index.html에 자동으로 추가된다. 예를 들어 'bower install moment' 명령으로 moment를 설치하면 bower_components/moment 폴더에는 bower.json 파일이 있고, bower.json 파일에 "main": "moment.js"라고 설정돼 있으면 bower_components/moment/moment.js 파일을 index.html에서 '〈script src="bower_components/moment/moment.js"〉〈/script〉'라고 자동으로 추가한다. bower로 설치하지 않고 직접 내려받았다면 index.html에 필요한 설정을 직접 추가해야 한다. 즉, 필요한 모듈을 설치하고 **index.html에 첨부한 다음 모듈 set에 의존 관계를 설정하**는 과정을 거쳐야 설치한 모듈을 앵귤러 기반 애플리케이션에서 사용할 수 있게 된다(moment는 앵귤러 모듈은 아니고, 글로벌로 moment 객체에 접근할 수 있다).

넷째, 도메인 요건에 부합하는 적절한 이름의 함수를 사용하고 $scope에 바인딩 되는 변수나 함수는 컴포넌트 정의 맨 위에 놓는다. 다음 예제처럼 View와 Model 사이의 제어를 컨트롤러를 통해 수행할 때 종종 $scope에 바인딩되는 속성과 메서드가 증가하는 경우가 있다. 개발이 완료된 후 성능 튜닝을 할 때 가장 중요한 부분은 바인딩되는, 즉 앵귤러 입장에서 $watcher를 통해 더티 체킹(Dirty Checking)하는 횟수를 줄이는 것이고, 바인딩 내역을 점검하기에 첫 번째 코딩 스타일은 추천하지 않는다. 될 수 있으면 $scope에 바인딩되는 모든 속성과 메서드는 먼저 영역별로 vm과 같은 리터럴 객체를 만들고 속성 및 메서드를 할당해 구분 지어 사용한다.

```
/* 피해야 할 방법 : 바인딩 내역을 파악하기 어렵고 속성, 메서드를 구분하는 가독성이 떨어짐 */
function OneController($scope) {
    $scope.vm = {};

    $scope.vm.gotoSession = function() {
      ...
    };
```

```
    $scope.vm.refresh = function() {
      ...
    };
    $scope.vm.search = function() {
      ...
    };
    $scope.vm.users = [];
    $scope.vm.title = 'OneThing';
```

```
/* 추천 방법 : 구현 함수를 아래에 놓고 $scope 바인딩 내역을 위에 놓는다  */
function OneController() {
    $scope.vm = {};

    $scope.vm.getUsers = getUsers;
    $scope.vm.refreshUser = refreshUser;
    $scope.vm.searchUser = searchUser;
    $scope.vm.users = [];
    $scope.vm.title = 'OneThing';


    function getUsers() { ⋯ }
    function refreshUser() { ⋯ }
    function searchUser() { ⋯ }
```

다섯째, 앵귤러 컴포넌트 중 컨트롤러는 화면의 이벤트 처리를 담당하고 업무 로직은 앵귤러 서비스로 정의하며 해당 서비스를 컨트롤러에서 주입받아 사용한다. 그리고 $http, $resource등 AJAX 서버 호출을 할 때는 될 수 있으면 앵귤러 서비스 컴포넌트로 정의해 사용한다. 다음 예제에서는 사용자에 대해 userService라는 앵귤러 서비스로 별도로 정의해 주입받아 사용하고 있다. 이럴 경우 다른 컨트롤러에서도 일관되게 사용자 업무 로직이 있는 서비스를 주입받아 사용함으로써 코드의 중복을 방지할 수 있다. 또한, 개발을 진행하며 여러 컨트롤러에 산재해 있는 동일한 코드가 발견되면 앵귤러 서비스로 정의해 사용하는 리팩터링 작업을 수행하자.

```
/* 업무 로직이 늘어나면 가독성 및 유지보수성을 낮출 수 있다  */
function OneController() {
    $scope.vm = {};

    $scope.vm.getUsers = getUsers;
    $scope.vm.refreshUser = refreshUser;
```

```
    $scope.vm.searchUser = searchUser;
    $scope.vm.users = [];
    $scope.vm.title = 'OneThing';

    function getUsers() { … }
    function refreshUser() { … }
    function searchUser() { … }

/* 추천 방법 : 업무 로직을 userService에 정의하고 주입받아 사용한다 */
function OneController(userService) {
    $scope.vm = {};

    $scope.vm.getUsers = userService.getUsers;
    $scope.vm.refreshUser = userService.refreshUser;
    $scope.vm.searchUser = userService.searchUser;
    $scope.vm.users = [];
    $scope.vm.title = 'OneThing';
```

여섯째, 컨트롤러에서는 $scope.vm = {}와 같이 자바스크립트 객체 리터럴(Object Literal)을 사용해 앵귤러 스코프 객체에 바인딩 내역을 처리한다. 또한, 객체 리터럴 사용 시 스코프 속성의 명칭을 업무 네임스페이스로 사용해 코드의 가독성을 높이도록 한다. 다음과 같이 user에 대한 $scope.user={} 객체 리터럴을 생성하고, 일반적인 화면 설정 부분은 뷰모델을 의미하는 $scope.vm={} 객체 리터럴을 생성해 사용한다.

```
function OneController(userService) {
    $scope.vm = {};
    $scope.user = {}

    $scope.user.getUsers = userService.getUsers;
    $scope.user.refreshUser = userService.refreshUser;
    $scope.user.searchUser = userService.searchUser;
    $scope.user.users = [];
    $scope.vm.title = 'OneThing';
```

앵귤러 스코프의 상속은 자바의 클래스로더(ClassLoader)의 상속 구조와 유사해서 뷰인 HTML에서 컨트롤러와 지시자를 사용하면 컨트롤러와 지시자에 존재하는 스코프 객체에 부모와 자식 사이의 스코프 상속 관계가 형성된다. 단, 독립적인 지시자는 상속이 아닌 상호작용 관계가 형성된다. 이때 자식 스코프 객체는 부모 스코프의 속성과 메서드에 접근할 수 있지만, 부모 스코프 객체는 자식 스코프 객체에 접근할 수 없다. 그리고 동료 사이의 스코프 객체에도 접근할 수 없다. 간혹 스코프 객체에 속성을 객체 리터럴로 지정하지 않고 원시 타입(Primitive Type)인 string, boolean, number 등으로 지정하면 예기치 못한 상황이 발생한다.

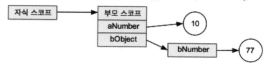

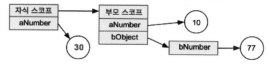

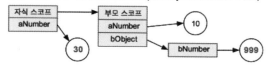

〈그림 3.9〉 원시 속성과 객체 리터럴 상속의 차이점

〈그림 3.9〉를 보면 자식 스코프가 부모 스코프의 원시 속성을 사용할 때는 문제가 되지 않는다. 그러나 두 번째 그림의 자식 스코프에서 부모 스코프의 aNumber를 10에서 30으로 변경하면 부모 스코프의 aNumber 값이 변경되는 것이 아니라 자식 스코프에 aNumber 속성이 새롭게 생기면서 30이 할당된다. 맨 아래에 있는 그림에서 객체 리터럴 bObject의 bNumber 속성값을 자식 스코프에서 접근해 bNumber값을 999로 변경하면 부모 스코프의 bObject.bNumber 값이 77에서 999로 변경된다. 원시 타입을 자식 스코프에서 사용할 때 이러한 예기치 않은 경우를 방지하려면 가능한 한 객체 리터럴에 속성과 메서드를 정의해 자식 스코프에서 사용한다.

일곱째, 앵귤러 컴포넌트는 의존성 주입을 통해 다른 컴포넌트를 사용하는데, 배포 파일을 만들 때 파일을 통합 압축(Minification)하면서 파라미터 명칭이 축소 변경되면 앵귤러는 주입할 객체를 판별하지 못하게 되고 배포본에서 에러가 발생한다.

```
/* 압축하기 이전 */
(function() {
  'use strict';
  angular
    .module('app')
    .controller('OneController', OneController);
  function OneController(common, dataservice) { }
})();


/* 압축한 후 : 압축하면 common, dataservice가 a, b로 바뀌어
   앵귤러가 의존 객체를 인식하지 못하므로 주입(DI)하지 못한다 */
(function(){angular.module('app').controller('OneController', d);function d(a,b){}})();
```

이럴 때는 앵귤러의 $inject를 이용해 주입 코드를 직접 넣어줘야 한다. 하지만 배포 통합 파일을 만들 때 이러한 과정을 자동으로 수행해 주는 ng-annotate (https://github.com/olov/ng-annotate) 모듈이 있다. /* @ngInject */ 주석을 의존성 주입을 원하는 함수 위에 선언하면 앵귤러의 $inject를 사용한 코드를 자동으로 생성해 준다.

```
/* 직접 입력할 경우 */
(function() {
  'use strict';
  angular
    .module('app')
    .controller('OneController', OneController);
  function OneController(common, dataservice) { }
  OneController.$inject = ['common', 'dataservice'];
})();


/* ng-annotate를 이용해 자동화할 경우 */
(function() {
  'use strict';
  angular
    .module('app')
    .controller('OneController', OneController);

  /* @ngInject */
  function OneController(common, dataservice) { }
})();
```

'grunt build'를 할 때 파일에 대한 통합과 압축을 하는데 이때 ngAnnotate에 대해 수행하는 설정이 Gruntfile.js에 있으면 된다. generator-angular-fullstack에는 이미 이러한 설정이 되어 있으므로 코드에 /* @ngInject */를 바로 사용할 수 있다(이전에는 ng-min을 주로 사용했지만 더 이상 업데 이트되지 않는 관계로 ng-annotate로 대체됐다).

```
/* generator-angular-fullstack에서 자동으로 생성한 Gruntfile.js */

  ngAnnotate: {
    dist: {
      files: [{
        expand: true,
        cwd: '.tmp/concat',
        src: '*/**.js',
        dest: '.tmp/concat'
      }]
    }
  },
```

혼자 그 외 뷰의 구성이 중첩되고 그 안에 컨트롤러와 지시자가 복잡하게 사용된다면 controllerAs 구 문을 통해 상위 스코프 객체에 접근할 때 네임스페이스 역할을 하는 이름을 지정해 줄 수 있다. 이는 어 느 스코프 객체에 접근하는지를 명시적으로 표현할 수 있으므로 상위 스코프 객체의 메서드 호출인지 자신의 스코프 객체의 메서드 호출인지를 구분하여 코드 가독성을 높여준다.

스타일 가이드에 따른 제너레이터 템플릿 수정 방법

앵귤러 코드 스타일에 대한 대략적인 준수 사항을 마련했으면 이제 제너레이터의 템플릿을 수정해 보 자. generator-angular-fullstack은 generator-ng-component와 함께 사용하고 있다. 수정 하는 방법은 제너레이터를 설치한 폴더로 가서 template을 직접 수정하는 방법이 있지만, 이는 혼 자 개발할 때에나 유효하다. 팀으로 개발할 때 모두가 공통된 제너레이터를 로컬에 설치해 사용하려 면 generator-angular-fullstack과 generator-ng-component를 수정하고 npm 공유 저장소 (Public Repository)에 등록해 사용해야 한다.

npm 저장소에 배포하려면 먼저 깃헙과 npm 저장소(https://www.npmjs.org/)에 계정이 필 요하다. 이 책에서는 서베이 고릴라 서비스를 개발하기 위해 generator-angular-fullstack을 generator-sg라는 명칭으로, generator-ng-component를 generator-sg-component라

는 명칭으로 깃헙에 저장소를 생성하고 npm 공유 저장소에 배포했다. 각자 자신의 제너레이터를 만들고 싶다면 중복되지 않는 이름을 사용해 npm 저장소에 등록해야 한다. 직접 제작하고 싶지 않다면 generator-sg를 설치해 사용해도 무방하다. 따라서 제너레이터를 수정하는 방법을 알고 싶지 않다면 본 절을 건너뛰어도 된다. 내려받을 저장소의 위치는 다음과 같다.

- generator-sg: generator-angular-fullstack를 스타일 가이드에 따라 수정 https://github.com/AngularJS-SPA-Development/generator-sg

- geneartor-sg-component: generator-angular-fullstack 내부에서 사용하는 generator-ng-component를 스타일 가이드에 따라 수정 https://github.com/AngularJS-SPA-Development/generator-sg-component

generator-sg가 내부적으로 generator-sg-component를 sub-generator로 사용하므로 generator-sg 만 설치하면 자동으로 generator-sg-component도 설치된다. 모든 제너레이터는 다른 제너레이터를 위한 하위 제너레이터로 동작할 수 있다. generator-sg를 글로벌로 설치한다.

```
$ npm install -g generator-sg
```

generator-angular-fullstack과 generator-ng-component를 generator-sg와 generator-sg-component로 수정하는 과정을 차례로 짚어보자. 초기에 잘 갖춰진 제너레이터를 선정하는 것도 중요하지만, 프로젝트 팀원의 코딩 스타일을 강제할 수 있는 템플릿을 미리 준비해 놓는 것이 좋다.

generator-angular-fullstack을 깃헙에서 포크(fork)하지 말고, 로컬 컴퓨터에 내려받은 후 .git 폴더를 삭제하고 자신의 깃헙 저장소 주소로 연결한다. 물론 이때 자신의 깃헙 저장소는 미리 생성돼 있어야 한다. generator-〈제너레이터명칭〉에서 generator-를 뺀 〈제너레이터명칭〉이 yo 와 함께 사용되므로 의미를 함축하면서 짧은 단어를 사용하자.

```
// 로컬 PC로 내려받기
$ git clone https://github.com/DaftMonk/generator-angular-fullstack.git
  git clone https://github.com/DaftMonk/generator-ng-component

// 폴더로 이동하기
$ cd generator-angular-fullstack
  cd generator-ng-component

// 폴더의 .git 폴더 제거
$ rm -rf .git
```

```
// 폴더에서 자신의 깃헙 주소 등록
$ git init
$ git remote add origin <깃헙 주소>
```

앵귤러 컴포넌트의 템플릿은 〈그림 3.10〉과 같이 generator-ng-component/templates 폴더 아래에 컴포넌트 폴더별로 존재한다. 뒤에 .spec. 이 붙은 파일은 테스트 템플릿 파일이다.

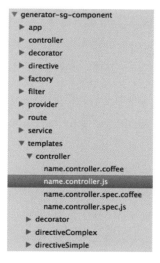

〈그림 3.10〉 generator-sg-component/templates 폴더

최초 프로젝트를 생성할 때 실행하는 명령인 'yo 〈제너레이터 명칭〉 〈애플리케이션 명칭〉'과 관련 템플릿은 generator-angular-fullstack/app 폴더에 있다. 〈그림 3.11〉을 보면 app/templates에 client, e2e, server 폴더가 있다. 이는 폴더 구조 전략에 따라 SPA를 개발하기 위한 폴더 구조를 템플릿으로 미리 만들어 놓은 것이다. 그리고 프런트엔드 애플리케이션은 app/templates/client에 있고 최초 실행 파일인 index.html이 있다.

〈그림 3.11〉 generator-sg/app 폴더 구조

yo를 수행하면 폴더의 명칭에 따라 명령어가 결정된다. 예를 들어 generator-angular-fullstack을 이용해 controller를 생성한다면 명령은 'yo angular-fullstack:controller ⟨사용자 정의 컨트롤러 명칭⟩'이고 yo는 'geneartor-'명칭이 앞에 붙은 'generator-angular-fullstack' 노드 모듈을 찾은 뒤 그 아래에 있는 controller 폴더를 찾는다. 그리고 최종 controller 폴더에 있는 index.js 파일을 읽는 순이다. 따라서 yo 명령을 새롭게 추가하고 싶다면 제너레이터 폴더에 새로운 명령과 동일한 명칭의 폴더를 생성하고 폴더 안에 index.js를 생성한다. 그리고 index.js는 컴포넌트를 생성할 때 물어보는 프롬프트 (prompt) 내용을 담고 있다.

요약하면 'yo angular-fullstack ⟨애플리케이션 명칭⟩'으로 했다면 :app은 생략할 수 있으므로 generator-angular-fullstack의 app 폴더를 찾은 후 index.js 를 수행한다. 최종적으로 생성을 위해 옵션을 설정하거나 동적인 작업을 하려면 index.js를 수정하면 된다. 제너레이터에서 가장 중요한 모듈은 yeoman-generator인데, 해당 generators에서 Base 함수를 통해 사용자가 확장할 수 있는 기능을 제공한다. extend를 사용해 확장하면 yeoman-generator 기능을 this.XXX 로 접근해 사용할 수 있다. 또한, 다음과 같이 initializing부터 end까지 이미 정의된 명칭을 사용할 수도 있고 사용자 정의 명칭으로 정의하면 차례로 수행된다. 좀 더 자세한 사항은 http://yeoman.io/authoring/running-context.html을 참조하자.

```
var yeoman = require('yeoman-generator');

yeoman.generators.Base.extend({
  initializing  :  {
    method1 : function() { … },
    method2 : function() { … }
  },
  prompting   : 옵션,
  configuring : 옵션,
  default     : 옵션,
  writing     : 옵션,
  conflicts   : 옵션,
  install     : 옵션,
  end         : 옵션
})
```

스타일 가이드 전략에 따라 수정한 템플릿 프런트엔드 앵귤러 소스 코드를 generator-sg와 generator-sg-component 깃헙 저장소에 올려놓았다. 앵귤러 컴포넌트 템플릿은 generator-sg-component/templates/* 컴포넌트 명칭별로 존재한다. 컨트롤러의 템플릿 예는 다음과 같다.

```
// generator-sg-component/templates/controller/name.controller.js
(function() {
  'use strict';
  angular
    .module('<%= scriptAppName %>')
    .controller('<%= classedName %>Ctrl', <%= classedName %>Ctrl);

  /* @ngInject */
  function <%= classedName %>Ctrl($scope, $log) {
      … 내역 …
  }
})();

// generator-sg-component/templates/service/name.service.js
(function() {
  'use strict';
  angular
    .module('<%= scriptAppName %>')
    .service('<%= cameledName %>', <%= classedName %>);

  /* @ngInject */
  function <%= classedName %>() {
    this.hi = function (){
      return 'hi';
    }
  }
})();

// generator-sg-component/templates/factory/name.factory.js
(function() {
  'use strict';
  angular
    .module('<%= scriptAppName %>')
    .factory('<%= cameledName %>', <%= classedName %>);

  /* @ngInject */
  function <%= classedName %>() {
    // Service logic
    // ...
```

```
    var meaningOfLife = 99;

    // Public API here
    return {
      someMethod: function () {
        return meaningOfLife;
      }
    };
  }
})();
```

애플리케이션 템플릿은 generator-sg/app/templates/app/*에 가입, 로그인 그리고 Socket.io
와 연계한 ToDo 애플리케이션이 있고, 다음과 같이 수정한다. IIFE와 /* @ngInject */를 사용하며,
angular.module().config().factory().run()의 환경을 설정하고, 콜백 함수 파라미터를 아래에
작성해 일반적인 자바스크립트 코드를 유지하면서 앵귤러 설정을 한다. 따라서 순수 자바스크립트 코
드 개발자에게 혼란을 줄이면서 이해하기 쉬운 코드를 보여준다.

```
// generator-sg/app/templates/app/app.js
(function() {
  'use strict';
  angular
    .module('<%= scriptAppName %>', [<%= angularModules %>])
    .config(config)
    .factory('authInterceptor', authInterceptor)
    .run(run);

  /* @ngInject */
  function config($stateProvider, $urlRouterProvider, $locationProvider, $httpProvider) {

    $urlRouterProvider
      .otherwise('/');

    $httpProvider.interceptors.push('authInterceptor');
  }

  /* @ngInject */
  function run($rootScope, $location, Auth) {
```

```
    // Redirect to login if route requires auth and you're not logged in
    $rootScope.$on('$stateChangeStart', function (event, next) {
      Auth.isLoggedInAsync(function(loggedIn) {
        if (next.authenticate && !loggedIn) {
          $location.path('/login');
        }
      });
    });
  }


  /* @ngInject */
  function authInterceptor($rootScope, $q, $cookieStore, $location) {
    return {
      // Add authorization token to headers
      request: function (config) {
        config.headers = config.headers || {};
        if ($cookieStore.get('token')) {
          config.headers.Authorization = 'Bearer ' + $cookieStore.get('token');
        }
        return config;
      },


      // Intercept 401s and redirect you to login
      responseError: function(response) {
        if(response.status === 401) {
          $location.path('/login');
          // remove any stale tokens
          $cookieStore.remove('token');
          return $q.reject(response);
        }
        else {
          return $q.reject(response);
        }
      }
    };
  }
})();
```

다른 템플릿 파일은 깃헙 저장소에서 확인한다. 다음으로 SPA의 메인 파일인 index.html을 IE8에서
지원하도록 하는 템플릿 파일을 만들어 보자.

3–2 IE8 지원을 위한 index.html 설정

'yo sg SurveyGorilla' 명령으로 SPA를 생성한다면 IE8을 지원하기 위해 애플리케이션의 최초 파일
인 index.html을 수정해야 한다. 먼저 body 태그에 지정돼 있던 'ng-app' html 태그로 옮긴다. 이
는 IE8에서 애플리케이션의 시작점을 인지하기 위한 형식이다.

```
// 기존 코드
<body ng-app="<%= scriptAppName %>">


// 수정한 코드
<html class="ng-app:<%= scriptAppName %>" id="ng-app" data-ng-app="<%= scriptAppName %>"
xmlns:ng="http://angularjs.org">
```

앵귤러 지시자를 사용할 때 태그 엘리먼트를 사용하면 IE8에서 인식하지 못하는 문제가 발생하므로 다
음과 같이 DOM을 사용자가 직접 생성해야 한다. 따라서 태그 엘리먼트 방식으로 사용하는 모든 지
시자는 document.createElement를 다음과 같이 넣어 준다. angular-ui-bootstrap의 지시자를
HTML 엘리먼트 방식으로 사용할 경우IE8 호환성에 대비해 입력한 예제다.

```
<head>
    … 중략 …
    <!--[if lte IE 8]>
      <script>
        document.createElement('tabset');
        document.createElement('tab');
      </script>
    <![endif]-->
</head>
```

또한, 기존의 es5-shim과 IE8에서 AJAX를 통한 JSON 포맷 통신을 위한 json3 이외에 반응형 웹
디자인(respond), 최신 HTML5 기능을 지원(modernizr)하기 위한 라이브러리를 추가할 수 있다.
특히 IE8에서는 console 객체가 존재하지 않으므로 디버깅을 위해 추가했던 console.log 때문에 업
무 로직 오류가 발생해 실행이 멈출 수도 있다. 이를 방지하기 위해 console-shim 라이브러리를 첨

부한다. 여기서 주의할 점은 'grunt build'를 수행하면 bower_components 아래에 있는 디렉토리의 모든 라이브러리를 ⟨!-- build:js({.tmp,client}) app/app.js --⟩ 아래에 자동으로 첨부하므로 IE 9 이상일 때 필요하지 않은 라이브러리를 자동 첨부하지 않도록 Gruntfile에 exclude 설정을 해야 한다. 하위 버전 브라우저를 지원하기 위한 라이브러리를 index.html에 첨부하고, Gruntfile.js에 exclude를 설정한다.

```
// index.html 일부
<body>
    … 중략 …
    <!--[if lt IE 9]>
    <script src="bower_components/modernizr/modernizr.js"></script>
    <script src="bower_components/console-shim/console-shim.js"></script>
    <script src="bower_components/respond/dest/respond.min.js"></script>
    <script src="bower_components/es5-shim/es5-shim.js"></script>
    <script src="bower_components/json3/lib/json3.min.js"></script>
    <![endif]-->
    … 중략 …
</body>


// Gruntfile.js 일부 내역
bowerInstall: {
    target: {
        src: '<%%= yeoman.client %>/index.html',
        ignorePath: '<%%= yeoman.client %>/',
        exclude: [/bootstrap-sass-official/, /bootstrap.js/, '/json3/', '/es5-shim/', '/respond/',
'console-shim', 'modernizr'<% if(!filters.css) { %>, /bootstrap.css/, /font-awesome.css/ <% } %>]
    }
},
```

몇 가지 규칙만 지켜서 index.html에 IE8을 지원할 수 있는 라이브러리를 지정하면 애니메이션을 제외한 다른 기능이 IE8에서도 원활하게 동작한다. 앵귤러 1.2.* 버전까지는 IE8에서도 테스트하지만 이후 버전에서는 IE8을 공식으로 지원하지 않고 테스트도 하지 않는다. IE8에서 앵귤러를 기반으로 SPA를 개발한다면 1.2.* 버전을 사용하고 IE9부터 지원하면 성능이 향상된 1.3.* 버전 이상을 사용하는 게 좋다.

3-3 SPA 생성

survey-gorilla 폴더를 생성하고, generator-sg 제너레이터를 이용하기 위해 'yo sg SurveyGorilla' 명령을 수행해 SPA를 생성한다.

```
$ mkdir survey-gorilla
$ cd survey-gorilla
$ npm install -g generator-sg
$ yo sg SurveyGorilla
```

client/index.html에서 ⟨div ui-view=""⟩⟨/div⟩ 태그가 화면이 변경되는 영역이다. 앵귤러가 ui-view 지시자가 있는 div 태그 영역에 라우팅으로 지정된 부분 HTML의 DOM 내용을 삽입해 변경하는 것이다. 브라우저의 변경된 화면에서 ⟨그림 3.12⟩와 같이 '페이지 소스 보기'를 하면 index.html 파일 내용만 보인다. 실제 변경된 화면의 HTML을 볼 수 없다. 변경된 DOM을 보고 싶다면 마우스 오른쪽 버튼을 클릭한 뒤 팝업메뉴의 '요소검사'를 선택해야 한다.

⟨그림 3.12⟩ 페이지 소스 보기와 요소 검사

즉, ⟨div ui-view=""⟩⟨/div⟩ 태그에서 모든 화면 내역이 변경됨을 알 수 있다. 그리고 일부 화면 (Partial View)이 바뀌게 하는 것을 라우팅(Routing)이라 하며, 라우팅을 지원하는 앵귤러의 기본 라이브러리는 ng-route다. ⟨div ng-view=""⟩⟨/div⟩로 표현하지만, generator-sg에서는 기본 angular-ui-router 모듈의 ui-view 지시자를 사용한다. 그렇다면 라우팅 설정은 어디서 하는 것일

까? 지금까지 SPA의 시작점은 index.html이라 했으며, 이와 쌍을 이뤄서 애플리케이션의 모듈과 라우팅 정보를 설정하는 〈사용자 정의 명칭〉.js 자바스크립트 파일이 있다. 템플릿에서는 app.js 파일이 index.html 파일과 쌍을 이루는 메인 애플리케이션 파일이다.

index.html과 app.js를 설정하면서 고려해야 할 부분은 앵귤러 모듈의 구성 전략과 라우팅 전략이다. 모듈은 규모와 확장성에 대한 부분이고 라우팅은 뷰 분할과 연관이 있다. 모듈은 컴포넌트와 같은 개념으로 보면 되고, 모듈을 결합해 원하는 결과물을 지속적으로 확장할 수 있다. 전체 라우팅 설정을 app.js 파일에 전부 하거나 모듈 파일별로 라우팅을 설정할 수도 있다. 이에 대해 상세히 알아보자.

애플리케이션의 모듈 구성

앵귤러의 모듈은 모듈 패턴에 기반해 컴포넌트를 만들 수 있는 기능이다. 모듈은 set과 get으로 구분되는데 set은 module('명칭', [의존 모듈])로 모듈이 초기화할 때 최초 한번 수행하는 config와 run과 앵귤러 컴포넌트를 정의할 수 있다. get은 module('명칭')으로 set 한 모듈을 사용하는 것이다. 예를 들어 angular.module('surveyGorillaApp', [])이 모듈의 set이고 angular.module('surveyGorillaApp')이 모듈의 get이며, 앵귤러 컴포넌트인 controller, serivce, factory, provider 등을 정의할 수 있다.

애플리케이션에서 모듈 구성에 대한 원칙과 영역을 잘 나누는 것이 향후 유지보수를 위해 좋다. 일반적으로 제너레이터에서는 하나의 애플리케이션 모듈을 만들고 해당 모듈을 전부 get 하는 방식으로 사용한다. 즉, 애플리케이션 아키텍처 레벨을 고려한 모듈 구분이 없다. 만약, 여러 팀 또는 여러 계층으로 애플리케이션을 나누어서 개발한다면 모듈로 나눈 다음 메인 애플리케이션 모듈에서 사용하는 방식을 고려할 수 있다.

〈그림 3.13〉을 보면 기본적으로 SPA를 개발하기 위한 모듈이 필요하다. 왼쪽은 논리적인 묶음이고 오른쪽은 실제 surveyGorillaApp 메인 모듈의 의존 관계 설정을 보여주고 있다. 페이지 전환을 위한 라우팅 모듈, AJAX 호출 모듈, UI 저작을 위한 모듈, 유틸리티 모듈 등이 일반적으로 애플리케이션 개발에 요구되는 모듈이다. 이를 위해 앵귤러는 angular-route.js, angular-resource.js, angular-animate.js, angular-ui-bootstrap 모듈을 제공하고 있다. angular-ui-bootstrap 지시자 모듈은 앵귤러 프레임워크에 속한 모듈은 아니고 별도로 제공하는 모듈이다. angular-route.js 대신 angular-ui-router와 같은 더 나은 오픈소스 모듈을 사용할 수도 있다. 최근에는 제이쿼리에서 사용하는 플러그인을 앵귤러 지시자로 만들어 오픈소스로 공개하는 사례가 폭발적으로 늘어나는 추세이므로 직접 UI 지시자 모듈을 만들기 전에 이미 만들어진 모듈이 있는지 검색해서 확인해보는 것이 좋다.

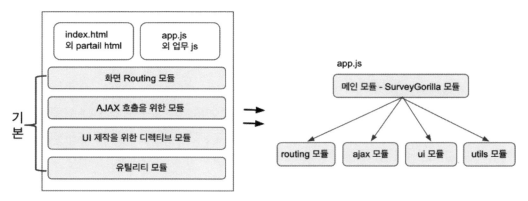

〈그림 3.13〉 SPA 구성요소와 모듈 관계

app.js의 소스를 보면 surveyGorillaApp 모듈이 사용하는 의존 관계 모듈을 다음과 같이 설정하고 있다. ng*은 앵귤러 프레임워크에서 제공하는 모듈이고 그 외는 오픈소스 모듈이다.

```
angular
  .module('surveyGorillaApp', [
                      'ngCookies',
                      'ngResource',
                      'ngSanitize',
                      'btford.socket-io',
                      'ui.router',
                      'ui.bootstrap'
                   ])
  .config(config)
  .factory('authInterceptor', authInterceptor)
  .run(run);
```

기본 의존 관계 모듈 설정 이외에 고려해야 할 것은 애플리케이션의 유연성을 위해 모듈을 어떻게 구성하느냐다. 애플리케이션을 구성할 때 하위 모듈은 상위 모듈을 참조할 수 없으나 상위 모듈은 하위 모듈을 참조할 수 있는 아키텍처 계층(Architectural Layer) 방식의 모듈 구성을 하면 〈그림 3.14〉처럼 기본 모듈 위에 공통 프레임워크 모듈, 업무 도메인에 특화된 업무 공통 모듈, 업무 도메인별 모듈로 나누어 모듈을 구성할 수 있다. 여기서 공통 프레임워크 모듈은 업무와 무관하게 애플리케이션을 개발할 때마다 사용하는 자신만의 컴포넌트를 모아 놓은 모듈이고, 업무 도메인에 특화해 공통으로 사용될 만한 컴포넌트를 모아 놓은 것이 업무 공통 모듈이다. 금융을 예로 들자면 수신/이체/기업/개인처럼 확연히 구분되는 업무 도메인 모듈을 구성하는 것이다. 모듈을 나누어 관리하는 이유는 애플리케이션 개발 확장성, 개발 생산성, 테스트 및 유지보수성을 높이기 위해서다. 애플리케이션의 크기와 개발 인원을 고려해 협업 개발을 원활히 할 수 있는 단위로 나눌 필요가 있다.

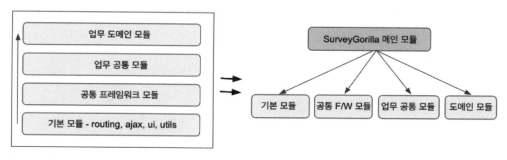

〈그림 3.14〉 애플리케이션 레벨 모듈 구성

app.js에 정의한 surveyGorillaApp 모듈은 〈그림 3.14〉와 같이 기본, 공통 F/W, 업무 공통, 업무 영역 나누어 구성한 모듈에 대한 의존 관계를 설정한다. generator-sg 제너레이터에 의해 자동으로 생성된 기본 모듈은 앵귤러 팀에서 지시자화 한 UI 부트스트랩과 socket.io 서비스가 자동으로 설정돼 있고 공통 프레임워크 모듈에는 에러 핸들링, 메시지 처리, 다국어 처리, REST 서비스 호출을 위해 추상화한 컴포넌트가 필요하다. 즉, 업무 애플리케이션을 개발하기 전에 팀에서 공통 프레임워크 모듈을 준비해야 하고 이는 4장에서 자세히 다룰 예정이다.

라우팅 설정 방식

SPA를 개발할 때 항상 챙겨야 하는 부분이 화면 전환을 위한 라우팅 설정이다. URI가 어떤 형태여야 할지와 어떤 컨트롤러가 처리하도록 할지 설정해야 한다. 가장 많이 사용하는 방식은 메인 모듈의 config 메서드 한 곳에서 모든 라우팅 설정을 중앙 집중적으로 관리하는 것이다. 라우팅 정보가 많지 않고 서비스가 작은 규모라면 중앙 집중적으로 관리하는 방법도 나쁘지 않다. 하지만 팀별로 큰 규모의 서비스를 개발한다면 중앙 집중식 라우팅 설정이 맞지 않을 수 있다. 〈그림 3.15〉의 왼쪽은 중앙집중적으로 설정된 것이고 오른쪽은 업무 단위별로 라우팅 환경 설정을 main, admin, account로 나누어 설정한 것이다.

〈그림 3.15〉의 오른쪽처럼 도메인 모듈을 더 작은 업무 단위 모듈로 나눌 수도 있고, 작은 업무 단위 모듈별로 속한 라우팅 정보만 설정하면 업무 단위 모듈별 분업화를 이룰 수 있다. 작은 업무 단위별로 각 팀원이 개발하고 메인 애플리케이션 모듈에 의존 관계를 설정하면 큰 규모의 애플리케이션 확장이

가능하게 된다. 라우팅은 업무 도메인 모듈에 국한된 것이다. 〈그림 3.15〉의 오른쪽처럼 업무 도메인
모듈을 더 작은 모듈로 나누어도 되지만 SurveyGorilla 메인 모듈인 surveyGorillaApp 모듈을 나
누지 않고도 라우팅 정보를 같은 모듈 하에서 작은 단위로 나누어 설정할 수도 있다.

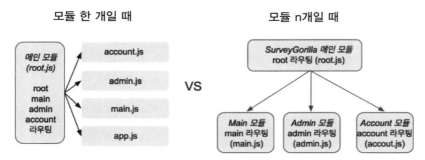

〈그림 3.15〉 모듈이 한 개일 때와 n개 일 때의 라우팅

애플리케이션의 복잡도가 높지 않을 경우 업무 모듈을 1개로만 유지하고, 복잡도가 높아질 가능성이
있다면 영역별로 다양한 업무 모듈을 작은 단위로 분리한다. 그리고 메인 애플리케이션 모듈에 단위 업
무 모듈의 의존관계를 다음과 같이 설정한다.

```
// main.js 일부 : 단위 업무 모듈
  angular
    .module('mainModule',
      ['ui.router'])
    .config(config)
    .run(run);

// app.js 일부 : 메인 애플리케이션 모듈에 단위 업무 모듈 의존관계 설정
  angular
    .module('surveyGorillaApp', [
                        'ngCookies',
                          … 중략 …
                        'ui.bootstrap',
                        'mainModule',
                        'adminModule',
                        'accountModule'
                        ])
    .config(config)
    .run(run);
```

generator-sg에서 route 명령으로 업무 폴더를 별도로 생성하면서 라우팅 설정이 있는 〈업무폴더명〉.js 파일과 앵귤러 컨트롤러 JS, HTML, CSS 파일 및 spec 테스트 파일을 생성한다. 아래 예와 같이 group-management를 sg의 route 옵션으로 생성할 때 위치 정보와 url 정보를 넣어주면 관련 파일들이 생성된다.

```
$ yo sg:route group-management
[?] Where would you like to create this route? client/app/
[?] What will the url of your route be? /group-management
   create client/app/group-management/group-management.js
   create client/app/group-management/group-management.controller.js
   create client/app/group-management/group-management.controller.spec.js
   create client/app/group-management/group-management.css
   create client/app/group-management/group-management.html
```

〈그림 3.16〉은 sg:route 명령으로 생성된 group-management.js의 라우팅 설정 코드다. 폴더 명칭과 일치하는 〈폴더명〉.js에 라우팅 정보가 자동으로 설정돼 생성된다.

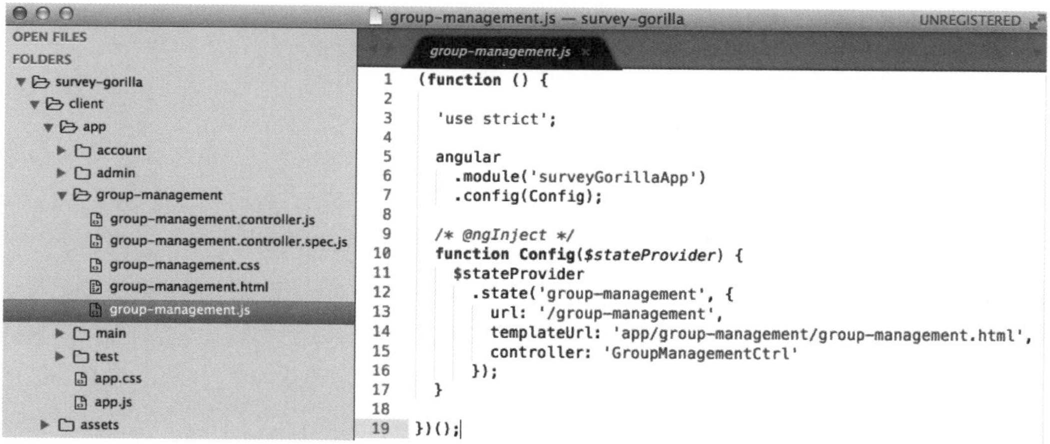

〈그림 3.16〉 generator-sg의 route 명령으로 생성된 라우팅 설정 정보

초기 애플리케이션이 제너레이터에 의해 생성된 후 그대로 쓰는 것도 좋지만, 프로젝트 성격에 맞게 모듈을 구성하고 라우팅 설정에 대해 정책을 수립해 놓는 것이 바람직하다. 다음으로 단위 업무를 개발할 때 앵귤러 컴포넌트를 어떻게 조합할지 생각해 보자.

3-4 단위 업무를 위한 앵귤러 컴포넌트 조합

SPA 입장에서 단위 업무는 물론 클라이언트와 서버 코드 전체를 이야기하며, 특히 서버는 데이터에 대한 처리를 담당하고 클라이언트는 데이터에 대한 컨트롤과 뷰 역할을 담당한다. 이때 클라이언트가 앵귤러 프레임워크 기반이라면 어떻게 구성하는 것이 좋을지 살펴보자. 〈그림 3.17〉을 보면 단위 업무를 위한 파일이 총 4개로 구분된다. 먼저 REST API 호출을 위해 기획 단계에서 나왔던 사용자, 그룹, 설문을 하나의 객체로 보고 해당 객체의 MODEL SERVICE를 만들어 REST API 호출을 감싼다. 그리고 모델로부터 데이터를 얻어 업무 제어를 하는 BIZ SERVICE를 개발한다. 마지막으로 해당 BIZ SERVICE를 사용하는 CONTROLLER를 통해 VIEW와 양방향 상호작용을 수행한다.

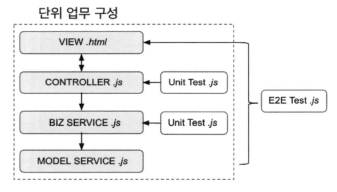

〈그림 3.17〉 앵귤러 기반 애플리케이션의 단위 업무 구성

MODEL SERVICE는 서버로부터 REST API 호출을 통해 데이터를 가져오고 저장하는 역할을 수행한다. 그룹의 CRUD(Create, Read, Update, Delete)와 필요에 따라 데이터의 상태 정보를 캐싱하는 코드를 가진다. 다음 코드에서 group.factory.js를 보면 Group 모델의 setData 메서드를 통해 데이터를 저장하고 있다. 예제에서는 $http, $q를 조합해 사용하면서 반복적인 코드가 존재하는데 개발할 때는 $resource 또는 Restangular와 같은 서비스를 통해 DRY(Don't Repeat Yourself)하게 사용할 예정이다. 그리고 본 절의 소스는 https://github.com/AngularJS-SPA-Development/survey-gorilla의 feature/ch41_common_jstorage 브랜치에서 확인할 수 있다. 소스를 내려받고 브랜치를 이동하려면 다음과 같이 수행하여 진행하는 소스를 확인할 수 있다.

```
// 원본 소스 내려받고 브랜치 이동하기
$ git clone https://github.com/AngularJS-SPA-Development/survey-gorilla
$ cd survey-gorilla
$ git checkout -t feature/ch3_spa_start

// 원격 브랜치 전체 목록 확인하기
$ git branch -r
```

원본 소스에서 깃의 브랜치를 이동해 소스를 확인해 보거나 다음과 같이 명령을 수행하여 직접 수행을 해 본다.

```
// MODEL SERVICE : group 생성
yo sg:factory group
[?] Where would you like to create this factory? client/app
  create client/app/group/group.factory.js
  create client/app/group/group.factory.spec.js

// group.factory.js
(function() {
  'use strict';
  angular
    .module('surveyGorillaApp')
    .factory('Group', GroupFactory);

  /* @ngInject */
  function GroupFactory($http, $q) {

    function Group(groupData) {
      if(groupData) {
        this.setData(groupData);
      }
    }

    Group.prototype = {
      setData: function(groupData) {
        angular.extend(this, groupData);
      },
      load: function(id) {
        var self = this;
```

```
        var deferred = $q.defer();
        $http
          .get('api/v1/groups/' + id)
          .success(function(groupData) {
            self.setData(groupData);
            deferred.resolve(groupData);
          })
          .error(function() {
            deferred.reject();
          });

        return deferred.promise;
      },
      delete: function(id) {
        $http.delete('api/v1/groups/' + id);
      },
      update: function(id) {
        $http.put('api/v1/groups/' + id, this);
      },
      isMembers: function() {
        if(!this.group.members || this.group.members.length === 0) {
          return false;
        }
        return true;
      }
    }
    return Group;
  }

})();


// group 컨트롤러 생성 및 MODEL 사용
$ yo sg:controller group
[?] Where would you like to create this controller? client/app
   create client/app/group/group.controller.js
   create client/app/group/group.controller.spec.js


// group.controller.js
(function() {
  angular
```

```
    .module('surveyGorillaApp')
    .controller('GroupController', GroupController);

  /* @ngInject */
  function GroupController($scope, Group) {
    var group = new Group();
    group.load(1).then(function(groupData){
      $scope.group = groupData;
    });;
  });

})();

// HTML 사용 예
<div> {{group.name}}</div>
<button ng-click="group.delete()">Delete</button>
<button ng-click="group.update()">Update</button>
```

MODEL SERVICE를 바로 CONTROLLER에서 사용할 경우 MODEL SERVICE를 사용하는 컨트롤러가 늘어나거나 모델들의 조합을 필요로 하는 경우와 같이 업무 확장성을 위해 BIZ SERVICE 계층을 미리 만들어 사용한다. 즉, BIZ SERVICE는 MODEL SERVICE 오브젝트를 주입받아 사용한다. 앵귤러 특성에 따라 BIZ SERVICE가 싱글톤 패턴으로 생성되므로 여러 컨트롤러에서 동일한 BIZ SERVICE를 주입받아 사용할 수 있다.

```
// BIZ SERVICE : group-manager  앵귤러 서비스 생성
yo sg:service group-manager
[?] Where would you like to create this service? client/app/group
    create client/app/group/group-manager/group-manager.service.js
    create client/app/group/group-manager/group-manager.service.spec.js

// group-manager.service.js
(function() {
  'use strict';
  angular
    .module('surveyGorillaApp')
    .service('groupManager', GroupManager);
```

```
/* @ngInject */
function GroupManager($http, $q, Group) {

  // 컨트롤러에 노출되는 외부 API
  this.getGroup = getGroup;
  this.setGroup = setGroup;

  var _store = {};
  var _getGroupInstance = function(id, groupData) {
    var instance = this._store[id];
    if(instance) {
      instance.setData(groupData);
    } else {
      instance = new Group(groupData);
      this._store[id] = instance;
    }
    return instance;
  }

  var _search = function(id) {
    return this._store[id];
  }

  var _load = function(id, deferred) {
    var self = this
      , group = new Group();

    group
      .load(id)
      .then(function(groupData) {
        var group = self._getGroupInstance(groupData.id, groupData);
        deferred.resolve(group);
      }, function() {
        deferred.reject();
      });
  }
}

function getGroup(id) {
  var deferred = $q.defer()
```

```
        , group = this._search(id);

    if (group) {
        deferred.resolve(group);
    } else {
        this._load(id, deferred);
    }
    return deferred.promise;
}


function setGroup(groupData) {
    var self = this
      , group = this._search(groupData.id);
    if (group) {
        group.setData(groupData);
    } else {
        group = self._getGroupInstance(groupData);
    }
    return group;
}

})();


// group 컨트롤러에서 BIZ SERVCIE를 사용
(function() {
  'use strict';
  angular
    .module('surveyGorillaApp')
    .controller('GroupCtrl', GroupCtrl);


  /* @ngInject */
  function GroupCtrl($scope, $log, groupManager) {
    groupManager.getGroup(1).then(function(groupData){
      $scope.group = groupData;
    });
  }

})();
```

〈그림 3.17〉에서 단위 테스트는 서비스와 컨트롤러를 대상으로 하고, E2E 테스트는 모델/서비스/컨
트롤러와 HTML을 대상으로 한다. 또한, HTML에 필요한 지시자가 존재한다면 지시자에 대한 단위
테스트 또한 필요하다. MODEL SERVICE와 BIZ SERVICE에서 $q 서비스를 사용하면서 promise
에 대한 중복 코드가 발생했다. MODEL SERVICE의 경우 중복을 제거하기 위해 $resource를 어떻
게 사용하는지 알아보자.

$resource를 통한 REST 모델 사용

$resource 서비스를 사용하려면 앵귤러의 angular-resource.js를 포함하고 모듈명 ngResource에
대한 의존 관계를 설정해야 한다. generator-sg 제너레이터로 애플리케이션을 생성하면 기본 의존성
모듈로 포함돼 있다. $resource는 서버 단을 REST 호출 방식으로 구성해 MODEL SERVICE에서 사
용하는 게 좋다.

URL	HTTP 메서드	POST body	결과
http://surveygorilla.com/api/v1/groups	GET	없음	그룹 전체 조회
http://surveygorilla.com/api/v1/groups	POST	JSON	그룹 생성
http://surveygorilla.com/api/v1/groups/:id	GET	없음	그룹 1개 조회
http://surveygorilla.com/api/v1/groups/:id	PUT	JSON	그룹 수정
http://surveygorilla.com/api/v1/groups/:id	DELETE	없음	그룹 삭제

위와 같이 REST 서비스를 호출하면 URL과 메서드 종류에 따라서 $resource 를 생성해 CRUD를 수
행할 수 있다. MODEL SERVICE를 factory 컴포넌트로 다음과 같이 만들면 되고 id 값이 없는 그룹
전체 조회(GET)와 그룹 생성(POST)은 '/api/v1/group/'으로 호출하고, 그룹 한 개 조회(GET)와
그룹 수정(PUT), 그룹 삭제(DELETE)는 id 값을 설정해 '/api/v1/group/〈id값〉'으로 호출한다. 예
제에서 볼 수 있듯이 $http와 $q를 사용할 때보다 코드가 훨씬 더 간결해졌다. 앞에는 /api/v1을 항시
붙여서 향후 REST API 버전 업그레이드에 대비해 v1 버전을 명시한다.

```
// $http, $q를 사용하지 않고 $resource를 사용하는 경우
// /client/app/group/group-manager/group.factory.js를 다음과 같이 수정할 수 있다

(function() {

  'use strict';
  angular
```

```
    .module('surveyGorillaApp')
    .factory('Group', Group);

 /* @ngInject */
 function Group($resource) {
   return $resource('/api/v1/groups/:id');
 }

})();
```

$resource로 만든 Group MODEL을 이용해 Group 클래스의 메서드인 get(), query(), save(), remove(), delete() 등의 메서드를 호출할 수 있다. 클래스 메서드의 호출 특성은 바로 빈(empty) 인스턴스를 반환하고 콜백 함수 안에서 해당 인스턴스로 처리하는 것이다. 다음 예제에서 var group, var groups로 선언한 변수들이 get(function() {})과 query(function(){}) 안의 콜백 함수에서 별도의 작업을 수행한다. 만약 메서드로 호출하면 바로 빈 인스턴스를 바로 받지 않으며, promise 객체를 사용하고 싶다면 $promise를 얻어와 get(…).$promise.then(function(){...});와 같이 then 구문을 수행하면 된다. 그리고 new Group()으로 생성된 $resource 인스턴스는 GET 메서드를 제외한 $save(), $delete(), $remove()를 호출했을 때 바로 빈 인스턴스를 반환하지 않고 promise를 반환함을 주의한다. 다음과 같이 빈 인스턴스를 바로 받아서 $scope와 연계하면 렌더링할 값이 없으므로 화면에 아무것도 나오지 않다가 성공 콜백 함수가 호출되면 화면이 렌더링 되는 효과를 얻을 수 있다.

```
(function() {
 'use strict';
 angular
   .module('surveyGorillaApp')
   .controller('GrouptCtrl', GroupCtrl);

 /* @ngInject */
 function GroupCtrl($scope, Group) {

   // 그룹 한 개 조회
   $scope.group = Group.get({id: $scope.groupId, function(){
      console.log(group);
   });
```

```
  // 그룹 전체 조회
  $scope.groups = Group.query(function() {
    console.log(groups);
  });


  // 그룹 생성
  $scope.group = new Group();
  $scope.group.name = 'Peter Group';
  $scope.group.$save();
  }

})();
```

$resource에는 update를 수행하는 PUT을 위한 메서드가 없다. 따라서 별도의 메서드를 $resource 정의할 때, 다음과 같이 세 번째 파라미터 값으로 사용자 정의 메서드인 update는 PUT이라고 설정할 수 있다. var group = new Group();으로 $resource 인스턴스를 생성하면 $를 사용자 정의 update 메서드 앞에 붙여 group.$update()라고 호출해야 한다. 두 번째 파라미터는 group 인스턴스에 group._id = 1234;라고 입력하면 /api/v1/groups/1234로 맵핑하는 설정이다.

```
(function() {

  'use strict';
  angular
    .module('surveyGorillaApp')
    .factory('Group', Group);


  /* @ngInject */
  function Group($resource) {
    return $resource('/api/v1/groups/:id', {id: '@_id'}, {
      update: {
        method: 'PUT'
      }
    }
  );
  }

})();
```

```
// 컨트롤러 수정
  $scope.group = Group.get({id: $scope.groupId, function(){
    // 그룹 수정
    group.name = 'Peter Group';
    group.$update(function() { ... });
  });
```

$resource 인스턴스 메서드와 $resource 클래스의 GET 메서드인 get(), query()로 MODEL SERVICE의 역할을 다음과 같이 변경할 수도 있다. URL 요청에 대해 다음과 같이 라우팅이 설정되는 것을 가정해서 CRUD에 대해 URL을 다르게 하고, 앵귤러 컨트롤러도 역할별로 구성한 예다.

- **group 전체:** #/groups   ↦ GroupListCtrl

- **group 생성:** #/groups/new   ↦ GroupCreateCtrl

- **group 갱신:** #/groups/:id/edit   ↦ GroupEditCtrl

- **group 보기:** #/groups/:id/view   ↦ GroupViewCtrl

```
// /client/app/group/group-manager/group.controller.js
(function() {

'use strict';
angular
  .module('surveyGorillaApp')
  .controller('GroupListCtrl', GroupListCtrl)
  .controller('GroupViewCtrl', GroupViewCtrl)
  .controller('GroupCreateCtrl', GroupCreateCtrl)
  .controller('GroupEditCtrl', GroupEditCtrl);


/* @ngInject */
function GroupListCtrl($scope, $window, Group) {
  // 전체 그룹 조회. GET 메서드 /api/groups 요청
  $scope.groups = Group.query();


  // 그룹 삭제. DELETE 메서드 /api/groups/:id 요청
  $scope.deleteGroup = function(group) {
    group.$delete(function() {
      $window.location.href = ''; //redirect 메인
```

```
    });
  };
}


/* @ngInject */
function GroupViewCtrl($scope, $stateParams, Group) {
  // 그룹 한 개 조회. GET 메서드 /api/groups/:id 요청
  $scope.group = Group.get({ id: $stateParams.id });
}


/* @ngInject */
function GroupCreateCtrl($scope, $state, $stateParams, Group) {
  // 그룹 인스턴스 생성. ng-model로 group 인스턴스 속성 설정
  $scope.group = new Group();

  // 그룹 생성. POST 메서드 /api/groups 요청
  $scope.createGroup = function() {
    $scope.group.$save(function() {
      $state.go('groups'); // group 관리 화면으로 이동
    });
  };
}


/* @ngInject */
function GroupEditCtrl($scope, $state, $stateParams, Group) {
  // 그룹 수정. PUT 메서드 /api/groups/:id 요청
  $scope.updateGroup = function() {
    $scope.group.$update(function() {
      $state.go('groups'); // group 관리 화면으로 이동
    });
  };

  // 그룹 한 개 조회. GET 메서드 /api/groups/:id 요청
  $scope.group = Group.get({ id: $stateParams.id });
}


})();
```

위 예제 코드는 CONTROLLER가 MODEL SERVICE를 바로 주입받아 사용하고 있다. MODEL SERVICE를 BIZ SERVICE에서 주입받아 처리하고 CONTROLLER는 BIZ SERVICE에서 처리하도록 리팩터링 해보자.

```javascript
// group BIZ SERVICE에서 MODLE SERVICE인 Group 모델 사용
// /client/app/group/group-manager/group.service.js
(function() {
 'use strict';
 angular
   .module('surveyGorillaApp')
   .service('groupSvc', groupSvc);

 /* @ngInject */
 function groupSvc(Group) {
   // 컨트롤러 접근 API
   this.getGroups    = getGroups;
   this.deleteGroup  = deleteGroup;
   this.getGroup     = getGroup;
   this.newGroup     = newGroup;
   this.addGroup     = addGroup;
   this.updateGroup  = updateGroup;

   function getGroups() {
     return Group.query();
   }

   function deleteGroup(group) {
     return group.$delete();
   }

   function getGroup(_id) {
     Group.get({ id: _id });
   }

   function newGroup() {
     return new Group();
   }

   function addGroup(group) {
     return group.$save();
   }
```

```
    function updateGroup(group) {
      return group.$update();
    }
  }

})();

// group CONTROLLER 리팩터링
(function() {

  'use strict';
  angular
    .module('surveyGorillaApp')
    .controller('GroupListCtrl', GroupListCtrl)
    .controller('GroupViewCtrl', GroupViewCtrl)
    .controller('GroupCreateCtrl', GroupCreateCtrl)
    .controller('GroupEditCtrl', GroupEditCtrl);

  /* @ngInject */
  function GroupListCtrl($scope, $window, groupSvc) {
    // 전체 그룹 조회. GET 메서드 /api/groups 요청
    $scope.groups = groupSvc.getGroups();

    // 그룹 삭제. DELETE 메서드 /api/groups/:id 요청
    $scope.deleteGroup = function(group) {
      groupSvc.deleteGroup(group).then(function() {
        $window.location.href = ''; //redirect 메인
      }, function(error) { … });
    };
  }

  /* @ngInject */
  function GroupViewCtrl($scope, $stateParams, groupSvc) {
    // 그룹 한 개 조회.GET 메서드 /api/groups/:id 요청
    $scope.group = groupSvc.getGroup($stateParams.id);
  }

  /* @ngInject */
  function GroupCreateCtrl($scope, $state, $stateParams, groupSvc) {
    // 그룹 인스턴스 생성 UI에 ng-model로 group 인스턴스 속성 바로 설정
```

```
  $scope.group = groupSvc.newGroup();


  // 그룹 저장.  POST 메서드 /api/groups 요청
  $scope.addGroup = function() {
    groupSvc.addGroup($scope.group).then(function() {
      $state.go('groups'); // group 관리 화면으로 이동
    }, function(error) { … });
  };
}


/* @ngInject */
function GroupEditCtrl($scope, $state, $stateParams, groupSvc) {
  // 그룹 수정. P UT 메서드 /api/groups/:id 요청
  $scope.updateGroup = function() {
    groupSvc.updateGroup($scope.group).then(function() {
      $state.go('groups'); // group 관리 화면으로 이동
    });
  };


  // 그룹 한 개 조회. GET 메서드 /api/groups/:id 요청
  $scope.group = groupSvc.getGroup($stateParams.id);
}

})();
```

group BIZ SERVICE를 별도로 구성함으로써 확장성을 보장받았으며, CONTROLLER와 모델 사이의 결합을 끊고 업무적인 메서드로 처리를 진행했다. 그리고 BIZ SERVICE에서 비동기 처리는 promise를 반환해 줌으로써 then 구문을 이용해 처리했다. $http로 처리했을 때와 $resource로 처리할 때의 차이는 REST일 때 $resource를 사용하면 좀 더 편리하다는 것이다. 물론 $resource도 REST와 상관없이 정의해서 사용할 수도 있다. REST 호출이면서 $resource를 대체하고 싶다면 오픈소스인 Restangular를 사용할 수도 있다.

Restangular는 모델을 만들고, REST에 친화적이면서 모델에서 또 다른 모델을 호출할 때 간결한 코드를 작성할 수 있게 한다. 예를 들어 특정 사용자가 가지고 있는 전체 자동차를 얻고 싶다면 다음과 같이 작성한다.

```
var cars = Restangular.one('users', 1234).all('cars').getList();
cars.then(function() { … });
```

Restangular.all('users')로 모델을 정의하고 Restangular.all('users').getList()를 호출하면 GET 방식으로 http://xxx/users에 요청을 보내 전체 사용자의 목록을 받는다. 마찬가지로 하나의 모델을 정의해 Restangular.one('users', 1234).get()을 호출하면 GET 방식으로 http://xxx/users/1234로 요청을 보내 아이디가 1234인 user를 받는다. 다시 all('cars')를 호출하면 http://xxx/users/1234/cars로 요청을 보내고 getList()를 통해 리턴값으로 promise를 받아 처리한다.

Restangular는 이외에 다양한 API를 제공한다. $http, $resource또는 Restangular든 내부적으로 AJAX 비동기 방식 통신을 하고, 결과값을 받기 위해 콜백 함수를 등록하거나 promise를 사용하고 있는데, promise에 대해 이해하고 넘어가자.

promise와 $q Async 호출에 대한 이해

promise는 비동기 호출에 대한 결과의 성공과 실패를 효과적으로 다룰 수 있는 방법으로 앵귤러 프레임워크 내부에서도 많이 사용하고 있는 중요한 개념이다. AJAX 호출을 위해 $http 서비스를 사용해 var user = $http.get('/users/1234');와 같은 방식으로 user 변수를 바로 사용한다면 이것은 잘못된 방법이다. 물론 $resource의 클래스 메서드 호출하는 것은 예외적으로 가능하지만, 이는 바로 빈 인스턴스를 넘기는 것이지 실제 결과값을 반환하지 않는다. AJAX(Asynchronous Javascript And XML)는 기본적으로 비동기 호출이기 때문에 서버의 응답시간에 따라 언제 결과를 받을 수 있을지 모르거나 아예 에러가 발생할 수도 있다. $http서비스를 사용하는 방식은 다음과 같이 success, error 메서드를 이용해 비동기로 결과값을 처리한다. success, error 메서드는 $http 서비스에 특별히 promise 처리가 포함된 메서드고, 정식 표현은 then 구문으로 첫 번째 파라미터가 성공이고 두 번째 파라미터가 실패다.

```
// AngularJS 서비스인 $http의 success, error
  $http
    .get('/users/1234')
    .success(function(user) { … })
    .error(function(error) { … });

// 기본 promise의 then 구문 처리 방식
  $http
    .get('/users/1234')
    .then(
        function(user) { … }
      , function(error) { … }
    );
```

다음과 같이 기존 XMLHttpRequest 호출 방식을 보면 이벤트에 대한 리스너로 콜백함수를 등록해 성공이나 실패에 대한 결과값을 받게 된다. 앵귤러에서는 이와 비슷한 유형으로 promise를 사용하기 위해서 $q라는 서비스를 제공한다. $q의 유래는 Q(https://github.com/kriskowal/g)라는 오픈소스의 Promise 구현체를 참조하여 만들어졌기 때문에 유사한 이름을 사용한다.

```
var request = new XMLHttpRequest();
request.addEventListener('load', function() { … }, false);
request.addEventListener('error', function() { … }, false);
request.open('GET', '/api/my/name', true);
request.send();
```

group.$delete()를 호출하면 promise가 반환되고 컨트롤러에서 아래와 같이 then 구문을 사용할 수 있다.

```
// CONTROLLER 코드에서 groupSvc 사용하기 예제 일부
  groupSvc
    .deleteGroup(group)
    .then(
      function(success) { … }
    , function(error) { … });

// BIZ SERVICE 코드
  function deleteGroup(group) {
    return group.$delete();
  }
```

다음 예에서는 CONTROLLER에서 BIZ SERVICE 메서드인 getName(id)를 호출하면 서버에서 사용자 이름을 넘기고 있다고 가정할 때, $q 서비스를 이용해 개발자가 직접 비동기 처리를 위해 promise 객체를 사용할 수 있다.

- **생성:** $q.defer() 객체를 생성한다

- **반환:** defer 객체의 promise를 즉시 반환한다 (지연되지만 반환값이 있음을 약속함)

- **성공:** 비동기 호출 응답을 받은 후 defer 객체의 resolve(반환값)를 호출한다

- **실패:** 비동기 호출 응답을 받은 후 defer 객체의 reject(반환값)를 호출한다

$http의 success, error 메서드는 앵귤러에서 promise $q를 사용한 사용자 정의 메서드고, 일반적으로 promise 객체를 반환하는 메서드를 호출하는 경우 promise 객체의 then(성공 콜백함수, 실패 콜백함수)을 호출한다. 다음 예에서 getName() 메서드는 $q를 통해 defer 객체를 생성하고 즉시 promise 객체를 반환하며, 비동기 호출의 결과를 기다린 후 resolve 또는 reject를 호출해 사용자가 직접 비동기 제어를 한다.

```javascript
// BIZ SERVICE
(function() {
  'use strict';
  angular
    .module('surveyGorilla')
    .service('userSvc', userSvc);

  function userSvc() {
    this.getName = getName;

    function getName(id) {
      var deferred = $q.defer();
      $http
        .get('/users/' + id)
        .success(function(user) {
          deferred.resolve({ 'name' : user.name });
        })
        .error(function(error) {
          deferred.reject({ 'msg' : error.msg });
        });

      return deferred.promise;
    }
  }

})();

// CONTROLLER 코드
(function() {
  'use strict';
  angular
    .module('surveyGorilla')
    .controller('UserCtrl', UserCtrl);
```

```
/* @Inject */
function UserCtrl($scope, userSvc) {
  $scope.setUserName = setUserName;

  function setUserName(id) {
    userSvc.getName(id).then(
      function(response) {
        $scope.name = response.name;
      },
      function(error) {
        console.error(error.msg);
      }); // end then();
  }
}

})();
```

Promise 객체의 then 구문은 연쇄(Chaining) Promise를 사용할 수도 있다. Promise는 반환 값으로 다시 Promise 객체를 반환하므로 계속해서 then 구문을 연결할 수 있고 순서대로 수행된다. 예를 들어 사용자 이름을 가져온 후 사용자의 상세 정보를 가져오고 해당 사용자의 권한을 가져온다고 생각해 보자. then 구문에서 AJAX 호출을 하면서 반환을 하면 promise 객체가 반환돼 then 구문을 연쇄로 사용할 수 있고, then 구문 중 에러가 발생하면 catch 구문에서 처리한다. 다음 예제처럼 CONTROLLER에서 setUserInfo를 호출하면 $q의 defer 의 promise 객체를 반환하므로 연쇄적으로 then 구문을 사용해 비동기 처리를 할 수 있는 것이다.

```
// BIZ SERVICE
(function() {
  'use strict';
  angular
    .module('surveyGorilla')
    .service('userSvc', userSvc);

  function userSvc() {
    var user = {
      name: null,
      profile: null,
      roles: null
    };
```

```
    function setUserInfo(id) {
       var deferred = $q.defer();
       $http
         .get('/users/' + id)
         .then(function(user) {
            user.name = user.name;
            return $http.get('/users/' + id + '/profile');
         })
         .then(function(profile) {
             user.profile = profile;
             return $http.get('/users/' +id + '/roles');
         })
         .then(function(roles) {
            user.roles = roles;
            deferred.resolve(user);
         })
         .catch(function(error) {
            deferred.reject({ 'msg' : error.msg });
         });

       return deferred.promise;
     }
  }

})();
```

$q의 defer 객체를 통해 reject, resolve를 할 수도 있고 $q.reject(반환값), $q.resolve(반환값)을
직접 호출할 수도 있다. 그리고 promise 객체를 통해 then, catch 외에 finally에 최종 완료됐을 때
수행하는 구문도 넣을 수 있다. CONTROLLER - BIZ SERVICE - MODEL SERVICE로 구성해
애플리케이션을 개발할 때 비동기 호출에 대한 사용자 정의와 제어를 위한 $q와 promise에 대한 개념
이 많이 쓰이므로 반드시 이해하고 넘어가자.

정리

이번 장에서는 개발할 SPA를 기획하고 애플리케이션의 확장성과 유지보수성을 높이기 위해 코딩 스타
일 가이드를 정의했다. 이에 따라 요맨을 이용해 애플리케이션 초기화 파일을 생성해 주는 제너레이터
를 가이드에 맞게 수정하는 방법을 살펴봤다. 최초 애플리케이션을 생성한 후에는 몇 가지 개발 정책을

수립해야 하므로 개발 정책에 따라 라우팅하는 정책과 모듈 사용 방식 등을 프로젝트의 특성에 맞게 선택하는 방법을 알아봤다.

책에 소개한 부분은 일반적인 고려사항이고, 서비스 기획에 따라 다양하게 응용할 수 있을 것이다. 애플리케이션을 생성하고 코딩 스타일이나 구조적인 전략 없이 개발을 진행하면 처음에는 바로 돌아가는 애플리케이션을 볼 수 있겠지만, 시간이 지날수록 일관성 없는 구조로 애플리케이션이 만들어진다. 따라서 처음에 정책을 잘 정하고 그곳에 사용되는 앵귤러 프레임워크 컴포넌트의 용도 또한 잘 알고 사용하자.

다음 장에서는 서베이 고릴라 애플리케이션 개발을 위해 기본적으로 갖춰야 할 기반 컴포넌트를 어떻게 만드는지 살펴보자.

04

애플리케이션을 위한
공통 프레임워크 개발

구조적이면서 확장성 있는 애플리케이션을 만들려면 그러한 개발이 가능한 프레임워크를 기반으로 개발해야 한다. 고객의 피드백을 통해 성숙한 애플리케이션이 되기까지 끊임없이 버그를 수정하고 기능을 개선해야 하는데, 이때마다 기능을 추가하거나 수정 및 코드 리팩터링 작업을 한다. 공통 프레임워크가 잘 갖춰져 있지 않은 상태에서 계속 기능을 추가하다 보면 애플리케이션 전체 코드의 견고함을 약하게 하여 결국에는 애플리케이션을 파기하거나 재개발하는 단계로 갈 수도 있다. 따라서 처음부터 애플리케이션 성격에 잘 맞는 공통 프레임워크를 준비하는 것이 중요하다. 이번 장에서는 서베이 고릴라 SPA를 개발하기 위한 공통 프레임워크에 대해 알아본다.

4-1 공통 프레임워크 모듈 개발

SPA 개발을 위해 앵귤러 프레임워크를 선정하고 프로젝트의 요건에 맞는 제너레이터를 선정했다면 다음으로 애플리케이션에서 공통으로 사용하는 컴포넌트를 준비한다. 애플리케이션의 특성과 관련 없이 이전 프로젝트에서 사용했던 컴포넌트를 그대로 다시 가져와 사용할 수 있는 컴포넌트가 공통 컴포넌트에 속한다. 프로젝트에서 한번 사용하고 버려지는 것이 아니라 프로젝트를 할 때마다 계속 다듬어 사용하게 되는 자신의 비밀 도구와 같다.

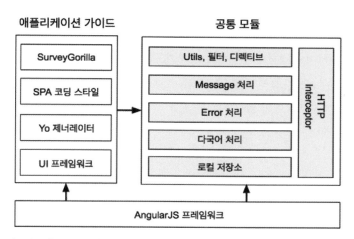

〈그림 4.1〉 공통 모듈(컴포넌트) 구성도

3장에서 〈그림 4.1〉의 애플리케이션 가이드를 위해 제너레이터를 선정하고, 코딩 스타일에 따라서 템플릿을 수정했으며, 이후 추가 개발되는 코드에 대한 MODEL/BIZ/CONTROLLER 패턴에 따라 서베이 고릴라 애플리케이션에 대해 개발 가이드를 준비했다. 이번 장에서는 〈그림 4.1〉의 오른쪽에 해당하는 애플리케이션에서 공통으로 사용하는 모듈 중 가장 먼저 생각하고 준비할만한 로컬 저장소, 다국어, 에러, 메시지 처리와 그 외 자주 사용할만한 앵귤러 지시자, 필터 및 유틸리티성으로 사용하는 자바스크립트 라이브러리를 준비해보자.

공통 컴포넌트 모듈을 만드는 과정은 먼저 필요한 요건을 정의한 후 이에 적합한 앵귤러 모듈이나 제이쿼리 플러그인이 있는지 검색하거나 bower search를 통해 등록된 모듈 명칭을 살펴보거나 깃헙에서 직접 검색해 찾아본다. 그리고 관련성 있는 컴포넌트를 설치해 보고 요건에 맞는지 검토한 후 앵귤러 지시자 또는 서비스 컴포넌트 형태로 만들기 쉬운지 구현 복잡도를 살펴보면서 서베이 고릴라에 필요한 공통 모듈을 개발한다.

또한, 업무 로직 여러 곳에서 사용하고 싶은 외부 모듈을 업무 코드에서 직접 주입받아 사용하지 않고 한 번 더 앵귤러 서비스나 지시자로 만들어 사용자 정의한 API를 통해서만 접근할 수 있게 제약하려면 업무 공통 프레임워크가 필요하다. 이미 3장의 〈그림 3.14〉에서 애플리케이션의 모듈을 구성할 때 공통 모듈, 업무 모듈, 업무 도메인(업무 로직) 모듈의 구분이 필요함을 이야기했고, 이것이 그대로 공통 모듈은 공통 프레임워크, 업무 모듈은 업무 공통 프레임워크, 업무 도메인 모듈은 업무 로직을 담는다.

앵귤러 프레임워크 자체도 모듈의 집합일 뿐이고 필요한 경우에 설정해 쓰고 있듯이 프레임워크별로 필요에 따라 여러 개의 모듈로 나눠도 된다.

업무 공통 프레임워크으로는 애플리케이션 전역에서 다국어 처리 설정, 사용할 환경 상수값, 업무 전용 지시자/서비스, 구글이나 사용 분석 도구의 설정, 스토리지 초기화 설정, 권한 및 접근 초기 환경 설정과 관련된 부분을 별도의 모듈로 관리하면 테스트성이 높아지고 애플리케이션 자체 모듈 설정을 분업화할 수 있다. 이번 장에서는 공통 업무나 공통 프레임워크를 components 폴더에 두고 있지만, 더 큰 애플리케이션을 개발하거나 분류를 세밀하게 하고 싶다면 업무 공통 프레임워크는 components/app 폴더에 두고, 공통 프레임워크는 components/common 폴더에 두는 식으로 상황에 따라 구분한다.

원본 소스를 내려받은 상태라면 다음과 같이 깃 브랜치를 전환하여 소스를 확인할 수 있다. 깃 원격 저장소에서 이미 아래 브랜치를 내려받았다면 -t 옵션은 제거한다.

```
// 원본 소스 클론
$ git clone https://github.com/AngularJS-SPA-Development/survey-gorilla

// 다국어 처리, 메시지 처리, 팝업 메시지 창, 에러 처리, 로컬 저장소 서비스 관련 소스
$ git checkout -t feature/ch41_common_jstorage

// 유틸리티 이후 소스
$ git checkout -t feature/ch41_common_utils
```

다국어 처리

다국어를 지원해야 하는 곳은 눈으로 보이는 HTML 화면의 언어와 자바스크립트 코드에 설정한 언어들이다. 다국어 처리를 위한 앵귤러 지시자는 잘 알려진 오픈소스가 있다. 〈그림 4.2〉와 같이 angular-gettext(http://angular-gettext.rocketeer.be/)와 angular-translate(http://angular-translate.github.io/) 두 종류이고, 각 장단점이 있지만 gettext는 다국어를 관리할 수 있는 Poedit(http://poedit.net/)이라는 다국어 관리 도구를 이용해 체계적으로 관리할 수 있으므로 angular-gettext를 선택한다.

〈그림 4.2〉 다국어 지원 앵귤러 모듈

angular-gettext의 설명서를 참조해 다국어 관리 도구인 Poedit의 사용 방법과 다국어를 지원하도록 메시지를 공통 컴포넌트로 만드는 과정을 살펴보자. 먼저 두 가지 모듈을 설치해야 하는데, 하나는 angular-gettext로 애플리케이션에서 사용할 것이므로 bower를 이용해 모듈을 설치한다. 다른 하나는 grunt-angular-gettext로 Poedit으로 만든 번역 파일(확장자 .pot)을 읽고 해석해서 자동으로 앵귤러 컴포넌트를 만들어 주는 Grunt 플러그인이다. Grunt 도구이므로 다음과 같이 npm을 이용해 설치한다.

```
// angular-gettext 모듈 설치
$ bower install angular-gettext --save
bower angular-gettext#~2.0.5    install angular-gettext#2.0.5


// grunt angular-gettext 모듈 설치
$ npm install grunt-angular-gettext --save-dev
grunt-angular-gettext@2.1.0 node_modules/grunt-angular-gettext
```

Poedit은 무료 버전과 유료 버전이 있는데, 이 책에서는 무료 버전을 사용한다. 〈그림 4.3〉은 Poedit를 설치하고 실행한 메인 화면이다. 다양한 언어를 지원하는 애플리케이션을 개발하면서 전문적인 번역 편집기의 도움을 받아야 한다면 Poedit을 사용해 체계적인 관리를 할 수 있다. 또한, Poedit의 장점은 HTML마다 중복되는 단어를 관리하고, 앵귤러에서 사용할 자바스크립트(.js)를 별도로 코딩하지 않아도 된다. 개발자는 번역하고자 하는 HTML 태그에 angular-gettext 모듈과 관련된 지시자를 설정하면 되고, 전문 번역가는 .pot 파일을 기반으로 Poedit에서 번역만 하는 방식으로 분업화를 할 수 있다.

〈그림 4.3〉 Poedit 화면

설치가 끝났으면 그다음으로 grunt-angular-gettext 플러그인의 내용을 Gruntfile.js 환경 파일에 설정한다. grunt-angular-gettext가 동작하는 방식은 다음과 같다.

1. angular-gettext 모듈에서 제공하는 translate 지시자를 HTML 태그의 속성(Attribute)으로 넣는다.

2. Grunt 명령의 extract를 이용해 translate 태그에 포함된 내용을 추출하고 Poedit이 읽을 수 있는 .pot 확장자를 갖는 파일을 만든다.

3. Poedit에서 .pot 파일을 열어 원하는 언어로 번역하고 저장하면 .po 파일이 생성된다.

4. .po 파일을 참조해 Grunt 명령의 compile을 통해 앵귤러 애플리케이션에 적용할 수 있는 앵귤러 모듈을 자동으로 생성한다.

여기서 두 번째 네 번째 과정의 Grunt 명령은 다음과 같다.

- **nggettext_extract**: translate 지시자가 적용된 HTML 태그의 내용을 키(key)로 .pot 파일을 생성해 주는 명령이다.

- **nggettext_compile**: Poedit에서 .pot을 열어 번역한 후 저장한 .po 파일을 앵귤러 모듈(.js 파일)로 생성해 주는 명령이다.

Gruntfile.js에 위 두 가지 명령을 적용한 내역은 다음과 같다. nggettext_extract에서는 HTML 파일의 위치와 .pot 파일의 위치를 설정한다. 생성되는 .pot 파일은 origin_template.pot이다. nggettext_compile에서는 .po 파일의 위치를 지정하고 앵귤러 모듈의 명칭과 .js 파일의 위치를 지정한다. 앵귤러 모듈의 명칭을 사용자가 정의하지 않으면 gettext가 기본 모듈 명칭으로 설정된다. 서베이 고릴라에서는 모듈 명칭을 sg.translation으로 하기 위해 정의를 한다. Gruntfile.js를 적용할 때 주의할 점은 generator-sg는 Grunt 명령 실행 속도를 빠르게 하는 jit-grunt 플러그인을 사용하므로 task 명령을 다음과 같이 설정해줘야 한다.

```
// Gruntfile.js 설정
 // jit-grunt에 정적 맵핑
 require('jit-grunt')(grunt, {
   … 중략 …
   injector: 'grunt-asset-injector',
   nggettext_extract: 'grunt-angular-gettext',
   nggettext_compile: 'grunt-angular-gettext'
 });

// task 명령 환경 설정
 grunt.initConfig({
   … 중략 …
   nggettext_extract: {
     pot: {
       files: {
         'client/components/translation/po/origin_template.pot': [
           'client/index.html',
           'client/app/**/*.html',
           'client/components/navbar/*.html'
         ]
       }
     },
   },
   nggettext_compile: {
     all: {
       options: {
         module: 'sg.translation'
       },
       files: {
         'client/components/translation/sg.translation.js': ['client/components/translation/po/*.
po']
       }
     },
   }
 });
```

HTML에서는 angular-gettext의 translate 지시자를 사용한다. 기존 태그나 〈span〉 태그에 속성으로 지정하고, 속성값 번역은 필터 방식으로 적용한다.

```
// 태그 안의 내용을 설정
<div><span translate>계정 생성</span><span>...</span></div>

// 속성의 내용을 설정
<input type="text" placeholder="{{'Enter Full Name' | translate}}">
```

generator—sg로 생성된 client/app/main/main.html 파일에 다음과 같이 translate 지시자를 적용해 origin_template.pot 파일을 만들어 보자.

```
// main.html에 translate 지시자 적용
<div class="container">
  <div class="row">
    <div class="col-lg-12">
      <h1 class="page-header" translate>Features:</h1>
      … 중략 …
  </div>

  <form class="thing-form">
    <label translate>Syncs in realtime across clients</label>
    <p class="input-group">
      <input type="text" class="form-control" placeholder="{{'Add a new thing here.' | translate}}"
ng-model="newThing">
      <span class="input-group-btn">
        <button type="submit" class="btn btn-primary" ng-click="addThing()" translate>Add New</
button>
      </span>
    </p>
  </form>
</div>
```

다음으로 Grunt의 nggetext_extract 태스크를 이용해 .pot 파일을 생성하고, 〈그림 4.4〉와 같이 새로운 번역 만들기를 선택한 뒤 편집기가 열리면 번역할 언어를 선택한다. Poedit 편집기에서 번역한 다음 client/components/translation/po 폴더에 ko_KR.po 파일을 저장한다.

```
$ grunt nggettext_extract
Running "nggettext_extract:pot" (nggettext_extract) task
Done, without errors.
```

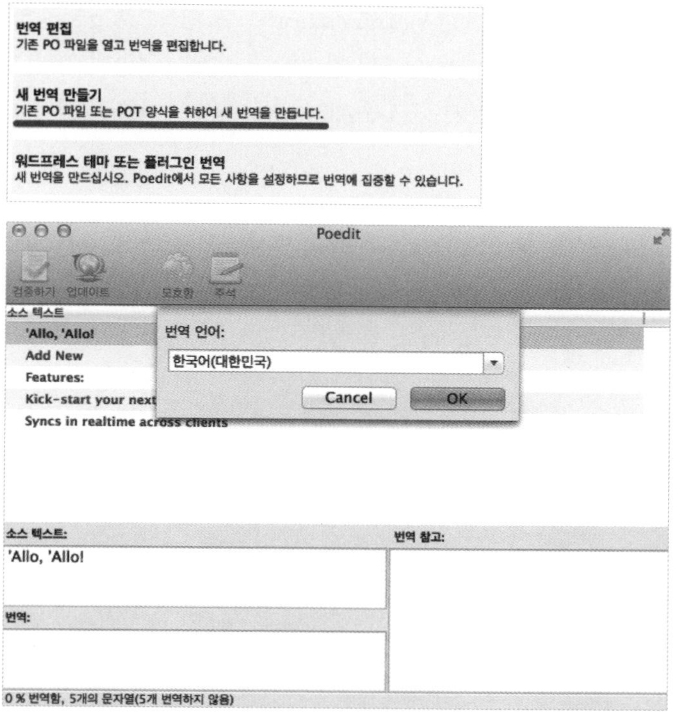

번역 편집
기존 PO 파일을 열고 번역을 편집합니다.

새 번역 만들기
기존 PO 파일 또는 POT 양식을 취하여 새 번역을 만듭니다.

워드프레스 테마 또는 플러그인 번역
새 번역을 만드십시오. Poedit에서 모든 사항을 설정하므로 번역에 집중할 수 있습니다.

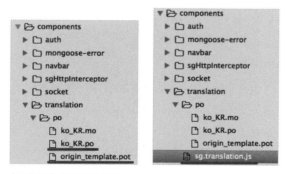

〈그림 4.4〉 새로운 번역 만들기와 언어 선택

〈그림 4.5〉처럼 original_template.pot 파일과 번역한 ko_KR.po 파일이 있다. 다음으로 Grunt의 nggettext_compile 태스크를 실행하면 sg.translation.js 파일이 생성된다.

〈그림 4.5〉 최종 생성 파일

```
$ grunt nggettext_compile
Running "nggettext_compile:all" (nggettext_compile) task
Done, without errors.
```

sg.translation.js 파일을 보면 Gruntfile.js 파일에 지정한 sg.translation 모듈 명칭으로 get을 하는 문구와 run 메서드에 angular-gettext를 이용해 번역 내역이 반영된 것을 볼 수 있다. 그러나 sg.translation 모듈에 대한 set 구문이 없으므로 별도로 sg.translation.module.js을 생성하고 sg.translation 모듈 set을 정의한다.

```
// sg.translation.js
angular.module('sg.translation').run(['gettextCatalog', function (gettextCatalog) {
/* jshint -W100 */
    gettextCatalog.setStrings('ko_KR', {"'Allo, 'Allo!":"하이루, 하이루","Add New":"신규 추
가","Features:":"제공기능:","Kick-start your next web app with Angular Fullstack":"Angular Fullstack
으로 차세대 애플리케이션을 시작해 보자","Syncs in realtime across clients":"클라이언트 간에 실시간
업데이트 실행"});
/* jshint +W100 */
}]);


// sg.translation.module.js 파일을 별도로 생성해 모듈을 정의한다.
(function() {
  'use strict';

  angular.module('sg.translation', []);

})();
```

애플리케이션에 적용할 최종 파일은 sg.translation.module.js 와 sg.translation.js 파일로 index.html 파일에 반영한다. 이때 grunt run 태스크를 다시 실행하면 Gruntfile.js의 injector 설정에 따라 client/components 폴더의 모든 .js 파일을 ⟨!-- injector:js --⟩ 안에 자동으로 추가한다. 이럴 경우 sg.translation.js 파일이 sg.translation.module.js 보다 먼저 위치하므로 오류가 발생한다. 이를 방지하기 위해 자동 inject 하는 Grunt 설정에서 translation 폴더의 .js를 추가하지 않도록 다음과 같이 !를 사용해 포함하지 않는다는 exclude를 설정한다. 다음으로 ⟨!-- injector:js --⟩ 위에 translation과 관련된 .js 파일을 다음과 같이 app.js 밑으로 설정한다. 그리고 애플리케이션에서 기본으로 보여줄 언어를 애플리케이션 run 메서드에 적용한다.

```
// index.html의 app.js 바로 밑에 설정
  <!-- build:js({.tmp,client}) app/app.js -->
    <script src="app/app.js"></script>
    <script src="components/translation/sg.translation.module.js"></script>
    <script src="components/translation/sg.translation.js"></script>
```

```
    <!-- injector:js -->
        … 중략 …
    <!-- endinjector -->
  <!-- endbuild -->


// Gruntfile.js 설정
    injector: {
      scripts: {
        options: { … 중략 … },
        files: {
          '<%= yeoman.client %>/index.html': [
            ['{.tmp,<%= yeoman.client %>}/{app,components}/**/*.js',
            '!<%= yeoman.client %>/components/translation/*.js',
            '!{.tmp,<%= yeoman.client %>}/app/app.js',
            '!{.tmp,<%= yeoman.client %>}/{app,components}/**/*.spec.js',
            '!{.tmp,<%= yeoman.client %>}/{app,components}/**/*.mock.js']
          ]
        }
      }
      css: { … 중략 … }
    }


// app.js에 모듈 의존관계 설정, $rootScope 속성 추가 및ko_KR 설정
  angular
    .module('surveyGorillaApp', [
                'ngCookies',
                'ngResource',
                'ngSanitize',
                'btford.socket-io',
                'ui.router',
                'ui.bootstrap',
                'gettext',
                'sg.translation'
                ])
                .config(config)
                .factory('authInterceptor', authInterceptor)
                .run(run);


  /* @ngInject */
  function run($rootScope, $location, Auth, gettextCatalog) {
```

```
// gettext
$rootScope.setLang = function(lang) {
  if(lang) {
    gettextCatalog.currentLanguage = lang;
  } else {
    gettextCatalog.currentLanguage = 'ko_KR';
  }
}


$rootScope.setLang();
 … 중략 …
}
```

기존에 생성된 파일을 갱신하는 방법을 살펴보자. 〈그림 4.6〉과 같이 기존 .po 파일인 ko_KR.po를 선택하고 주 메뉴에서 '카탈로그' 메뉴를 선택한다. 'POT 파일로 업데이트…' 를 클릭하고 nggettext_extract를 통해 새로 추가한 내역이 있는 origin_template.pot 파일을 선택한다. nggettext_compile을 실행하면 .po와 .js 파일에 번역되지 않은 내역이 기존에 번역된 내역과 함께 나온다.

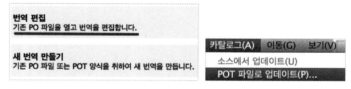

〈그림 4.6〉 기존 .po 파일 열기 버튼과 카탈로그

나머지 navbar.html 메뉴의 HTML에도 translate 지시자를 적용하면 최종 메인 화면은 〈그림 4.7〉과 같이 나온다. $rootScope.setLang 메서드로 어디서나 실시간으로 화면의 언어를 바꿀 수 있다.

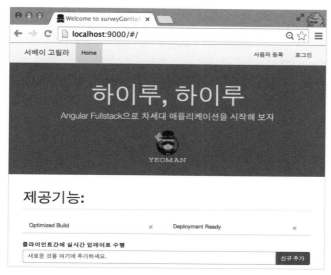

〈그림 4.7〉 한글을 적용한 최종 메인 화면

다음으로 angular-gettext를 응용해 다국어 메시지를 처리하는 공통 모듈을 만들어 보자.

메시지 처리

메시지는 성공, 경고, 실패, 에러에 대한 팝업 창과 같은 곳에서 사용하는 미리 정의해 놓은 문구다. angular-gettext를 이용해 메시지에 대한 다국어 처리도 물론 할 수 있다. 번역할 메시지 내역을 gettext 모듈로부터 가져와야 하지만 메시지는 애플리케이션 내부에서 사용되기 때문에 별도의 화면 HTML 파일이 없다. 이를 위해 client/components/ 폴더에 message 폴더를 만들고 message. html 파일을 생성한다. 그리고 필요한 메시지 내역을 정의한다.

```
// message.html에 필요한 메시지 문구를 입력한다
<!-- signin -->
<div translate>Login Success</div>
<div translate>Login Fail</div>
<div translate>User Email Duplicated</div>

<!-- signup -->
<div translate>Signup Success</div>
<div translate>Signup Fail</div>
```

다음으로 Gruntfile.js에 message만을 위한 태스크를 만들어야 하는데, nggettext_extract, nggettext_compile 태스크와 중복되지 않는 메시지 태스크를 만들기 위해 grunt-angular-gettext를 응용해 grunt-angular-gettext-message 플러그인을 별도로 만들어 npm 저장소에 이미 배포를 해놓았다. 따라서 npm을 통해 먼저 grunt-angular-gettext-message를 설치하고 Gruntfile.js에 메시지 태스크인 nggetext_msg_extract와 nggettext_msg_compile를 정의한다. 메시지의 모듈 명칭은 sg.message로 설정한다. 업무 공통 모듈에 속하면서 업무 화면 번역 모듈과 메시지 번역 모듈을 따로 구성한 경우다.

```
// 설치
$ npm install grunt-angular-gettext-message
grunt-angular-gettext-message@0.0.1

// Gruntfile.js에 메시지 태스크 환경 설정
  require('jit-grunt')(grunt, {
    … 중략 …
    nggettext_extract: 'grunt-angular-gettext',
    nggettext_compile: 'grunt-angular-gettext',
    nggettext_msg_extract: 'grunt-angular-gettext-message',
    nggettext_msg_compile: 'grunt-angular-gettext-message'
  });
    … 중략 …
    njector: {
      … 중략 …
      files: {
        '<%= yeoman.client %>/index.html': [
            ['{.tmp,<%= yeoman.client %>}/{app,components}/**/*.js',
             '!<%= yeoman.client %>/components/translation/*.js',
             '!<%= yeoman.client %>/components/message/*.js',
             '!{.tmp,<%= yeoman.client %>}/app/app.js',
             '!{.tmp,<%= yeoman.client %>}/{app,components}/**/*.spec.js',
             '!{.tmp,<%= yeoman.client %>}/{app,components}/**/*.mock.js']
        ]
      }
    },

    nggettext_msg_extract: {
      pot: {
        files: {
```

```
          'client/components/message/po/origin_template.pot': [
            'client/components/message/message.html'
          ]
        }
      },
    },
  nggettext_msg_compile: {
    all: {
      options: {
        module: 'sg.message'
      },
      files: {
        'client/components/message/sg.message.js': ['client/components/message/po/*.po']
      }
    },
  }
```

이후 과정은 다국어를 처리하는 과정처럼 다음과 같이 실행한다.

- message 폴더에 sg.message.module.js를 만들고 모듈 set을 정의한다.

- grunt nggettext_msg_extract 태스크를 실행해 .pot 파일을 생성한다.

- Poedit를 실행한 후 새로운 번역 파일 만들기를 선택하고 .pot 파일을 선택한다.

- 번역한 후 저장하면 .po 파일이 자동으로 생성된다.

- grunt nggettext_msg_compile 태스크를 실행해 sg.message.js 앵귤러 모듈 파일을 자동으로 생성한다.

- index.html 파일에 sg.message.module.js와 sg.message.js 파일을 추가하고 app.js 애플리케이션 메인 파일에 모듈 의존성을 설정한다.

```
// 최초 생성 파일

▼ 🗁 components
  ▶ 🗀 auth
  ▼ 🗁 message
    ▼ 🗁 po
        📄 ko_KR.mo
        📄 ko_KR.po
        📄 origin_template.pot
    📄 message.html
    📄 sg.message.js
    📄 sg.message.module.js
```

```
// index.html에 추가
  <!-- build:js({.tmp,client}) app/app.js -->
    <script src="app/app.js"></script>
    <script src="components/translation/sg.translation.module.js"></script>
    <script src="components/translation/sg.translation.js"></script>
    <script src="components/message/sg.message.module.js"></script>
    <script src="components/message/sg.message.js"></script>


// app.js 모듈 의존성 설정
  angular
    .module('surveyGorillaApp', [
                  … 중략 …
                  'gettext',
                  'sg.translation',
                  'sg.message'
                ])
```

기본 설정이 끝났으면 앵귤러 서비스를 생성하고 다음과 같이 호출해 사용함으로써 다국어 지원에 대응할 수 있다. sgAlert.success(메시지) 또는 sgAlert.error(메시지, 에러내역) 형태로 업무 코드의 필요한 부분에서 사용한다. angular-gettext 모듈에서 제공하는 gettextCatalog 서비스를 이용해 메시지에 대한 다국어 번역을 한다.

```
// sgAlert 앵귤러 서비스 생성
$ yo sg:service sgAlert
[?] Where would you like to create this service? client/components
  create client/components/sgAlert/sgAlert.service.js
  create client/components/sgAlert/sgAlert.service.spec.js

// sgAlert.js 내역
(function() {

  'use strict';
  angular
    .module('surveyGorillaApp')
    .service('sgAlert', Sgalert);


  /* @ngInject */
  function Sgalert(gettextCatalog) {
```

```
    this.success = function(msg) {
      console.log(getMessage(msg));
    };


    this.information = function(msg) {
      console.info(getMessage(msg));
    };


    this.warning = function(msg) {
      console.info(getMessage(msg));
    };


    this.error = function(msg, err) {
      console.error(getMessage(msg));
    };


    // 설정된 언어의 메시지를 반환
    function getMessage(msg) {
      return gettextCatalog.getString(msg);
    }
  }

})();
```

sgAlert을 보면 단순히 console을 통해 출력하고 있으므로 성공, 실패, 에러에 대해 업무 화면에 팝업 창으로 표현하는 공통 지시자를 만들어 보자.

팝업 메시지창 지시자

팝업창은 기존에 설정돼 있던 트위터 부트스트랩에서 알림(Alert) 컴포넌트를 사용하지 않고 화면 위로 메시지 창이 나오고 자동으로 닫히는 메시지창을 선택해 적용한다. 〈그림 4.8〉은 noty(http://ned.im/noty/)와 toastr(http://codeseven.github.io/toastr/) 두 가지 형태의 알림 플러그인이다.

〈그림 4.8〉 noty와 toastr jQuery 플러그인

이 책에서는 noty 최신 버전을 설치해 사용한다.

```
// 조회 및 설치
$ bower search noty
Search results:
    noty git://github.com/needim/noty.git


$ bower install noty --save
noty#2.3.5 client/bower_components/noty
```

noty와 같이 jQuery 플러그인이면서 글로벌 변수로 접근하는 것들을 필요한 곳에서 글로벌 변수로 바로 접근하는 것보다는 명시적으로 앵귤러의 constant로 정의한 후 noty 상수를 주입받아 다음과 같이 sgAlert 서비스를 수정한다. 브라우저 종류를 체크하는 bowser(https://github.com/ded/bowser)를 설치하고 크롬일 경우 에러 내용도 console.table을 이용해 보기 좋게 출력한다.

```
// 브라우저 종류를 체크하는 bowser 설치
$ bower install bowser --save

// sgAlert 내에 noty 추가
(function() {

  'use strict';
  angular
    .module('surveyGorillaApp')
    .service('sgAlert', Sgalert);
```

```
/* @ngInject */
function Sgalert(gettextCatalog, $timeout) {
  this.success = function(msg) {
    alerting('success', msg);
  };

  this.info = function(msg) {
    alerting('information', msg);
  };

  this.warning = function(msg) {
    alerting('warning', msg);
  };

  this.error = function(msg, err) {
    alerting('error', msg, err);
  };

  function alerting(type, msg, err) {
    msg = gettextCatalog.getString(msg);

    var nt = noty({
        text: msg
      , type: type
      , layout: 'top'
    });

    if(nt) {
      $timeout(function() {
        nt.close();
      }, 2000);
    }

    if(err) {
      if(bowser.chrome) {  // 크롬 개발자 도구에서는 table 로 출력하기
        console.table([{'message': msg, 'error': err}]);
      } else {
        console.log({'message': msg, 'error': err});
      }
    }
```

```
    }
  }
})();
```

noty 알림 창은 gettextCategory 서비스를 이용해 메시지에 대한 언어를 선택해 출력한다. 화면에 기본
적으로 보여지는 언어가 한글이고 별도의 설정이 없다면 한글로 나오고, 영어로 설정했으면 영어로 나온
다. noty 알림 창에 메시지가 나오고 2초 후 자동으로 알림 창이 사라지도록 설정한다. 다음으로 HTTP
프로토콜을 통해 업무를 호출했을 때 에러 응답이 오면 업무 코드에 sgAlert를 적용하는 것이 아니라 공
통단에서 sgAlert 서비스를 이용해 메시지를 띄워주는 공통 컴포넌트를 만들어 보자.

HTTP 에러 처리

앵귤러는 백엔드 시스템으로 HTTP 요청을 할 때 백엔드를 기준으로 전처리와 후처리를 할 수 있
는 인터셉터 기능을 제공한다. request, requestError, response, responseError 총 4가지 타입
이 있으며 Request에 대해 전처리를 하고 Response에 대해 최종 애플리케이션에 응답을 넘기기 전
에 후처리를 한다. 타입별로 처리하는 서비스를 개발하고 모듈 config에 $httpProvider를 주입받아
$httpProvider.interceptors를 이용해 인터셉터를 등록한다. $httpProvider.interceptors는 배열
이므로 사용자가 정의한 인터셉터 서비스를 $httpProvider.interceoptors.push(String) 형태로
여러 개 등록할 수 있다. 비교하자면 자바에서 서버 측 애플리케이션의 웹 컨텍스트 환경설정 파일인
WEB-INF/web.xml에 filter 기능을 설정하는 것과 유사하다.

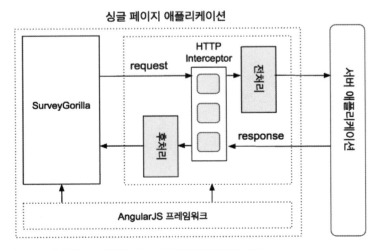

〈그림 4.9〉 앵귤러 프레임워크의 HTTP 인터셉터의 처리 흐름

〈그림 4.9〉와 같이 프런트엔드의 요청에 대한 전처리와 응답에 대해 후처리 하는 서비스를 사용자가 만들어서 등록할 수 있다. $resource를 사용해 REST 요청을 할 경우 응답의 헤더 정보를 점검해 에러 처리하는 기능을 공통으로 만들 수 있다. generator-sg를 이용해 애플리케이션을 생성했을 때 간단한 HTTP 인터셉터 코드가 다음과 같이 설정된다. 이미 등록된 인터셉터 서비스는 요청 시 토큰을 HTTP Header에 설정하고 응답 에러에 대해 처리하는 로직을 담고 있다.

```javascript
// /client/app/app.js 일부
/* @ngInject */
function authInterceptor($rootScope, $q, $cookieStore, $location) {
  return {
    // HTTP 헤더에 authorization token 을 추가한다
    request: function (config) {
      config.headers = config.headers || {};
      if ($cookieStore.get('token')) {
        config.headers.Authorization = 'Bearer ' + $cookieStore.get('token');
      }
      return config;
    },

    // 응답 에러가 401 이면 권한이 없으므로 로그인 페이지로 리다이렉트 한다
    responseError: function(response) {
      if(response.status === 401) {
        $location.path('/login');
        // tokens를 제거한다.
        $cookieStore.remove('token');
        return $q.reject(response);
      }
      else {
        return $q.reject(response);
      }
    }
  };
}
```

사용자 정의 인터셉터를 다음과 같이 하나 더 만들어 보자. 이때 비동기 처리를 위해 이전 장에서 살펴본 promise 처리를 위한 $q 서비스를 사용해 resolve 또는 reject 함으로 응답 및 오류에 대한 처리를 공통으로 실행할 수 있다.

```
// yo를 이용해 client/components 폴더에 생성
$ yo sg:factory sgHttpInterceptor
[?] Where would you like to create this factory? client/components/
   create client/components/sgHttpInterceptor/sgHttpInterceptor.factory.js
   create client/components/sgHttpInterceptor/sgHttpInterceptor.factory.spec.js


// sgHttpInterceptor 코드
(function() {

  'use strict';
  angular
    .module('surveyGorillaApp')
    .factory('sgHttpInterceptor', Sghttpinterceptor);


  /* @ngInject */
  function Sghttpinterceptor($q) {

    return {
      'request': request,
      'requestError': requestError,
      'response': response,
      'responseError': responseError
    };

    function request(config) {
      return config;
    }

    function requestError(rejection) {
      // 에러 처리
      return $q.reject(rejection);
    }

    function response(response) {
      return response;
    }

    function responseError(rejection) {
      // 에러 처리
```

```
      return $q.reject(rejection);
    }
  }

})();
```

위 코드에서는 responseError 함수에 에러 응답이 왔을 때 HTTP status 코드로 에러의 종류를 파악하고, sgAlert서비스를 이용해 메시지를 띄워준다. 그리고 설정한 메시지 문자를 별도로 생성한 message.html에 메시지값을 설정하고 nggettext_msg_extract 명령을 실행한 후 Poedit에서 다국어 번역을 하고, nggettext_msg_compile을 실행하면 설정한 언어에 맞는 메시지가 출력된다.

```
// sgHttpInterceptor 일부 코드
  function responseError(rejection) {
    var msg = httpType(rejection.status);
    sgAlert.error(msg.value, msg.code);

    return $q.reject(rejection);
  }

  function httpType(status) {
    var msg = null;
    if(status === 400) {
      msg = {
        code : 'BAD_REQUEST',
        value : 'You send a Bad Request. send the right thing.'
      };
    } else if(status === 401) {
      msg = {
        code : 'UNAUTHORIZED',
        value : 'Login Required. Or Your login info is expired.'
      };
    } else if(status === 403) {
      msg = {
        code : 'FORBIDDEN',
        value : 'Your Authorized is forbidden. Request the autorization to administrator.'
      };
    } else if(status === 404) {
      msg = {
```

```
        code : 'NOT_FOUND',
        value : 'Not found the content.'
      };
    } else if(status === 500) {
      msg = {
        code : 'SERVER_ERROR',
        value : 'Internal Server Error'
      };
    }


    return msg;
  }
```

// client/components/message.html HTTP Status 추가

```html
<!-- http status code -->
<div translate>You send a Bad Request. send the right thing.</div>
<div translate>Login Required. Or Your login info is expired.</div>
<div translate>Your Authorized is forbidden. Request the autorization to administrator.</div>
<div translate>Not found the content.</div>
<div translate>Internal Server Error</div>
```

// Poedit에서 메시지 번역

HTTP 인터셉터는 여러 개 등록할 수 있으므로 기존에 등록된 인터셉트와 사용자 정의한 인터셉트를
다음과 같이 app.js의 config 메서드에서 등록한다.

```
// client/app/app.js 일부 코드
  /* @ngInject */
  function config($stateProvider, $urlRouterProvider,
                                    $locationProvider, $httpProvider) {

    $urlRouterProvider.otherwise('/');
    … 중략 …
    $httpProvider.interceptors.push('authInterceptor');
    $httpProvider.interceptors.push('sgHttpInterceptor');
  }
```

sgAlert 팝업창이 잘 나오는지 다음과 같이 간단하게 테스트를 실행해보자. 먼저 /server/api/thing/ 폴더에 있는 thing.controller.js 백엔드 코드에서 exports.index는 최초 메인 화면을 위한 코드다. 기존 코드를 주석 처리하고 res.send(404);로 보내거나 HTTP Status 코드를 바꿔가면서 테스트한다. 그러나 테스트를 실행하면 순환 참조(Circular Dependency) 오류가 발생하고 있는데 이는 angular-gettext에서도 $http를 사용하기 때문이다.

우선 angular-gettext.js 코드에서 $http 서비스에 대한 의존성 주입 코드를 제거한다. angular-gettext는 bower를 이용해 설치한 것으로 팀 단위로 개발할 때 bower_components 폴더에 설치한 것을 로컬에서 수정한다 해도 팀원에게 전달할 방법이 없다. 따라서 해당 방법은 여러 개발자와 함께 개발할 때 맞지 않는 방법이며 bower로 설치한 모듈을 수정한 후 다른 명칭으로 별도로 배포하는 방법을 사용한다.

```
// server/api/thing/thing.controller.js의 일부 코드 수정
exports.index = function(req, res) {
  Thing.find(function (err, things) {
    if(err) { return handleError(res, err); }
    //return res.json(200, things);  // 기존 코드 주석 처리
    return res.send(404);
  });
};


// angular-gettext에서도 $http를 참조하므로 순환 참조 오류 발생
```

```
Console  Search  Emulation  Rendering
⊘  ▽  <top frame>                                        ▼
⊗  ▶ Uncaught Error: [$injector:cdep] Circular dependency found:
     gettextCatalog <- sgAlert <- sgHttpInterceptor <- $http <- gettextCatalog
     http://errors.angularjs.org/1.2.22/$injector/cdep?
     p0=gettextCatalog%20%3C-%_gAlert%20%3C-%20sgHttpInterceptor%20%3C-
     %20%24http%20%3C-%20gettextCatalog                    angular.js:78
  >
```

```
// client/bower_components/angular-gettext/dist/angular-gettext.js 코드
// 의존성 주입 받은 $http를 제거한다
angular.module('gettext').factory('gettextCatalog', ["gettextPlurals", "$http", "$cacheFactory",
"$interpolate", "$rootScope", function (gettextPlurals, $cacheFactory, $interpolate, $rootScope) {

    … 중략 …

}]);
```

위와 같이 angular-gettext의 일부 코드를 수정해 테스트한다. 404 코드는 콘텐츠가 없다는 의미이고 〈그림 4.10〉과 같이 화면에 noty 창이 출력된다. 크롬 개발자 도구에서는 테이블 형태로 보인다.

〈그림 4.10〉 메시지 팝업창과 개발자 도구에서 테이블 형태로 출력

angular-gettext의 코드를 수정했으므로 혼자 개발하는 것이 아니라면 팀에서 공통으로 사용할 서베이 고릴라를 위한 bower 컴포넌트를 만들어 bower 원격 저장소에 배포하는 방법을 알아보자.

사용자 정의 Bower 컴포넌트 등록

이미 제공하는 angular-gettext 앵귤러 모듈을 angular-gettext-sg 모듈로 수정하고 bower 원격 저장소에 등록하는 방법을 알아보자. angular-gettext-sg는 이미 등록돼 있으니 직접 따라 하지 않아도 된다. 우선 별도의 폴더에 angular-gettext를 깃헙에서 받고 .git 폴더를 삭제한다. 저장소 명칭을 angular-gettext-sg로 변경한다. 깃헙에 angular-gettext-sg 저장소를 하나 등록하고 저장소의 URL 주소를 복사한다. 다음으로 angular-gettext-sg 로컬 폴더에서 git을 초기화하고 복사한 깃헙 저장소 주소를 Git의 원격 저장소로 지정한다. 그리고 소스에서 $http를 사용한 부분을 제거하고 package.json과 bower.json의 내역을 수정한다. package.json에는 이름, 버전, 저장소 위치, 저자 등을 기입한다. bower.json에는 이름, 버전, 설치할 main 키 값을 반드시 입력한다.

```
// angular-gettext-sg 폴더에서 Git을 초기화한다
$ git init
Initialized empty Git repository ~/mobicon/bower-components/angular-gettext-sg/.git/

// angular-gettext-sg 에 대한 Git 원격 저장소를 지정한다.
$ git remote add -f -t master -m master origin https://github.com/AngularJS-SPA-Development/angular-gettext-sg
… 중략 …
From https://github.com/AngularJS-SPA-Development/angular-gettext-sg
 * [new branch]      master     -> origin/master

// package.json 수정
  … 중략 …
  "name": "angular-gettext-sg",
  "version": "0.0.1",
  "repository": {
    "type": "git",
    "url": "git@github.com:AngularJS-SPA-Development/angular-gettext-sg.git"
  },
  "description": "Survey Gorilla Gettext support for Angular.js",
  "author": {
    "name": "Ruben Vermeersch",
    "email": "ruben@rocketeer.be",
    "url": "http://rocketeer.be/"
  },
  "modifier": {
    "name": "Peter Yun",
    "email": "nulpulum@gmail.com",
    "url": "http://mobicon.tistory.com/"
  },
  "main": "dist/angular-gettext.js",

// bower.json 수정
  "name": "angular-gettext-sg",
  "version": "0.0.2",
  "main": "dist/angular-gettext.js",
```

수정 작업이 끝났으면 커밋하고 깃헙 마스터 브랜치로 원격 저장소에 푸쉬한다. 그리고 angular-gettext-sg에 대한 태그 버전을 지정한 후 깃헙 원격 저장소에 다음과 같이 푸쉬한다.

```
// git tag 등록 및 원격 저장소 push
$ git tag -a v0.0.1 -m 'init version'
$ git tag
v0.0.1
$ git push origin v0.0.1
Counting objects: 1, done.
Writing objects: 100% (1/1), 166 bytes | 0 bytes/s, done.
Total 1 (delta 0), reused 0 (delta 0)
To https://github.com/AngularJS-SPA-Development/angular-gettext-sg
 * [new tag]        v0.0.1 -> v0.0.1


// 깃헙 저장소
```

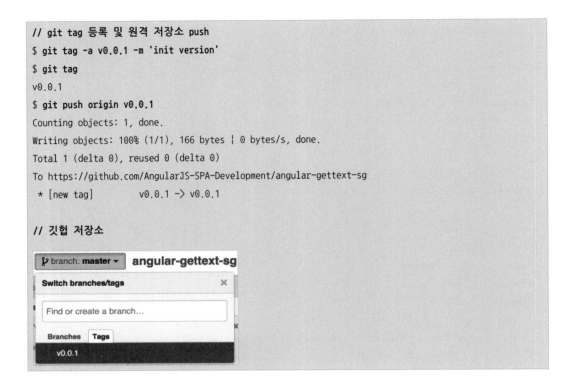

이제 bower 원격 저장소에 배포할 준비가 됐다. bower 원격 저장소는 메이븐의 Nexus 원격 서버에 라이브러리를 등록하는 것과 유사한 개념이다. bower에 등록할 때 나오는 질문에 대해 Y(Yes)를 선택한 후 successfully 메시지가 나오면 정상으로 등록된 것이다. 최종적으로 bower search로 등록 여부를 확인한다.

```
// bower 원격 저장소 등록 형식
$ bower register my-component-name git@my.server:path/to/repo.git


// angular-gettext-sg 등록
$ bower register angular-gettext-sg git@github.com:AngularJS-SPA-Development/angular-gettext-sg.git

Registering a package will make it installable via the registry (https://bower.herokuapp.com),
continue?: (Y? Registering a package will make it installable via the registry (https://bower.
herokuapp.com), continue?: Yes
bower register      git://github.com/AngularJS-SPA-Development/angular-gettext-sg.git


Package angular-gettext-sg registered successfully!
```

```
// 등록 여부 체크
$ bower search angular-gettext
Search results:

   angular-gettext git://github.com/rubenv/angular-gettext.git
   angular-gettext-sg git://github.com/AngularJS-SPA-Development/angular-gettext-sg.git
```

이제 기존의 angular-gettext를 제거하고 angular-gettext-sg를 다시 설치해서 테스트해 보면 HTTP 인터셉터를 통한 메시지가 정상 출력됨을 확인할 수 있다. 변경한 소스는 https://github.com/AngularJS-SPA-Development/angular-gettext-sg에서 확인할 수 있다.

```
// 재설치
$ bower uninstall angular-gettext --save
$ bower install angular-gettext-sg --save

// 재기동
$ grunt serve
```

bower 컴포넌트를 등록하는 과정을 살펴본 이유는 프로젝트를 진행하다 보면 오픈소스로 받은 컴포넌트를 수정할 일이 발생했을 때 프로젝트에 맞게 수정한 뒤 팀원들이 일관된 컴포넌트를 사용하는 것이 중요하기 때문이다. 다음으로 로컬 저장소 서비스를 만들어보자.

로컬 저장소 서비스

SPA를 개발하다 보면 브라우저에 캐시 역할을 실행하는 저장소가 필요할 때가 있다. 이때 $cookieStore나 HTML5의 로컬 스토리지(localStorage)를 사용할 수도 있지만, IE8에서도 사용하고 싶다면 별도의 로컬 저장소를 개발해야 한다. 물론 index.html에 포함한 Modernizr를 이용해 로컬 스토리지를 지원하는지 검사하고 별도로 로컬 스토리지를 지원하는 polyfill 라이브러리를 사용할 수도 있다. 하지만 서베이 고릴라에서는 대부분의 하위 브라우저까지 지원하는 jStorage(http://www.jstorage.info)를 사용해 앵귤러 공통 컴포넌트를 개발한다. 또는 angular-local-storage(https://github.com/grevory/angular-local-storage) 모듈도 많이 사용하니 요구조건에 적합한 것을 선택한다.

애플리케이션에서 사용하는 데이터에 대한 set, get이 가능하고 set을 실행할 때 시간을 설정해 시간이 지나면 자동으로 제거되는 기능이 있어야 한다. 이는 브라우저 쿠키에 설정하지 않고 로컬 데이터로 저장하지만, 유효 시간을 지정하는 효과와 같다. 쿠키를 사용하고 싶다면 $cookieStore를 주입받아 사용자 정의한 서비스에 확장할 수도 있다. bower를 이용해 jStorage를 설치한다.

```
$ bower install jstorage  - save

bower install          jstorage#0.4.12
jstorage#0.4.12 client/bower_components/jstorage
```

앵귤러 서비스를 생성하고 jStorage의 API를 사용하는 서비스를 개발한다. set, get과 로그아웃할 때 데이터 전체를 삭제하는 flush와 특정 시간이 지나면 데이터를 삭제하는 TTL 시간을 지정하기 위한 API를 만든다. 예를 들어 로그인한 후 AuthToken을 storageService에 저장하고 TTL을 지정할 수 있다.

```
// yo를 이용해 storageService 생성
$ yo sg:service storageService
[?] Where would you like to create this service? client/components
   create client/components/storageService/storageService.service.js
   create client/components/storageService/storageService.service.spec.js

// storageService 서비스
(function() {
  'use strict';
  angular
    .module('surveyGorillaApp')
    .service('storageService', storageService);

  function storageService() {
    this.setValue = function(key, value, options) {
      angular.element.jStorage.set(key, value, options);
    };

    this.getValue = function(key) {
      return angular.element.jStorage.get(key);
    };

    this.removeValue = function(key) {
```

```
      angular.element.jStorage.deleteKey(key);
    };

    this.flush = function() {
      angular.element.jStorage.flush();
    };

    // ttl is milliseconds
    this.setTTL = function(key, ttl) {
      angular.element.jStorage.setTTL(key, ttl);
    };
  }

})();
```

이제 IE버전과 무관하게 로컬 저장소로 앵귤러 서비스인 storageService를 주입받아 사용할 수 있다. storageService가 정상으로 작동하는지 단위 테스트를 실행해 보자. setTTL에 대해서는 설정 시간이 지난 후 설정 값이 삭제됐는지 확인하는 비동기 코드도 넣어야 한다. 현재 프런트엔드의 단위 테스트 프레임워크로 쟈스민을 사용하고 있다. 쟈스민은 카르마 위에서 실행하기 위해 karma-jasmine이라는 노드 모듈을 설치한다. karma-jasmine의 설치 버전이 v0.1.* 이면 쟈스민 버전은 1.3 버전을 사용한다. 쟈스민2.0 버전을 사용하기 위해 karma-jasmin v0.3.* 최신 버전으로 업그레이드한 후 단위 테스트 코드를 개발한다. 그리고 단위 테스트를 하려면 컴포넌트가 의존하고 있는 파일을 karma. conf.js의 files 옵션에 입력한다. 이때 주의할 점은 surveyGorillaApp 모듈보다 sg.translation과 sg.message 모듈 설정 파일이 앞에 있어야 한다.

```
// 기존 모듈 제거 후 최신 버전을 지정해 설치
$ npm uninstall karma-jasmine --save-dev
$ npm install karma-jasmine#0.2.2 --save-dev


// karma.conf.js 환경 파일 수정

   files: [
     'client/bower_components/jquery/dist/jquery.js',
     … 중략 …
     'client/bower_components/angular-gettext-sg/dist/angular-gettext.js',
     'client/bower_components/noty/js/noty/jquery.noty.js',
```

```
    'client/bower_components/jstorage/jstorage.js',
    'client/bower_components/bowser/bowser.js',
    'client/components/message/sg.message.module.js',
    'client/components/translation/sg.translation.module.js',
    'client/app/app.js',
    'client/app/**/*.js',
    … 중략 …
    'client/components/**/*.js'
  ],
```

이제 단위 테스트를 통해 storageService의 API를 검증해보자. 쟈스민 구문의 describe,
beforeEach, it 구문으로 각 API를 테스트하고, 비동기 구문 테스트는 done을 주입받아 done을 호
출하기 전까지 구문이 정지돼 있다. 다음 예에서 setTimeout 설정 시간이 지났을 때, done()이 호
출되면 it 구문이 끝나고 setTTL 설정 1초 후 지정한 키의 데이터가 삭제됐음을 알 수 있다.

```
'use strict';

describe('Service: storageService', function () {

  beforeEach(module('surveyGorillaApp'));

  var storageService;
  beforeEach(inject(function (_storageService_) {
    storageService = _storageService_;
  }));

  it('should do setValue & getValue', function () {
    storageService.setValue('user-token', 'abcdefg123');
    expect(storageService.getValue('user-token')).toEqual('abcdefg123');
    storageService.flush();
  });

  it('should do removeValue', function () {
    storageService.setValue('user-token', 'abcdefg123');
    expect(storageService.getValue('user-token')).toEqual('abcdefg123');
    storageService.removeValue('user-token');
    expect(storageService.getValue('user-token')).toBe(null);
  });
```

```
it('should do setTTL', function (done) {
  storageService.setValue('user-token', 'abcdefg123');
  expect(storageService.getValue('user-token')).toEqual('abcdefg123');
  storageService.setTTL('user-token', 1000);

  expect(storageService.getValue('user-token')).toBe('abcdefg123');
  setTimeout(function() {
    expect(storageService.getValue('user-token')).toBe(null);
    done();
  }, 2000);
});

});
```

테스트할 때 it 구문에서 expect 구문의 toBe 또는 toEqual에 다른 기대값을 입력해 에러가 나는지 확인해보는 식으로 API를 테스트한다. 프런트엔드만 테스트하고 싶다면 다음과 같이 Grunt 명령을 실행한다.

```
$ grunt test:client
```

유틸리티 지시자

애플리케이션을 개발하다 보면 숫자 또는 시간을 다뤄야 하고 HTML에서 사용할 앵귤러 지시자가 필요하다. 이를 위해 필요한 몇 가지 앵귤러 지시자와 서비스를 만들어 놓고 사용하도록 한다.

UI 폼의 입력 태그에서 엔터 키를 누르면 특정 메서드를 실행하거나, 입력 태그에 입력을 위해 마우스를 클릭하면 기존에 입력한 내역을 자동으로 전체 선택해 삭제하고 다른 값을 쉽게 입력할 수 있게 하는 등 사용 편의성을 높여주는 지시자를 유틸리티로 갖춰 사용한다. 다음 예와 같이 엔터키를 누를 때 적용하는 sg-enter 지시자는 엔터키 이벤트가 발생하면 속성에 설정한 내역인 attrs.sgEnter를 실행한다. 지시자로 만들면 HTML에서 중복해서 다뤄야 하는 제이쿼리 이벤트 핸들링 코드를 캡슐화하므로 재사용성 및 코드가 간결해져 가독성을 높일 수 있다.

```
// yo를 이용해 sg-enter 지시자 생성
$ yo sg:directive sg-enter
[?] Where would you like to create this directive? client/components/utils/directives
[?] Does this directive need an external html file? No
   create client/components/utils/directives/sg-enter/sg-enter.directive.js
   create client/components/utils/directives/sg-enter/sg-enter.directive.spec.js
```

```
// sg-enter
(function() {

  'use strict';
  angular
    .module('surveyGorillaApp')
    .directive('sgEnter', SgEnter);

  /* @ngInject */
  function SgEnter() {
    return function (scope, element, attrs) {
      element.bind("keydown keypress", function (event) {
        if(event.which === 13) {
          scope.$apply(function (){
              scope.$eval(attrs.ngEnter);
          });
          event.preventDefault();
        }
      });
    };
  }
})();
```

```
// sg-enter 사용 예
- controller에서 메서드 정의 : enter key를 누르며 실행될 메서드 정의
  $scope.search = function() { … }

- html에서
  <input type="text" sg-enter="search()" … >
```

다음으로 폼 입력 태그를 클릭할 때 기존에 입력했던 전체 값을 선택하는 지시자를 생성한다.

```
// yo를 이용해 sg-select-on-click 지시자 생성
$ yo sg:directive sg-select-on-click
[?] Where would you like to create this directive? client/components/utils/directives
[?] Does this directive need an external html file? No
   create client/components/utils/directives/sg-select-on-click/sg-select-on-click.directive.js
   create client/components/utils/directives/sg-select-on-click/sg-select-on-click.directive.spec.js


// sg-select-on-click 내역
(function() {

  'use strict';
  angular
    .module('surveyGorillaApp')
    .directive('sgSelectOnClick', SgSelectOnClick);


  /* @ngInject */
  function SgSelectOnClick() {
    return {
      restrict: 'A',
      link: function (scope, element, attrs) {
        element.on('click', function () {
          this.select();
        });
      }
    };
  }
})();


// sg-select-on-click 사용 예
<input type="text" value="abcdefg" sg-select-on-click>
```

두 개의 공통 지시자를 개발하면서 알 수 있듯이 애플리케이션을 개발하면서 제이쿼리를 이용해 이벤트를 처리할 상황이 발생하면 될 수 있으면 앵귤러 지시자로 만들어 캡슐화함으로써 가독성과 재사용성을 높이도록 한다. 따라서 뷰와 컨트롤러에 제이쿼리 사용을 최소화하고 앵귤러 방식으로 변경해 사용한다.

다음으로 숫자 포맷을 처리하는 서비스를 개발한다. 화면에 수치를 표현할 때 천 단위로 콤마(,)를 표현하거나 소수점 몇 자리까지 남길지 등을 처리하는 유틸리티다. 이 책에서는 숫자를 다

루는 numeral.js(http://numeraljs.com) 라이브러리를 이용해 앵귤러 서비스를 개발한다.
sgFormatter 서비스는 컨트롤러나 서비스에서 의존성을 주입받아 사용한다.

```
// bower를 이용해 numeral.js 설치
$ bower install numeral --save
bower install          numeral#1.5.3

// yo를 이용해 sg-formatter 서비스 생성
$ yo sg:service sg-formatter
[?] Where would you like to create this service? client/components/utils/services
   create client/components/utils/services/sg-formatter/sg-formatter.service.js
   create client/components/utils/services/sg-formatter/sg-formatter.service.spec.js

// sg-formatter 내역
(function() {

  'use strict';
  angular
    .module('surveyGorillaApp')
    .service('sgFormatter', SgFormatter);

  /* @ngInject */
  function SgFormatter() {
    this.percentFormat = function(value) {
      if(value && !isNaN(value)) {
        return numeral(value).format('0,0.[0]');
      } else {
        return '0';
      }
    };

    this.integerFormat = function(value) {
      if(value && !isNaN(value)) {
        return numeral(value).format('0');
      } else {
        return '0';
      }
    };
```

```
     this.numberFormat = function(value, format) {
       if(value && !isNaN(value)) {
         return numeral(value).format(format);
       } else {
         return '0';
       }
     };
   }

})();


// sg-formatter 테스트 내역
'use strict';

describe('Service: sgFormatter', function () {

  beforeEach(module('surveyGorillaApp'));

  var sgFormatter;
  beforeEach(inject(function (_sgFormatter_) {
    sgFormatter = _sgFormatter_;
  }));

  it('should do .0', function () {
    expect(sgFormatter.percentFormat(90.50)).toBe('90.5');
  });

  it('should do integer', function () {
    expect(sgFormatter.integerFormat(90.50)).toBe('91');
  });

  it('should do format', function () {
    expect(sgFormatter.numberFormat(90.50, '0')).toBe('91');
  });

});
```

테스트할 때 주의할 점은 bower로 설치한 numeral.js를 karma.conf.js에 직접 넣어주어야 한다. grunt test:client 명령으로 프런트엔드만 테스트해보자. 다음으로 날짜 처리에 대한 앵귤러 서비스를 개발한다. 서베이 고릴라에서는 moment.js(http://momentjs.com) 라이브러리를 사용한다. bower로 moment.js를 설치하고 단위 테스트를 위해 karma.conf.js에 moment.js 라이브러리를 추가한다.

```
// bower로 moment 설치
$ bower install moment --save
bower install          moment#2.10.2

// yo를 이용해 sg-date 서비스 생성
$ yo sg:service sg-date
[?] Where would you like to create this service? client/components/utils/services
  create client/components/utils/services/sg-date/sg-date.service.js
  create client/components/utils/services/sg-date/sg-date.service.spec.js

// sg-date 코드
(function() {

 'use strict';
 angular
   .module('surveyGorillaApp')
   .service('sgDate', SgDate);

 /* @ngInject */
 function SgDate() {
   this.currentDateTime = function() {
     return moment().format('YYYY/MM/DD HH:mm:ss');
   };

   this.currentDate = function() {
     return moment().format('YYYY/MM/DD');
   };

   this.thisYear = function() {
     return moment().format('YYYY');
   };
```

```
    this.thisMonth = function() {
      return moment().format('MM');
    };
  }

})();

// sg-date 테스트 코드
'use strict';
describe('Service: sgDate', function () {

  beforeEach(module('surveyGorillaApp'));

  var sgDate;
  beforeEach(inject(function (_sgDate_) {
    sgDate = _sgDate_;
  }));

  it('should do current date', function () {
    expect(sgDate.currentDate()).toBe('2015/05/12');
  });

  it('should do this year', function () {
    expect(sgDate.thisYear()).toBe('2015');
  });

  it('should do this month', function () {
    expect(sgDate.thisMonth()).toBe('05');
  });
});
```

위의 예와 같이 numeral.js와 moment.js 같은 라이브러리를 컨트롤러에서 직접 사용하지 말고 오픈 소스를 제공하는 라이브러리를 앵귤러 서비스로 한 번 더 처리한 뒤 앵귤러 컨트롤러에서 사용하도록 한다. 이렇게 하는 이유는 더 좋은 라이브러리가 있다면 교체할 수도 있고, API가 변경되거나 업무에 맞는 추가 코드를 삽입함으로써 애플리케이션에 직접적인 영향을 최소화해 캡슐화 하는 효과를 누릴 수 있기 때문이다. 또한, API를 도메인에서 사용하는 명칭으로 설정하면 코드의 가독성을 높일 수 있다.

애플리케이션을 개발하면서 UI 이벤트 처리는 앵귤러 지시자로 전환하고, 필요한 별도의 라이브러리를 설치했다면 업무 코드에서 직접 호출해 사용하지 말고 앵귤러 서비스를 만들어 사용한다. 이렇게 해야 애플리케이션 유연성과 확장성이 보장된다. 따라서 지속해서 발생하는 리팩터링에 유연하게 대처할 수 있도록 준비하고 공통 프레임워크 또한 애플리케이션을 개발하면서 지속해서 개선해야 할 대상임을 기억하자. 이제 공통 프레임워크를 기반으로 트위터 부트스트랩을 이용해 화면 레이아웃을 만들고 코드 스타일 가이드에 따라 업무 개발을 진행해 보자.

4-2 로그인 화면 개발

서베이 고릴라 서비스의 로그인 페이지는 메일로 로그인하거나 OAuth를 이용해 로그인하는 두 가지 방식이 있다. 우선 트위터 부트스트랩을 이용해 화면을 어떻게 디자인하는지 알아보고, 로그인 폼을 처리할 때 입력 값에 대한 유효성 검사를 실행하는 방법 또한 알아볼 것이다. 그리고 토큰(AuthToken)으로 사용자의 접속 정보를 유지하는 방법과 쿠키(Cookie)를 이용한 방법의 차이점을 알아보도록 한다.

트위터 부트스트랩 기반의 화면 디자인 및 폰트 사용

웹 마스터나 그래픽 디자이너가 없다면 트위터 부트스트랩과 같이 다양한 레이아웃 디자인을 무료로 제공하는 UI 프레임워크의 도움을 받아 화면을 개발할 수 있다. 개발자가 직접 빠르게 화면을 개발해 런칭한 후 서비스가 커감에 따라 웹 마스터와 그래픽 디자이너 도움을 받아 화면을 개선하는 것도 한 방법이다. http://bootsnipp.com 서비스는 트위터 부트스트랩을 기반으로 하는 다양한 유형의 템플릿을 제공한다. 또한 http://bootswatch.com 서비스는 트위터 부트스트랩에 적용할 수 있는 다양한 테마를 무료로 제공한다. 두 사이트에서 제공하는 예제 템플릿을 참조해 로그인 화면을 만들어보자.

먼저 UI 프레임워크인 트위터 부트스트랩(버전 3.3.4)과 다양한 아이콘을 사용하기 위해 폰트 어썸(Font Awesome, 버전 4.3.0)이 index.html에 설정됐는지 확인한다. 버전이 낮다면 bower를 이용해 업데이트한다. 다음으로 트위터 부트스트랩의 기본 테마를 사용하지 않고 bootswatch(http://bootswatch.com) 사이트에 접속해서 사용을 원하는 테마를 선택해 index.html에 적용한다. 이 책에서는 Simplex 테마를 사용하겠다. 〈그림 4.11〉과 같이 상단에 있는 메뉴에서 'Download'를 선택하고 bootstrap.css를 선택해 내역을 복사한다. client/components 폴더에 bootstrap-theme 폴더를 생성하고 그 아래에 bootswatch-simplex.css 파일을 생성해 복사한 내용을 붙인다.

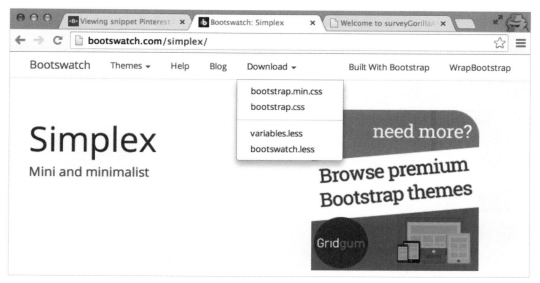

〈그림 4.11〉 bootswatch의 simplex 테마 선택

bootswatch-simplex.css 파일을 다음과 같이 index.html에 추가한다. 이때 주의할 점은 〈!--
bower.css --〉에 넣지 말고 밖에 위치하게 하며 부트스트랩을 재정의하기 위해 bootstrap.css보다
아래에 적용한다. 적용 후 메인 화면이나 기존에 있던 로그인 화면을 보면 버튼이나 메뉴의 높이나 색
감 등 전체적인 테마가 변경됐음을 알 수 있다.

```
// index.html에 css 적용
<!-- build:css(client) app/vendor.css -->
  <!-- bower:css -->
  <link rel="stylesheet" href="bower_components/font-awesome/css/font-awesome.css" />
  <link rel="stylesheet" href="bower_components/bootstrap/dist/css/bootstrap.css" />
  <!-- endbower -->
  <link rel="stylesheet" href="components/bootstrap-theme/bootwatch-simplex.css" />
<!-- endbuild -->
```

다음으로 bootsnipp 사이트에서 login 키워드로 검색하면 여러 개의 로그인 페이지 템플릿이 나온
다. 그 중 핀터레스트(Pinterest) 스타일의 로그인 페이지를 선택하고 오른쪽 위에 있는 Theme을
보면 bootswatch에서 제공하는 테마를 적용할 수 있는데 〈그림 4.12〉와 같이 Simplex 테마를 선택
한다.

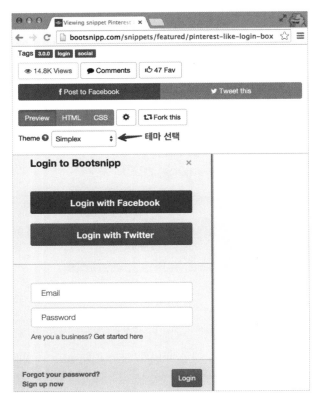

〈그림 4.12〉 bootsnipp 서비스의 로그인 템플릿

중간에 있는 'Preview', 'HTML', 'CSS' 버튼을 클릭하면 적용된 내역을 확인할 수 있고 HTML과 CSS를 복사해서 기존 client/app/account/login.html(.css) 내용을 바꾸도록 한다. HTML을 복사하면 로그인 화면의 위치가 왼쪽에 쏠리게 되는데 이때는 부트스트랩의 CSS 클래스를 사용한다. 부트스트랩은 반응형 웹 디자인(Responsed Web Design, RWD)을 기본으로 하고 다음과 같이 12개의 열(column)을 나누어 화면의 레이아웃을 지정할 수 있다.

- container 클래스를 만든다. 말 그대로 내용물을 담는 그릇이다.
- container 클래스에 row 클래스를 만든다. 논리적인 그룹핑 역할을 한다.
- row에는 'col-크기-열개수' CSS 클래스로 12개 열까지 너비를 등분할 수 있다. col-lg-열개수는 너비 1200px 이상에서 적용되고, col-md-열개수는 너비 992px 이상에서 적용되고, col-sm-열개수는 너비 768px 이상에서 적용되며, col-xs-열개수는 너비 768px 이하에서 적용되는 값이다. 이는 데스크톱, 태블릿, 스마트폰 크기에 대응하는 너비다.
- col-크기-열개수 클래스는 크기와 열개수 지정을 한번에 여러 개를 설정해 해상도에 따라 너비를 조절할 수 있다.

login.html의 박스를 왼쪽에서 가운데로 위치를 조정하기 위해 bootsnipp에서 가져온 HTML의 〈div class="row"〉 밑으로 'col-크기-열개수'를 화면 해상도에 따라 너비를 지정한다. 'col-크기-offset-열개수'를 이용해 왼쪽에서 오른쪽으로 띄울 열개수를 지정한다.

```
// login.html 내역
<div class="container">
  <div class="row">

    <div class="col-md-5 col-md-offset-4 col-sm-10 col-sm-offset-2 col-xs-12 ">

        <form class="form-signin mg-btm">
            … 중략 …
        </form>

    </div>
  </div>
</div>
```

위와 같이 container에 row가 있고 column의 너비와 offset의 조합으로 〈그림 4.13〉과 같이 로그인 창이 나온다.

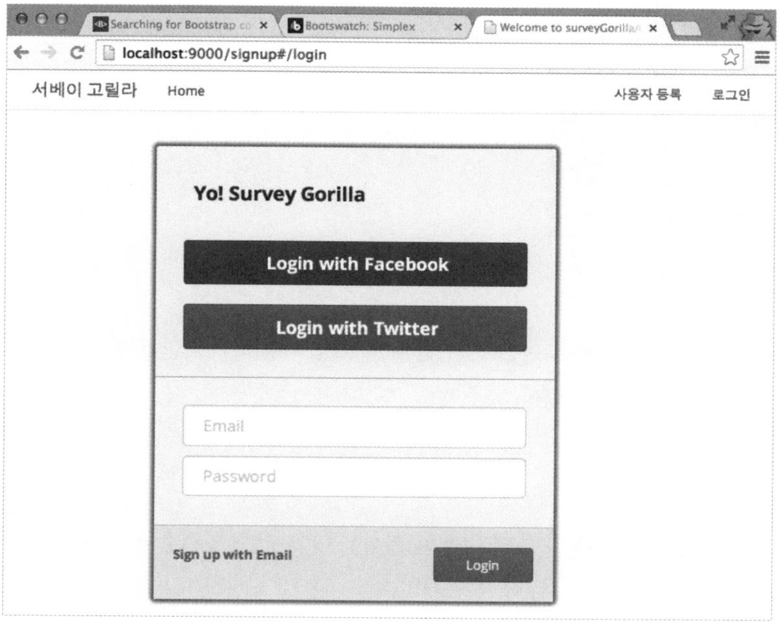

〈그림 4.13〉 변경된 로그인 화면

레이아웃을 기기의 해상도에 따라 반응형 웹 디자인으로 구성하고 테스트하는 방법을 살펴보자. 크롬의 개발자 도구에서 〈그림 4.14〉와 같이 모바일 테스트 기능을 켜고, 테스트하고자 하는 모바일 기기를 선택한 뒤 화면을 새로고침 하면 기기의 해상도로 화면이 변경된다. 해상도뿐만 아니라 HTTP 헤더의 내용과 모바일의 터치(touch), 스와이프(swipe) 같은 이벤트도 테스트할 수 있다.

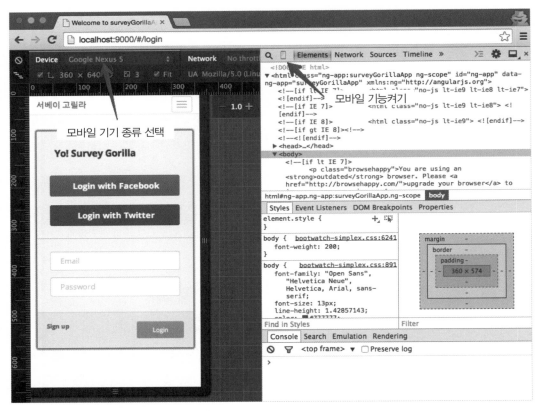

〈그림 4.14〉 모바일 기기 해상도에 맞춰 테스트하기

로그인 레이아웃 개발이 완료됐으면 이제 Login 버튼 클릭 등의 사용자 이벤트 처리를 앵귤러 컨트롤러와 서비스를 이용해 어떻게 처리하는지 알아보자.

폼 유효성(Form Validation) 검사

메일 계정을 폼에 입력하고 로그인 버튼을 클릭하면 먼저 메일 형식에 맞게 값을 입력했는지 그리고 빠짐 없이 다 입력했는지 유효성 검사를 한다. 그다음 앵귤러 서비스를 이용해 계정과 비밀번호가 일치하는지 확인하고, 등록된 사용자면 응답 토큰을 받아 저장하고 등록된 사용자가 아니면 에러 메시지를 출력한다.

서버에 요청하기 전에 입력해야 할 값과 입력한 값에 대한 유효성 검사를 위해 다음 예처럼 컨트롤러에
login을 정의하고 폼 객체를 파라미터로 넘겨준다. 그리고 form.$valid 속성을 사용해 유효성 검사를
한다. 앵귤러는 폼 자체와 입력에 대한 유효성 검사를 위해 $valid, $invalid, $pristine, $dirty 속성
을 제공하고 폼과 입력 태그에서 해당 속성을 지정해 사용할 수 있다.

```
// /client/app/account/login/login.controller.js 일부
function login(form) {
    $scope.submitted = true;

    if(form.$valid) {
      Auth.login({
        email: $scope.user.email,
        password: $scope.user.password
      })
      .then( function() {
        $location.path('/');
      })
      .catch( function(err) {
        console.log('login.controller.js : login error is ', err.message);
      });
    }
};
```

$valid는 유효하면 true를 유효하지 않으면 false를 반환하고, $invliad는 유효하지 않으면 true를 반
환하다. 그리고 $pristine은 입력 값이 없으면 true를 반환하고, $dirty는 입력 값이 있으면 true를 반
환한다. 앵귤러 폼 스타일의 유효성 검사를 위해 아래 사항을 정의하고 login.html을 수정해보자.

- form, input 태그에 반드시 name 속성을 지정한다.

- $valid, $invalid 체크를 위해 ng-model과 required 또는 ng-minlength, ng-maxlength, ng-pattern과 같은 속
  성을 지정한다.

- HTML5의 속성 체크는 구버전 브라우저에서 동작하지 않으므로 form 태그에 novalidate 속성을 지정한다.

- 모든 값이 입력됐을 때 submit 버튼을 활성화 시키기 위해 ng-disabled를 submit 속성 태그에 사용한다.

- 에러가 발생하면 같은 화면에 메시지를 보여주는 것이 좋다. 또는 입력폼의 테두리 색을 변경한다. 트위터 부트스트
  랩을 이용하면 form-group CSS 적용 태그에 ng-class를 이용해 has-error CSS를 동시에 지정한다.

위 사항에 따라 login.html의 email, password 입력 태그에 〈div class="form-group"을 각각 적용하고, ng-class를 통해 유효하지 않으면 트위터 부트스트랩의 has-error CSS를 지정하고 ng-model과 required를 지정했다. 이렇게 하면 서버에 요청하기 전에 유효성을 폼 태그의 태두리 색을 변경시켜 〈그림 4.15〉와 같이 유효하지 않은 경우 빨간색 테두리가 표시되고, 유효하면 파란색 테두리가 표시된다. required에서 하나라도 유효하지 않으면 form은 유효하지 않으므로 Login 버튼은 disabled 상태로 표현된다.

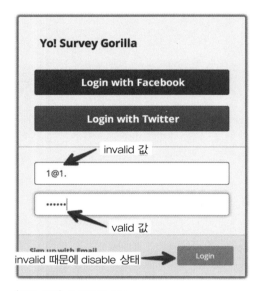

〈그림 4.15〉 폼 유효성 검사

login.html의 최종 수정 사항은 다음과 같다. 그리고 form 태그를 사용하므로 〈form ng-submit="login(form)"〉을 사용하고 email, password 태그를 form-group과 has-error CSS로 감쌌다. 그리고 submit 버튼에 form이 유효하지 않으면 disabled되게 ng-disabled 지시자를 사용했다.

```
// 기존 코드
<div class="main">
    <input type="email"
           name="email"
           class="form-control"
           placeholder="Email"
           autofocus>
```

```
    <input type="password"
          name="password"
          class="form-control"
          placeholder="Password">
</div>


// 변경한 코드
<form class="form-signin mg-btm"
        name="form"
        ng-submit="login(form)"
        novalidate>
  … 중략 …


 <div class="main">
   <div class="form-group"
      ng-class="{'has-error': form.email.$invalid
                        && !form.email.$pristine}">
      <input type="email"
          name="email"
          class="form-control"
          placeholder="Email"
          ng-model="user.email"
          required
          autofocus>
   </div>


   <div class="form-group"
      ng-class="{'has-error': form.password.$invalid
                        && !form.password.$pristine}">
      <input type="password"
          name="password"
          class="form-control"
          placeholder="Password"
          ng-model="user.password"
          ng-minlength="3"
          ng-maxlength="15"
          required>
   </div>
</div>
```

```
<div class="login-footer">
  <div class="row">
    <div class="col-xs-6 col-md-6 pull-right">
      <button type="submit"
              ng-disabled="form.$invalid"
              class="btn btn-large btn-danger pull-right"
              style="width: 100px">Login</button>
    </div>
  </div>
</div>

</form>
```

모든 입력 값이 유효하고 서버에 요청한 후 에러가 발생하면 메시지를 띄워주도록 변경해 보자. 서버에서 에러 메시지는 message 키에 담아 넘겨주도록 설계됐다고 했을 때 공통 에러 처리 영역인 sgHttpInterceptor.factory.js 코드에서 다음과 같이 처리한다.

```
function responseError(rejection) {
  var msg = httpType(rejection.status);
  if(rejection.data.message) {
    msg.value = rejection.data.message;
  }
  sgAlert.error(msg.value, msg.code);

  return $q.reject(rejection);
}
```

로그인이 정상적으로 처리되면 서버로부터 Auth-Token을 받기로 돼 있다면 토큰을 스토리지 서비스(storageService)에 저장해 사용한다. 또는 $cookieStore를 사용할 수도 있다. 저장 방식은 애플리케이션의 특성에 따라 선택의 문제지만, 인증에 대한 서버의 사용자 세션 유지방식인 토큰(Token)과 쿠키(Cookie) 방식에 차이점이 있으므로 이에 대해 자세히 알아보자.

인증을 위한 토큰과 쿠키

일반적으로 접속한 사용자의 세션을 유지하는 방법은 두 가지가 있다. 자바의 웹 애플리케이션 서버(WAS)에서 많이 사용하는 방법인 서버 세션(Session)과 클라이언트에 Auth-Token을 전달하는 클라이언트 토큰(줄여서 토큰) 방식이 있다. 서버 세션은 유일한 사용자 검색을 위해 쿠키에 세션 키 값을 전달해 사용하고, Auth-Token은 클라이언트가 쿠키 또는 별도의 저장소에 유지하고 있다가 요청할 때마다 HTTP 헤더에 토큰을 함께 실어 보내는 방식이다. 쿠키를 기반으로 하는 인증 방식과 토큰을 기반으로 하는 인증 방식은 〈그림 4.16〉과 같다.

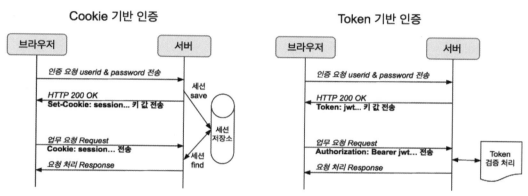

〈그림 4.16〉 쿠키와 토큰 기반 인증 동작 방식

쿠키 기반은 사용자 정보를 서버의 세션 저장소에 저장하고, 요청이 있을 때 서버에 세션 정보가 있고 권한이 있으면 응답을 보내는 방식이다. 토큰 기반은 사용자 토큰을 클라이언트에 저장하고 서버에 요청할 때마다 HTTP 헤더에 토큰을 실어 보내서 서버는 토큰을 해석해 유효성과 권한을 검증한 후 응답을 보내는 방식이다. 즉 사용자의 세션 정보가 서버에 있느냐 클라이언트가 토큰에 실어 보내느냐의 차이다. 모바일 기기의 보급과 네트워크 효과에 따라 급속하게 서비스의 사용자 수가 증가하면서 이전의 서버 세션 유지 방식은 서버 미들웨어의 증설에 걸림돌이 되기도 한다. 따라서 최근 모바일 서비스를 위한 웹 애플리케이션은 클라이언트에 세션 정보를 저장하는 토큰 방식을 선호한다. 토큰 방식의 장점은 다음과 같다.

- CORS(Cross Origin Resource Sharing) AJAX 호출에 자유로울 수 있다. 사용자 유효성 및 권한 정보를 토큰에 담아 HTTP 헤더에 함께 보내고 토큰에 대한 동일 검증 처리가 서버에서 이뤄진다면 쉽게 처리될 수 있다.

- 토큰에 필요한 정보를 저장할 수 있으므로 서버에 별도의 세션 저장소를 가질 필요가 없다.

- 사용자 정보를 유지할 필요가 없으므로 토큰 검증 처리 서버와 API 서버 등을 분리해서 운영할 수도 있고 서버의 수평적 확장이 용이하다.

- JWT(JSON Web Token) 표준을 기반으로 다양한 언어를 지원하는 서버 측 라이브러리가 이미 나와 있어 적용이 편리하다.

노드(NodeJS)에서 토큰의 생성 및 검증은 server/auth/auth.service.js에서 jsonwebtoken과 express-jwt 모듈을 이용해 실행한다. isAuthenticated()에서 Express.js의 미들웨어를 차례로 실행해 주는 composable-middleware 노드 모듈을 이용해 토큰의 유효성을 검사하고 있다. 여기서 미들웨어란 클라이언트 요청을 처리하기 전에 전처리하는 기능이다. 예를 들어 자바 웹 애플리케이션 서버의 web.xml에 지정하는 필터와 같은 역할이다. 조건이 맞으면 그다음 설정해 놓은 미들웨어가 실행되고 그렇지 않으면 오류를 반환하도록 처리하면 된다. 즉, 미들웨어의 계속 진행 또는 중지 반환은 사용자의 업무 로직에 따라 처리하면 된다.

```javascript
// server/auth/auth.service.js 일부 내역
var jwt = require('jsonwebtoken');
var expressJwt = require('express-jwt');
var validateJwt = expressJwt({ secret: config.secrets.session });
var compose = require('composable-middleware');
… 중략 …

function isAuthenticated() {
  return compose().
    use(function(req, res, next) {
      // access_token 파라미터로 넘어올 경우 표준에 따라 Bearer를 붙여준다.
      if(req.query && req.query.hasOwnProperty('access_token')) {
        req.headers.authorization = 'Bearer ' + req.query.access_token;
      }
      validateJwt(req, res, next);
    }).
    use(function(req, res, next) {
      User.findById(req.user._id, function (err, user) {
        if (err) return next(err);
        if (!user) return res.send(401);

        req.user = user;
        next();
      });
    });
}
… 중략 …

// 로그인할 때 토큰 무효화 시간과 토큰에 사용할 secret 정보를 가지고 토큰 생성
function signToken(id) {
  return jwt.sign({ _id: id }, config.secrets.session, { expiresInMinutes: 60*5 });
}
```

로그인에 성공하고 서버로부터 토큰을 저장하는 부분은 client/components/auth/auth.service.js
의 login 메서드의 쿠키 서비스에서 처리하고 있다. 우리는 이미 공통 프레임워크로 저장소 서비스를
만들었으므로 쿠키에서 저장소 서비스로 변경한다. 로그인에 성공하면 User.get()을 호출해 사용자
의 정보를 가져오고, Auth 서비스가 싱글톤 객체로 유지되므로 currentUser 변수에 저장해 클라이언
트 애플리케이션에서 로그인한 사용자인지 아닌지 체크하는 용도로 사용할 수 있다.

```
// /client/components/auth/auth.service.js의 login 메서드 일부
/* @ngInject */
function Auth($location, $rootScope, $http, User, storageService, $q) {
  … 중략 …


  function login(user, callback) {
    var cb = callback || angular.noop;
    var deferred = $q.defer();

    $http.post('/auth/local', {
      email: user.email,
      password: user.password
    }).
    success(function(data) {
      // 기존 코드 주석처리
      // $cookieStore.put('token', data.token);

      // 변경 코드
      storageService.put('token', data.token);

      // 사용자 정보를 가져와 currentUser에 저장
      currentUser = User.get();
      deferred.resolve(data);
      return cb();
    }).
    error(function(err) {
      this.logout();
      deferred.reject(err);
      return cb(err);
    }.bind(this));
    return deferred.promise;
  };
}
```

토큰을 저장하고 요청할 때마다 HTTP 헤더에 토큰을 함께 보내기 위해 공통으로 처리하는 부분은 client/app/app.js의 authInterceptor 함수에 넣는다. 이곳도 storageService를 주입받아 $cookieStore 코드 대신 다음과 같이 대체한다. JWT 토큰은 전달받은 토큰 값 앞에 'Bearer + 공백'을 표준 약속으로 붙여줌을 주의한다.

```javascript
// /client/app/app.js 일부
  /* @ngInject */
  function authInterceptor($rootScope, $q, storageService, $location) {
    return {
      request: function (config) {
        config.headers = config.headers || {};
        if (storageService.get('token')) {
          config.headers.Authorization='Bearer '+storageService.get('token');
        }
        return config;
      },

      // Intercept 401s and redirect you to login
      responseError: function(response) {
        if(response.status === 401) {
          $location.path('/login');
          storageService.remove('token');
          return $q.reject(response);
        }
        else {
          return $q.reject(response);
        }
      }
    };
  }
```

로그인 성공 후 User.get()을 호출할 때부터 토큰을 〈그림 4.17〉과 같이 함께 보냈음을 크롬 개발자 도구의 Network 탭에서 확인할 수 있다.

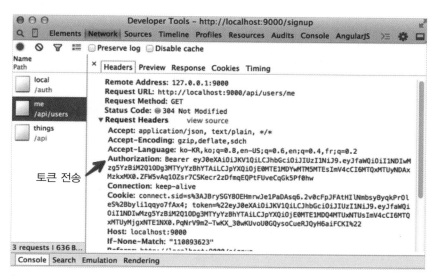

〈그림 4.17〉 요청할 때 토큰 전송

토큰에 대한 검증이 잘 이뤄지고 있는지 간단하게 테스트해 확인해보자. 로그인하지 않은 상태로 브라우저에서 토큰을 검증하는 요청 URL을 호출하면 토큰 정보를 함께 보내지 않았기 때문에 〈그림 4.18〉과 같이 No Authorization 메시지가 출력된다.

〈그림 4.18〉 직접 브라우저에서 API 호출할 때 No Authorization

브라우저에서 호출할 때 No Authorization이 나오는 이유는 백엔드의 server/api/user/index.js에 다음과 같이 권한 체크 여부가 정의돼 있기 때문이다. Express.js는 호출한 URL에 대해 auth.isAuthenticated()를 호출하고, 이상이 없으면 controller.me를 호출한다. auth.isAuthenticated()를 호출할 때 express-jwt 모듈에서 jsonwebtoken 모듈을 사용해 토큰을 검증하고, 토큰이 없으면 No Authorization 메시지를 던진다.

```
// server/api/user/index.js 백엔드 애플리케이션 일부
router.get('/', auth.hasRole('admin'), controller.index);
router.delete('/:id', auth.hasRole('admin'), controller.destroy);
router.get('/me', auth.isAuthenticated(), controller.me);
router.put('/:id/password', auth.isAuthenticated(), controller.changePassword);
router.get('/:id', auth.isAuthenticated(), controller.show);
router.post('/', controller.create);


// node_modules/express-jwt/lib/index.js 일부
if (req.headers && req.headers.authorization) {
  var parts = req.headers.authorization.split(' ');
  if (parts.length == 2) {
    var scheme = parts[0]
      , credentials = parts[1];

    if (/^Bearer$/i.test(scheme)) {  // Bearer 가 붙어있는지 테스트
      token = credentials;
    }
  } else {
    return next(new UnauthorizedError('credentials_bad_format', { message: 'Format is Authorization:
Bearer [token]' }));
  }
} else {  // authorization 헤더 키가 없을 때 에러 반환
  return next(new UnauthorizedError('credentials_required', { message: 'No Authorization header was
found' }));
}


jwt.verify(token, options.secret, options, function(err, decoded) {
  if (err) return next(new UnauthorizedError('invalid_token', err));
  req.user = decoded;
  next();  // 검증 완료 후 다음 미들웨어 실행
});
```

지금까지의 코드를 아래의 원격 브랜치 소스로 변경해 확인할 수 있다.

```
$ git checkout - t feature/ch42_login_layout
```

테스트를 위한 기본 입력 계정은 test@test.com이고 비밀번호 test다. 다음으로 일반적인 아이디/패스워드 인증 외에 요즘 많이 사용하고 있는 OAuth를 이용한 인증을 알아보자.

4-3 OAuth를 이용한 인증 처리

OAuth는 사용자에게 인증과 권한을 동시에 검증하는데, 페이스북이나 트위터 같은 SNS의 API 기능을 이용하기 위한 용도로 많이 사용한다. Auth는 인증(Authentication)과 권한 부여 (Authorization)가 내포된 의미이며, OAuth의 주목적은 인증보다는 권한을 부여하기 위함이다. 그러나 로그인을 위해 페이스북, 트위터, 구글+ 등의 서비스를 많이 사용하면서 특정 애플리케이션에 나의 정보를 저장하지 않고 이들 서비스를 이용해 로그인도 처리하고 SNS에 저장된 사용자의 일부 정보를 전달할 수 있는 안전함(보안성)과 편리성을 제공하고 있기 때문에 일반 애플리케이션의 인증 절차에 많이 사용되고 있다.

백엔드에서 Passport 모듈을 이용한 인증 처리

OAuth 버전은 1.0a와 2.0 두 가지 버전이 있고, 버전에 따라 사용하는 방식도 다르다. OAuth를 사용하기 위해 준비해야 할 과정은 다음과 같다.

- OAuth를 이용할 서비스(페이스북, 트위터등) 개발자 페이지에서 애플리케이션을 등록하고 애플리케이션의 아이디와 시크릿(Secret) 키 값을 얻는다.

- 민스택을 사용한다면 노드 애플리케이션 환경 파일에 아이디와 시크릿 키를 설정하고 페이스북이나 트위터와 같은 서비스에 접속해 접근 토큰을 얻을 수 있는 코드를 작성한다.

먼저 해야 할 일은 애플리케이션을 등록해 키 값을 얻은 후에 애플리케이션에 적용한다. 이때 노드에서는 아이디/패스워드 방식과 OAuth 인증 처리에 대한 작업을 잘 추상화해 놓은 passport 모듈을 이용한다. generator-sg에서도 passport 모듈을 이용한 인증 처리를 하고 있다. 아이디/패스워드 방식의 로그인 인증은 passport-local 모듈을 사용하고, 페이스북은 passport-facebook, 트위터는 passport-twitter 모듈을 사용하며 /node_modules 폴더에 이미 설치돼 있음을 확인할 수 있다. 〈그림 4.19〉와 같이 passport-local은 로컬 운영 서버 접속에 대한 인증 처리 로직을 실행하고 passport-facebook(OAuth v2.0 사용), passport-twitter(OAuth v1.0a 사용)는 각 서비스의 인증 처리 로직을 실행한다. passport에서 각 서비스에 맞는 인증 처리 방식을 Strategy

라 부르는데, 개발자는 경우에 따른 Strategy를 사용하면 되고, 코드에서 passport.use(new Strategy(〈options〉));와 같이 노드의 use 메서드를 호출하는 구조다.

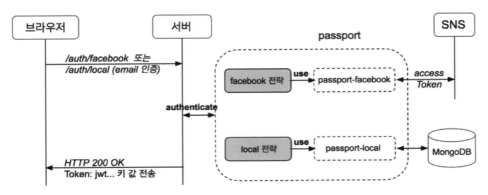

〈그림 4.19〉 passport Strategy 흐름

〈그림 4.19〉에서 점선은 모듈을 의미하며 'passport-facebook', 'passport-local' 등 이미 정의된 모듈을 설치해야 한다. 그리고 서비스에 따른 'facebook 전략', 'local 전략' 등은 사용자가 코딩해야 하는 부분이다. server/auth/index.js에서 각 OAuth에 따른 설정을 다음과 같이 server/auth/local/passport.js의 노드 애플리케이션 코드에서 passport 모듈의 use 메서드를 이용해 local일 때 어떤 전략을 사용하는지 사용자 정의 코드를 설정해야 한다. facebook은 페이스북에 등록한 애플리케이션의 아이디와 키 값을 설정한다.

```
// server/auth/index.js 일부

// 환경 값 및 local 인증 User Mongoose 모델
var config = require('../config/environment');
var User = require('../api/user/user.model');

// Passport 환경 설정
require('./local/passport').setup(User, config);
require('./facebook/passport').setup(User, config);

// 라우팅 설정
router.use('/local', require('./local'));
router.use('/facebook', require('./facebook'));

// server/auth/local/passport.js 일부
```

```
exports.setup = function (User, config) {
  passport.use(new LocalStrategy({
      usernameField: 'email',
      passwordField: 'password' // this is the virtual field on the model
    },
    function(email, password, done) {
      User.findOne({
        email: email.toLowerCase()
      }, function(err, user) {
        … 중략 …
      });
    }
  ));
};


// server/auth/facebook/passport.js 일부
// 애플리케이션 등록으로 얻은 키외 값들은 노드 애플리케이션 환경 파일에
// 설정해 놓고 사용한다.
exports.setup = function (User, config) {
  passport.use(new FacebookStrategy({
      clientID: config.facebook.clientID,
      clientSecret: config.facebook.clientSecret,
      callbackURL: config.facebook.callbackURL
    },
    function(accessToken, refreshToken, profile, done) {
      User.findOne({
        'facebook.id': profile.id
      },
      function(err, user) {
        … 중략 …
      })
    }
  ));
};
```

/auth/local URL이 호출되면 약속에 따라 /server/auth/local/index.js이 실행된다. 다음 코드
에서 passport 모듈을 로딩해 authenticate 메서드에 첫 번째 파라미터로 'local' 값을 설정할 경우
passport에 등록한 local Strategy는 두 번째 파라미터로 등록한 콜백(callback) 함수를 실행한다.

```
// server/auth/local/index.js 노드 애플리케이션 일부 코드
var passport = require('passport');  // passport 모듈 로딩

router.post('/', function(req, res, next) {
  // <그림 4.19>를 보면 파라미터를 통해 전략을 구분하고 authenticate 메서드를
  // 일관되게 호출한다.
  passport.authenticate('local', function (err, user, info) {
    var error = err || info;
    if (error) return res.json(401, error);
    if (!user) return res.json(404, {message: 'Something went wrong, please try again.'});

    var token = auth.signToken(user._id, user.role);
    res.json({token: token});
  })(req, res, next)
});
```

passport 인증 프레임워크을 사용하면 대부분의 OAuth 인증 처리를 쉽게 할 수 있으며, 로컬 email/password 인증도 함께 처리할 수 있다. 이제 OAuth v2.0기반의 페이스북 인증을 위해 애플리케이션 등록 및 노드 서버의 설정 방법을 살펴보자.

페이스북 인증 처리

OAuth 인증을 위해 페이스북에 애플리케이션을 등록한 후 아이디와 키 값을 받아야 한다. 먼저 페이스북 개발자 페이지(https://developers.facebook.com/)에 접속해 <그림 4.20>과 같이 'Apps' 메뉴에서 'Add a New App'을 선택해 새로운 애플리케이션의 등록을 진행한다.

<그림 4.20> 신규 애플리케이션 등록

다음으로 애플리케이션 종류를 선택할 때 싱글 페이지 웹 애플리케이션이므로 <그림 4.21>과 같이 'WWW 웹사이트'를 선택하고 애플리케이션의 명칭을 입력한 후 애플리케이션 아이디 생성 버튼을 클릭한다.

〈그림 4.21〉 애플리케이션 종류 선택 및 아이디 생성

마지막으로 〈그림 4.22〉와 같이 새로운 애플리케이션을 생성하는 것이므로 '아니오'를 그대로 놓고 서비스의 분류를 선택한 후 테스트를 위해 URL 주소는 로컬 테스트 용도의 localhost에 9000 포트로 입력한다. 운영은 웹 애플케이션을 실제로 운영할 사이트의 URL을 입력한다.

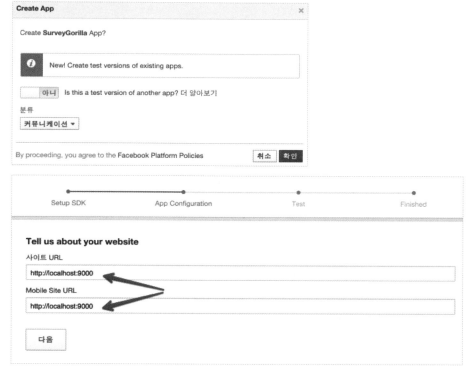

〈그림 4.22〉 웹 애플리케이션의 호출 URL 입력

모든 단계를 거치면 〈그림 4.23〉과 같이 서베이 고릴라 애플리케이션이 등록되고 위쪽에 App ID와 App Secret이 나온다. 각 정보를 복사해 노드 애플리케이션의 환경 파일에 설정할 것이다.

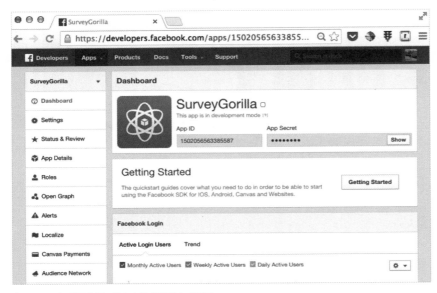

〈그림 4.23〉 최종 등록 애플리케이션 정보 페이지

generator-sg로 생성한 노드 코드에서 OAuth 인증을 위해 애플리케이션의 아이디와 키 값을 설정하는 환경 파일은 server/api/ 폴더에 있는 local.env.js 파일이고 복사한 값을 다음과 같이 설정한다. 해당 설정 파일은 'grunt serve' 명령을 수행할 때 grunt-env 플러그인의 env:all을 통해 로딩한다.

```
// local.env.js 일부
module.exports = {
  FACEBOOK_ID: '1502056563385587',
  FACEBOOK_SECRET: '978989892ysdezcvrer394db934ereaew',
  … 중략 …
};


// Gruntfile.js 일부
    env: {
      test: {
        NODE_ENV: 'test'
      },
      prod: {
        NODE_ENV: 'production'
      },
      all: localConfig
    },
```

노드는 process 전역 객체를 통해 노드 프로세스가 실행한 환경 값을 process.env 객체를 통해 얻어올 수 있고 다음과 같이 설정할 수도 있다. 즉, 'grunt serve:test' 또는 'grunt build'에 따라 test 환경이나 production 환경을 구분해 사용할 수 있다. 자동으로 생성된 local.env.js는 모든 환경에서 기본적으로 읽히는 파일이지만 development, test, production 형태로 구분해 노드를 수행할 때 환경을 다르게 적용할 수 있다.

```
// 윈도 설정
set NODE_ENV=production

// 리눅스 설정
export NODE_ENV=production

// 노드 애플리케이션 실행 시 노드 프로세스에만 적용 설정
NODE_ENV=production  node  app.js
```

OAuth 인증 처리를 하려면 프런트엔드 단의 앵귤러 애플리케이션에서도 추가로 작업해야 한다. 클라이언트에서 먼저 /oauth/facebook URL을 서버에 요청하면 서버는 passport를 통해 인증을 처리한다. 이때 passport-facebook의 기본 호출방식 위에 사용자 정의한 페이스북 전략과 local.env.js에 설정한 애플리케이션 아이디와 키 값을 사용해 패이스북으로부터 인증 성공 후 '/'로 리다이렉트 응답을 보내면 애플리케이션에서는 MainCtrl (client/app/main/main.controller.js)에서 처리하지만, 후속 처리하는 코드가 없다. 리다이렉트에 따른 후속처리를 위해 먼저 서버에서는 '/'에서 '/oauth'로 리다이렉트 경로를 수정한다. 다음으로 '/oauth'를 별도로 처리하는 앵귤러 auth 컨트롤러를 생성해 처리한다. 서버의 리다이렉트는 /server/auth/auth.service.js의 setTokenCookie 호출을 통해 쿠키를 이용해 토큰을 전송한다. 다음 코드에서 리다이렉트 경로를 해시뱅(hashbang) 방식인 '/#/oauth'로 처리한다.

```
// server/auth/auth.service.js 일부
function setTokenCookie(req, res) {
  if (!req.user) return res.json(404, { message: 'Something went wrong, please try again.'});
  var token = signToken(req.user._id, req.user.role);
  res.cookie('token', JSON.stringify(token));
  //res.redirect('/');
  res.redirect('/#/oauth');
}
```

웹 애플리케이션에 다음과 같이 Auth 서비스의 loginOAuth에서 토큰 저장과 사용자 정보 요청을 처
리한다. Auth 서비스와 관련된 부분은 generator-sg에서 자동으로 생성된 부분으로 OAuth 작업
을 추가로 진행한 것이다. 따라서 자동으로 생성된 코드는 사용하는 방식의 예를 설명하는 것으로 정해
진 패턴은 아니다. 앵귤러 Auth 컨트롤러는 yo를 이용해 생성하고 Auth 서비스를 호출하며 성공하면
다시 메인 페이지로 이동하도록 '/' URL로 리다이렉트한다. OAuth URL이 실행되면 애플리케이션의
Auth 컨트롤러와 맵핑 관계를 /client/app/account/accoutn.js에 설정한다. 수정한 사항을 저장하
고 페이스북을 이용해 OAuth 인증을 하면 오류가 발생할 것이다.

```
// client/components/auth/auth.service.js
    return {
       loginOAuth: loginOAuth
    }
    … 중략 …
    function loginOAuth(callback) {
      var cb = callback || angular.noop;
      var token = $cookies.token;
      if(token) {
        storageService.put('token', token);
        currentUser = User.get();
        return cb();
      }
    }


// auth 컨트롤러 생성
$ yo sg:controller auth
[?] Where would you like to create this controller? client/components
    create client/components/auth/auth.controller.js
    create client/components/auth/auth.controller.spec.js


// auth.controller.js
(function() {
  'use strict';
  angular
    .module('surveyGorillaApp')
    .controller('AuthCtrl', AuthCtrl);

  /* @ngInject */
  function AuthCtrl($location, Auth) {
```

```
    // Auth 서비스의 loginOAuth 호출
    Auth.loginOAuth(function() {
      $location.path('/');
    });
  }
})();

// /client/app/acccount/account.js 에 URL과 컨트롤러 맵핑
(function () {
  'use strict';
  angular
    .module('surveyGorillaApp')
    .config(config);

  /* @ngInject */
  function config($stateProvider) {
    $stateProvider
      .state('login', {
        url: '/login',
        templateUrl: 'app/account/login/login.html',
        controller: 'LoginCtrl'
      })
      … 중략 …
      .state('oauth', {
        url: '/oauth',
        controller: 'AuthCtrl'
      });
  }
})();
```

오류는 서버로부터 토큰을 받아 Storage 서비스에 저장하고 User의 정보를 요청할 때 발생한다. 사용자 정보와 같이 인증이 된 후 요청하는 API를 위해 헤더에 토큰 정보를 함께 보내게 되는데 해당 부분은 다음과 같이 /client/app/app.js에서 authInterceptor의 request에 있다고 이미 이야기했다.

```
/* @ngInject */
  function authInterceptor($rootScope, $q, storageService, $location) {
    return {
      request: function (config) {
        config.headers = config.headers || {};
        if (storageService.get('token')) {
          config.headers.Authorization = 'Bearer ' + storageService.get('token');
        }
        return config;
      },
      response: … 중략 …
    };
  }
```

오류 지점을 찾기 위한 클라이언트 디버깅 도구로는 크롬의 개발자 도구를 사용하고, 서버 디버깅은 노드 인스펙터(Node Inspector, http://github.com/node-inspector/node-inspector)를 사용해 디버깅한다. 클라이언트와 서버 디버깅을 어떻게 하는지 알아보고, 오류 지점을 어떻게 찾을 수 있는지 알아보자.

크롬 브라우저 개발자 도구를 이용한 클라이언트 디버깅

SPA를 개발하면서 디버깅 할 대상은 DOM, 자바스크립트 소스, 네트워크, CPU/Memory 및 Storage 사용량 등이 있고 크롬 개발자 도구에서 해당 영역을 추적할 수 있다. 앵귤러를 기반으로 개발할 경우 뷰 역할의 HTML과 애플리케이션 로직을 담고 있는 자바스크립트 파일을 분리해 개발하므로 주된 디버깅 영역인 자바스크립트 파일 디버깅에 대해 알아보고, 다른 부분은 구글 개발자 도구 메뉴얼 페이지(https://developer.chrome.com/devtools/index)에서 확인한다.

개발자 도구는 크롬 메뉴의 '도구→개발자 도구'를 클릭하거나 단축키 Ctrl+Shift+i(맥은 Cmd+Opt+i)를 눌러 열 수 있다. 개발자 도구의 모습은 〈그림 4.24〉와 같다.

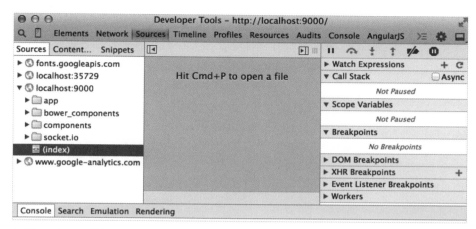

〈그림 4.24〉 크롬 개발자 도구

왼쪽 영역에서는 파일 관리자와 유사하게 자바스크립트 소스를 찾을 수 있고, 가운데 영역에서는 왼쪽 영역에서 선택한 파일의 소스 코드를 확인할 수 있으며, 오른쪽 영역에서는 변수와 이벤트 등 클라이언트의 내부 값에 대해 확인할 수 있다. 아래쪽 영역에서는 console.log나 $log 앵귤러 서비스를 이용해 출력한 로그를 확인할 수 있다. 상단에 있는 탭에서는 Elements, Network, Sources, Profile 등 경우에 따른 디버깅 환경을 제공한다. 가장 많이 사용하는 탭은 Elements와 Sources다. 디버깅 실습을 위해 client/app/app.js의 authInterceptor 함수를 디버깅해보자. 먼저 〈그림 4.25〉와 같이 app.js를 찾아 코드를 열고 디버깅하고자 하는 줄의 번호를 더블 클릭하면 중단점(BreakPoint, 디버깅을 위해 멈추고자 하는 지점)을 지정할 수 있다.

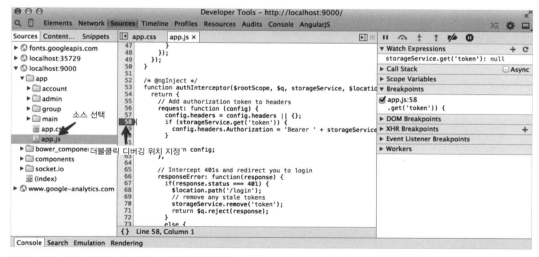

〈그림 4.25〉 크롬 개발자 도구 창에서 디버깅 위치 지정

화면을 새로고침 하면 지정한 위치에서 실행이 멈추며 〈그림 4.26〉과 같이 브라우저와 개발자 도구에서 계속 실행(Run), 다음 단계 실행(Step over), 내부로 들어가 실행(Step in), 외부로 나와 실행(Step out)과 같이 일반적인 개발 도구의 디버깅 환경을 제공하므로 소스를 디버깅할 수 있다.

〈그림 4.26〉 디버깅 버튼 위치

추적하고자 하는 소스를 선택한 다음 그 위에 마우스를 놓고 기다리면 값에 대한 팝업창이 뜬다. 또는 팝업 메뉴의 상단에 있는 'Add to Watch'를 선택해 오른쪽 상단에 있는 Watch Expression 부분에서 〈그림 4.27〉과 같이 값을 확인할 수 있다.

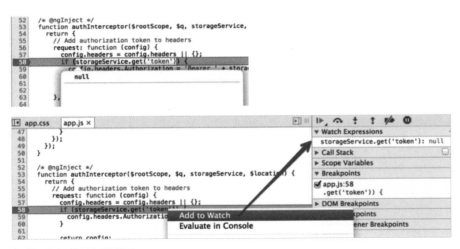

〈그림 4.27〉 내부 값 추적하기

이제 페이스북을 이용해 OAuth 인증에 성공한 후 User 정보를 불러올 때 Token 정보를 확인해 보면 ""eyJ0eXAiOiJKV1QiLCJhbGciOiJIUzI1NiJ9.eyJfaWQiOiI1DM0YzliZG"" 문자에 큰따옴표가 하나 더 들어간 것을 확인할 수 있다. 토큰이 잘못 생성됐으므로 〈그림 4.28〉과 같이 User 정보를 요청할 때 전송한 토큰 정보를 서버로 보냈는데 검증하면서 인증되지 않은 토큰으로 오류 응답을 보낸 경우다.

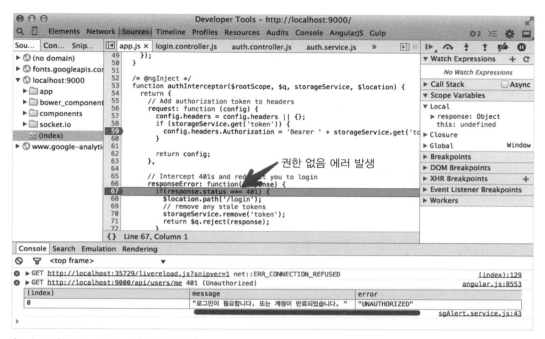

〈그림 4.28〉 토큰 정보에 대한 서버 오류 응답

그렇다면 토큰 정보가 최초에 서버로부터 잘못 전달됐을 가능성이 크고 서버에서 디버깅할 필요가 있다. 서버가 노드를 기반으로 운영될 때는 노드 인스펙터를 이용해 디버깅한다. 노드 인스펙터로 디버깅하는 방법을 알아보자.

노드 인스펙터를 이용한 서버 디버깅

서버 디버깅은 콘솔에 로그를 출력해 값을 살펴보는 전통적인 방법과 노드에서 제공하는 debugger 키워드를 소스에 넣고 'node debug app.js' 명령을 콘솔 창에서 실행한 뒤 c(continue 계속 실행), n(next 다음 코드로 이동), s(step in 내부로 이동), o(step out 외부로 이동) 등의 키워드를 사용해 콘솔 창에서 디버깅하는 방법이 있다. 그다음 방법이 노드 인스펙터를 이용하는 방법으로 해당 도구는 StrongLoop(https://strongloop.com)라는 노드 전문 회사에서 개발 및 유지보수를 하고 있는 디버깅 도구다. 크롬 브라우저에서 클라이언트를 디버깅하는 방법과 유사한 방식으로 크롬 개발자 도구에서 디버깅한다.

노드 인스펙터는 Grunt 명령으로 실행할 수 있도록 generator-sg를 이용해 생성한 애플리케이션의 package.json에 grunt-node-inspector가 이미 다음과 같이 설정돼 있다. 'grunt serve:debug'

를 실행하면 노드가 nodemon을 통해 디버깅 모드로 프로세스를 기동하고 node-inspector 프로세스를 띄운다. 노드를 디버깅 모드로 띄울 때 옵션으로 '--debug-brk'를 추가하면 처음 실행할 때부터 자동으로 디버깅할 수 있고 5858 포트를 디버깅 포트로 사용하고, 노드 인스팩터 프로세스는 8080 포트를 사용한다.

```javascript
'node-inspector': {
  custom: {
    options: {
      'web-host': 'localhost'
    }
  }
},
nodemon: {
  debug: {
    script: 'server/app.js',
    options: {
      nodeArgs: ['--debug-brk'],
      env: {
        PORT: process.env.PORT || 9000
      },
      callback: function (nodemon) {
        nodemon.on('log', function (event) {
          console.log(event.colour);
        });

        // opens browser on initial server start
        nodemon.on('config:update', function () {
          setTimeout(function () {
            require('open')('http://localhost:8080/debug?port=5858');
          }, 500);
        });
      }
    }
  }
},
concurrent: {
  debug: {
    tasks: [
      'nodemon',
```

```
      'node-inspector'
    ],
    options: {
      logConcurrentOutput: true
    }
  }
},
```

노드가 디버깅 모드로 실행됐을 때 노드 인스펙터와 상호 작용하는 방식은 〈그림 4.29〉와 같다. 먼저 'grunt serve:debug'를 실행하면 노드 프로세스가 웹 서비스 포트 이외에 v8 자바스크립트 인터프리터의 디버그 포트인 5858 포트를 연다. 그리고 노드 인스펙터가 8080 포트를 사용해 별도 프로세스로 실행하고, 디버그하기 위한 5858 포트로 요청을 보낼 준비를 한다. 크롬 브라우저가 자동으로 실행되면서 http://localhost:8080/debug?port=5858 주소를 호출하고, 〈그림 4.30〉과 같이 크롬 개발자 도구의 사용자 인터페이스와 같은 UI의 인스펙터가 뜬다. 크롬 개발자 도구와 같은 방식으로 디버깅을 위해 중단점(Breakpoint)을 설정하면 노드 프로세스는 5858 포트로 동일한 위치에 중단점을 요청한다.

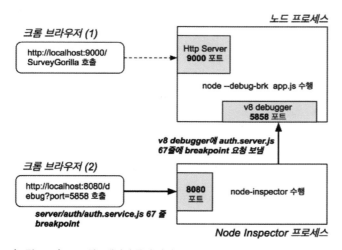

〈그림 4.29〉 노드 인스펙터의 동작 방식

〈그림 4.29〉 아래에 있는 '크롬 브라우저 (2)'의 실제 모습은 〈그림 4.30〉과 같고 노드 인스펙터용 디버깅 브라우저 창이 된다. 이제 서버에서 토큰 값을 어떻게 전송하는지 추적하기 위해 서버 애플리케이션의 /server/auth/auth.service.js 소스를 노드 인스펙터 창에서 열고 67번째 줄에 중단점을 설정

한다. 그리고 '크롬 브라우저 (1)' 애플리케이션 화면에서 OAuth 인증을 요청해 보자. 주의할 점은 노드를 '--debug-brk' 옵션으로 실행하면 노드 최초의 중단점이 실행되므로 〈그림 4.30〉의 오른쪽 위에 있는 계속 실행 버튼을 클릭해 노드가 9000번 포트의 요청을 정상으로 처리할 수 있는 상태를 만들어야 한다.

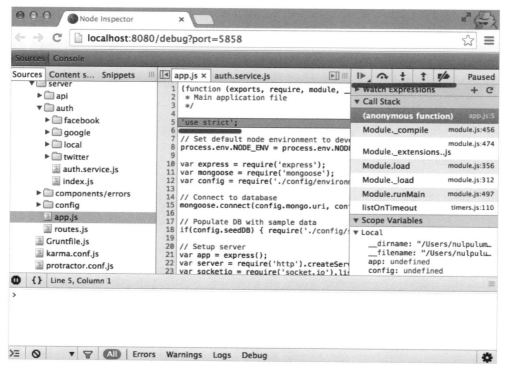

〈그림 4.30〉 노드 인스팩터 실행 화면 – 크롬 브라우저 (2)

auth.server.js에 중단점을 설정하고 페이스북 OAuth 인증이 정상적으로 처리되면 〈그림 4.31〉과 같이 67번 줄에서 실행이 멈춘다. 이때 JSON.stringify(token)과 token을 'Add to Watch'로 보면 JSON.stringify를 거치면서 문자에 큰따옴표가 추가됨을 알 수 있다.

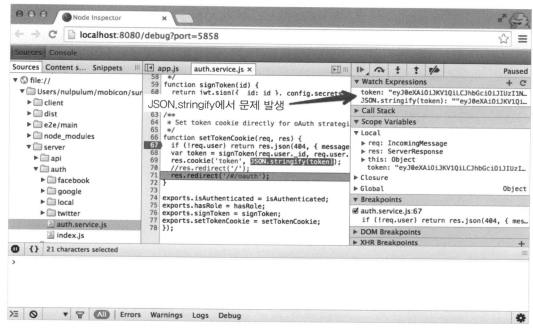

〈그림 4.31〉 노드 인스팩터에서 토큰 값 추적을 이용해 확인

이제 서버 측 소스에서 JSON.stringify를 제거하고 다음과 같이 그대로 쿠키에 담아 전송한다.

```
// /server/auth/auth.server.js 일부
function setTokenCookie(req, res) {
  if (!req.user) return res.json(404, { message: 'Something went wrong, please try again.'});
  var token = signToken(req.user._id, req.user.role);
  // 제거
  //res.cookie('token', JSON.stringify(token));
  //res.redirect('/');
  res.cookie('token', token);
  res.redirect('/#/oauth');
}
```

지금까지 클라이언트 애플리케이션의 디버깅과 노드 서버의 디버깅을 하면서 토큰 값의 전송 오류를 바로잡을 수 있었다. 트위터 OAuth 설정은 https://apps.twitter.com/ 사이트에서 〈그림 4.32〉와 같이 등록하고 성공하면 'keys and Access Tokens' 탭에서 Consumer Key(애플리케이션 키)와 Consumer Secret 값을 복사해 /server/config/local.env.js에 다음과 같이 복

사하고, 운영체제의 localhost 파일에 'localhost 127.0.0.1' 값을 설정한다. 페이스북은 도메인을
http://127.0.0.1:9000으로 설정하면 오류가 발생하므로 localhost로 설정해 테스트했지만, 트위터
는 반대로 localhost를 넣을 수 없으므로 주의한다.

```
DOMAIN: 'http://127.0.0.1:9000',
TWITTER_ID: '<Consumer Key>',
TWITTER_SECRET: '<Consumer Secret>',
```

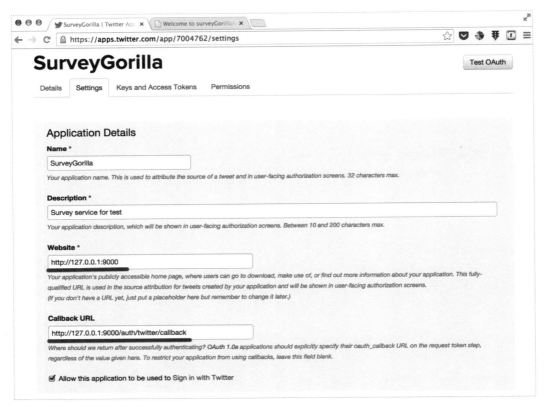

〈그림 4.32〉 트위터 애플리케이션 등록

지금까지의 코드를 아래의 원격 브랜치 소스로 변경해 확인할 수 있다.

```
$ git checkout -t feature/ch43_oauth
```

정리

이번 장에서는 앵귤러 프레임워크 위에 애플리케이션의 공통 모듈을 만들어 적용하는 방법과 UI 프레임워크인 트위터 부트스트랩을 이용해 로그인 화면을 디자인하는 방법을 배웠다. 그리고 OAuth를 이용해 인증 처리를 하면서 클라이언트와 서버를 디버깅하는 방법을 배웠다.

다음 장에서는 서베이 고릴라 애플리케이션 코드를 통해 노드, 익스프레스, 몽고디비에 대한 개발 흐름을 익히고, 백엔드 REST API 서버 구성방법에 대해 알아본다. 또한, 지금까지 배워온 개념적인 부분과 공통 컴포넌트를 기반으로 메인 화면을 구성하고, 화면에 필요한 앵귤러 지시자를 작성해 적용하며, 양방향 데이터 바인딩을 이용해 화면과 로직을 분리하는 방법과 서비스와 모델을 통해 데이터를 관리하는 부분을 자세히 살펴보자.

05

메인 페이지 개발

4장에서는 generator-sg에서 제공하는 템플릿을 기반으로 로그인 페이지를 개발했다. 이번 장에서는 3장에서 설계한 서베이 고릴라의 메인 페이지를 개발한다. 우선 노드를 기반으로 수행되는 익스프레스(ExpressJS) 프레임워크와 몽고디비(MongoDB)의 접속 드라이버인 몽구스(MongooseJS) 프레임워크에 대한 기본적인 개념을 익히고, 서버 API의 개발을 진행한 후 SPA를 개발하겠다. 3장의 설계를 기반으로 했을 때 메인 페이지의 시나리오를 좀 더 세분화해 서버와 클라이언트 영역에서 어떤 기능을 구현해야 하는지 알아보자.

로그인하지 않은 상태에서 할 수 있는 동작

- 오른쪽 위에 있는 로그인과 가입 링크를 통해 로그인 및 가입을 할 수 있다.

- 로그인해야 서비스를 이용할 수 있다.

로그인한 상태에서 할 수 있는 동작

- 로그인하면 오른쪽 위에 사용자 정보가 표시되고 로그아웃할 수 있다.

- 나의 그룹 탭이 보이고 자신의 그룹을 생성할 수 있다.

- 다른 사용자가 생성한 그룹 목록을 조회할 수 있다.

- 다른 사용자가 생성한 그룹 목록에서 그룹 정보 보기를 선택하면 그룹의 정보를 볼 수 있다. 로그인하지 않았다면 그룹 가입을 할 수 없다.

- 자신이 생성한 그룹이면 수정할 수 있고, 다른 사용자가 생성한 그룹이면 가입만 할 수 있다.

- 그룹 명칭으로 검색해 조회할 수 있다.

- 그룹 명칭을 클릭하면 그룹 페이지로 이동한다.

공통으로 왼쪽 위에 있는 서비스 명칭을 클릭하면 항상 메인 페이지로 이동한다. 해당 요구 사항에 맞는 서버 개발을 위해 관련 서버 기술을 이해하고 SPA를 개발하는 것도 중요하다. SPA 개발 시 노드를 기반으로 개발하면 유사한 개념들이 존재한다. 예를 들어 앵귤러의 모듈과 노드의 모듈을 생각해 보면 업무를 컴포넌트(모듈) 단위로 개발해 느슨한 결합을 만들어 주고, 서로 조합해서 애플리케이션을 구성하도록 하는 개념이다. 프런트엔드와 백엔드를 구분하지 말고 하나의 애플리케이션을 만든다는 자세로 접근하면 좋겠다. 또한, 이를 위해 민스택을 선택할 경우 백엔드 애플리케이션도 자바스크립트를 기반으로 개발할 수 있으므로 언어 이해에 대한 전환 비용을 줄일 수 있다. 그러나 백엔드가 반드시 노드 기반이어야 된다는 것은 아니므로 애플리케이션의 요건에 맞는 언어와 프레임워크를 사용하길 권장한다. 민스택의 선택 조건은 빠른 프로토타이핑 개발 및 단일 언어 개발환경과 개발자의 열정과 호기심이라 생각한다.

5-1 백엔드 API 개발

앞서 3장에서 살펴봤듯이 서버 기반은 노드, 익스프레스, 몽고디비로 구성돼 있다. 익스프레스 프레임워크는 HTTP를 통한 요청을 일관되게 응답하는 방법을 제공한다. 예를 들어 자바의 J2EE 스펙 중 서블릿과 같이 HTTP 요청은 HTTPRequest 객체로 추상화해 전달하고 HTTPResponse를 통해 응답하는 것과 유사하다. 만약 익스프레스 프레임워크 없이 노드만을 기반으로 REST API 서버를 개발한다면 모든 것을 직접 개발해야 한다. 익스프레스 프레임워크는 4버전까지 왔고, 상당히 성숙한 상태이므로 노드 기반의 웹 프레임워크로 많이 사용하고 있다. 익스프레스 4버전의 라우팅 설정 방식과 노드 모듈의 동작 방식 그리고 몽고디비 접속 드라이버인 몽구스에 대해 알아보고, 백엔드 개발 진행 절차에 대해 살펴보자.

REST API별 서버 모듈 조합

generator-sg로 애플리케이션을 생성하면 기본 서버 환경 설정과 사용자 REST API 처리를 위해 /server/api/user 폴더에 다음과 같은 파일을 생성한다. 이번 절에서 진행하는 코드는 다음 브랜치로 전환해 볼 수 있다.

```
$ git checkout - t feature/ch51_server_api
```

- 클라이언트 애플리케이션의 REST API 호출 처리를 위한 라우팅 설정을 index.js에 한다. index.js에서 요청 URL 별로 처리할 컨트롤러를 맵핑한다.
- user.controller.js 컨트롤러는 업무 로직을 구현한다. 몽구스를 이용해 몽고디비를 제어한다.
- user.model.js 몽구스 스키마를 정의하고 모델을 생성한다.
- user.model.spec.js 모델 단위 테스트 코드를 작성한다.

여기서 컨트롤러는 REST 요청에 대한 파라미터 처리와 응답에 대한 제어만 처리하고 몽구스를 통한 몽고디비 제어는 업무 영역에 해당하므로 3.4절 단위 업무를 위한 앵귤러 컴포넌트 조합에서 언급했던 클라이언트 단의 SPA의 역할 구분으로 뷰, 컨트롤러, 서비스, 모델로 구분하고 같은 폴더에 두는 방식과 동일한 패턴을 따르도록 한다. 즉, 서버에서도 업무 로직의 실행 순서에 따른 라우팅, 컨트롤러, 서비스, 모델(몽구스) 그리고 테스트 코드를 하나의 폴더에 생성한다. 컨트롤러와 서비스를 분리하는 이유는 요청 파라미터의 전처리와 응답에 대한 후처리 역할로 컨트롤러 모듈을 사용하고 업무 로직 부분은 서비스 모듈에서 처리함에 따라 단일 책임 원칙을 지키면서 유지 보수 및 테스트 편의성을 얻기 위함이다.

예를 들어 generator-sg를 통해 group을 다음과 같이 생성하면 /server/api/v1/group 폴더에 라우팅 설정이 있는 index.js 파일과 컨트롤러, 모델, 테스트를 위한 spec.js 파일 및 SocketIO를 위한 파일이 자동으로 생성된다. 생성된 내역은 /server/routes.js 내부에 "/api/v1/groups" 패스를 자동으로 설정함으로써 클라이언트 요청을 처리한다. routes.js는 익스프레스의 공통 애플리케이션 레벨 라우팅 설정 파일이다. /api/v1/groups 요청 시 패스는 /server/api/v1/group/index.js의 라우팅 설정에 따라 처리한다. 그리고 /server/config/socketio.js에 require('../api/v1/group/group.socket') 또한 자동으로 설정된다.

```
$ yo sg:endpoint group
What will the url of your endpoint to be? /api/v1/groups
  create server/api/v1/group/index.js
  create server/api/v1/group/group.controller.js
  create server/api/v1/group/group.model.js
  create server/api/v1/group/group.socket.js
  create server/api/v1/group/group.spec.js
```

익스프레스 v4.* 버전부터 라우팅 설정 시 애플리케이션 레벨과 라우터 레벨 설정 방식을 지원한다. 애플리케이션 레벨은 전체 애플리케이션에 공통으로 처리할 라우팅을 설정하는 것이고, 공통으로 처리할 라우팅 이외의 상세한 업무 라우팅 설정은 라우터 레벨 설정이라 한다. 앵귤러 애플리케이션에서 공통 업무에 대한 클라이언트 라우팅을 한 곳에 설정하고, 단위 업무에만 적용할 부분을 업무 폴더별로 모듈의 config 메서드에 설정하는 것과 유사하다. 〈그림 5.1〉을 보면 클라이언트 요청 URL 패스가 /api/user면 /server/api/user 폴더의 index.js에 설정한 라우팅이 처리되는 구조다. 애플리케이션 라우팅은 공통적인 404 Not Found 또는 index.html로 이동하기 위한 설정만 존재한다. 이렇게 설정하는 방식의 장점은 단위 업무의 모듈화가 가능하다는 점이다. 이는 큰 규모의 애플리케이션을 개발할 때 백엔드에서도 모듈별로 업무 할당을 통해 팀 단위 개발 편의성을 제공한다.

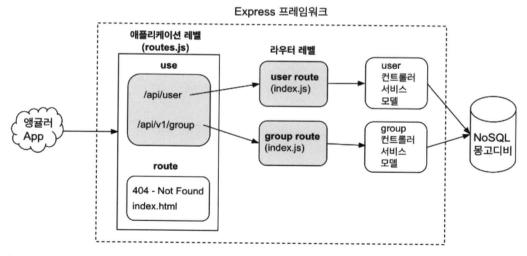

〈그림 5.1〉 익스프레스 버전4 기반의 서베이 고릴라 라우팅 처리 방식

라우팅에 대한 애플리케이션과 라우터 레벨 코드는 다음과 같이 use 메서드를 이용해 '/api/users' 패스 요청이 올 경우 /api/user/index.js에서 user 모듈의 라우팅을 설정을 위해 express.Router() 인스턴스를 생성해 사용하고 있다.

```
// 애플리케이션 레벨 라우팅 : /server/routes.js 일부

// app.js에서 이미 app 변수 exports 했음 : var app = express();
app.use('/api/users', require('./api/user'));

// 설정 안에 없는 것은 404 Not Found 처리
app.route('/:url(api|auth|components|app|bower_components|assets)/*')
  .get(errors[404]);

// 그 외 설정은 모두 index.html로 이동
app.route('/*')
  .get(function(req, res) {
    res.sendfile(app.get('appPath') + '/index.html');
  });


// 라우터 레벨 라우팅 : /server/api/user/index.js 일부

// 라우터 생성
var router = express.Router();
// /api/user 호출
router.get('/', auth.hasRole('admin'), controller.index);
// /api/user/:id 호출
router.delete('/:id', auth.hasRole('admin'), controller.destroy);
module.exports = router;
```

generator-sg로 생성된 업무 모듈은 서비스 역할을 하는 파일은 없고, 라우팅/컨트롤러/모델 역할의 파일만 생성되므로 서비스 역할을 하는 〈name〉.service.js 파일을 생성해 〈name〉.controller.js 와 상호 작용할 수 있도록 generator-sg 템플릿을 변경해야 한다. 우선 변경하기 전에 기존 /server/api/user 폴더의 파일 역할을 보면 index.js에서 클라이언트 요청에 대해 user.controller.js 파일과 매핑하고, 업무처리는 user.service.js 파일에서 하고, 객체 모델은 user.model.js 파일에서 관리하는 방식이다. 각 파일의 역할을 구분 지어 generator-sg 제너레이터의 /endpoint/templates 폴더에 있는 템플릿 소스를 변경해 이미 반영해 놓았다. 노드의 동작도 단일 쓰레드 위에 이벤트 방식으로

동작하는 비동기 처리이므로 앵귤러 패턴처럼 컨트롤러와 서비스 사이의 비동기 처리를 위해 Q 라이브러리를 사용해 컨트롤러와 서비스 사이의 분리에 promise 개념을 도입한다. 먼저 Q 모듈을 다음과 같이 설치한다.

```
$ npm install q --save
q@1.1.2 node_modules/q
```

user.controller.js의 user.model과 passport, jwt 모듈을 로딩하는 코드를 user.service.js로 옮기고 Q 모듈을 사용한 코드를 추가한다. promise 사용은 deferred를 이용해 컨트롤러에 바로 promise를 반환하고 처리 후 상태에 따라 reject, resolve를 통해 비동기 처리 결과값을 컨트롤러에 전달하는 구조다. 그리고 노드의 Error를 통해 사용자 정의 에러 코드와 메시지를 전달하도록 /server/components/errors 폴더에 error.js를 추가한다.

```javascript
// /server/api/user/user.service.js 일부
'use strict';
var Q = require('q'),
    User = require('./user.model'),
    passport = require('passport'),
    config = require('../../config/environment'),
    jwt = require('jsonwebtoken');

exports.index = index;
exports.show = show;
… 중략 …

function index() {
  var deferred = Q.defer();

  User.find({}, '-salt -hashedPassword', function (err, users) {
    if(err) return deferred.reject(err);
    deferred.resolve(users);
  });
  return deferred.promise;
};
… 중략 …

function show(userId) {
```

```
  var deferred = Q.defer();

  User.findById(userId, function (err, user) {
    if (err) return deferred.reject(err);
    // 문자로 코드를 표현해 바로 이해하도록 함
    if (!user) return deferred.reject(
      Error.new({
        code: 'USER_NOT_FOUND',
        message: 'User: ' + userId + ' is not found.'
      })
    );

    deferred.resolve(user);
  });
  return deferred.promise;
};

// /server/components/errors/error.js 추가
'use strict';
var _ = require('lodash');

Error.new = function(e) {
  var err = new Error();
  _.extend(err, e);
  return err;
};
```

user.controller.js는 서비스에서 deferred의 resolve를 통해 값을 반환하면 then 구문으로 처리하고 reject를 반환하면 catch 구문으로 처리한다. 즉, [SERVICE].[FUNCTION].then().catch() 방식으로 수행한다. 다음 코드에서 컨트롤러는 서비스 모듈 user.service의 exports 객체를 통해 외부에 노출한 메서드를 호출해 promise의 then~catch 구문을 처리하고 있다.

```
// /server/api/user/user.controller.js 일부
'use strict';
var UserService = require('./user.service');

exports.index = index;
exports.show = show;
```

```
function index(req, res) {
  UserService
    .index()
    .then(function(users) {
      res.json(200, users);
    })
    .catch(function(err) {
      res.send(500, err);
    });
};
… 중략 …

function show(req, res, next) {
  UserService
    .create(req.params.id)
    .then(function(user) {
      res.json(user);
    })
    .catch(function(err) {
      if(err && err.code && err.code === 'USER_NOT_FOUND') {
        return res.send(401);
      }
      if (err) return next(err);
    });
};
```

user.controller.js와 user.service.js를 보면 exports.index = function() { … } 코드를 exports.index = index; function index() { … } 코드로 분리했다. 앵귤러에서 $scope.index = function() { … } 코드를 $scope.index = index; function index() { … } 방식으로 코드 스타일을 수정한 것과 같은 이치다. 모듈에 exports하는 함수가 많아지면 어떤 것을 외부에 노출하고 어떤 것을 내부에서만 사용하는지에 대한 코드 가독성이 떨어지므로 노출하는 함수에 대해서는 앵귤러코드 스타일 가이드처럼 상단에 exports하는 함수를 선언한다. 그렇다면 노드에서 function index() {} 방식으로 코딩하면 글로벌 함수로 노출되는지 아닌지 알아보자. 물론 답은 로컬 함수다.

노드 모듈의 exports 이해

노드의 모든 모듈은 익명함수로 랩핑된다. 자바스크립트의 IIFE는 익명함수로 랩핑하고 즉시 호출하는 구조이지만 다음과 같이 노드의 모듈은 단지 익명함수로 랩핑만 하고 호출은 하지 않는다. 호출하지 않음에 주의한다.

```
// 노드 코드를 require 하면 자동으로 익명함수로 랩핑 해 모듈 단위가 된다.
// require를 할 때 익명함수에서 전달하는 5가지 파라미터다.
(function( exports, require, module, __filename, __dirname ) {
    사용자 정의 코드
});


// IIFE  방식
(function() {
    … 코드 …
)();
```

노드에서 require를 호출하면 사용자가 작성한 모듈 코드는 자동으로 (function() { … 코드 … }) 익명함수에 놓이게 되어 글로벌 영역의 오염을 막는다. 그리고 노드는 5가지의 파라미터를 항시 넘겨주므로 모듈 내부에서 module.exports를 통하거나 module.exports 주소를 참조하고 있는 exports 변수를 통해 예를 들면 exports.index = index;와 같이 index 함수를 외부에 노출할 수 있다. module.exports는 객체이고 exports는 변수이며, require를 통해 반환되는 것은 최종적으로 module.exports다. 이에 대해 좀 더 이해하고 넘어가 보자.

〈그림 5.2〉의 컨트롤러(controller) 모듈에서 서비스(service) 모듈을 require 할 경우 'var UserService = require('/user.service');'의 내부 처리 과정을 살펴보자. require는 가운데 박스의 Module.require 메서드 호출이다. Module.require 메서드의 첫 번째 줄 코드인 new Module(id)을 생성할 때 모듈을 위한 this.exports = {}; 객체 리터럴이 생성되며, 이것은 module.exports 객체다. 두 번째 줄에서 module.compile()의 호출은 맨 아래에 있는 'Module. prototype.compile' 메서드를 호출하는 것으로 내부에서 user.service.js는 익명함수로 랩핑하는 fn 구문인 '(function (exports, require, module, __filename, __dirname) { 〈사용자코드〉 });'를 통해 서비스 모듈에 5개의 파라미터를 넘겨준다. 즉, 모든 모듈은 require 시점에 exports, module, require, __filename, __dirname 를 함수 또는 변수 타입으로 사용할 수 있다.

첫 번째 파라미터인 module.exports 객체의 주소를 참조하는 exports 변수를 파라미터로 전달해 service 모듈인 user.service.js에서 exports.index = index; 를 외부로 노출하고 있다. 세 번째 줄에서는 var module = new Module(id);에서 생성된 module 객체의 module.exports가 컨트롤러 모듈에 최종 반환된다. 즉, 컨트롤러 모듈에서는 module.exports를 UserService 변수로 받아 사용하는 구조다. 정리하면 5개의 파라미터 중 첫 번째 파라미터는 module.exports를 참조하는 exports 변수이고, 세 번째 파라미터가 module 자신이므로 module.exports.index = index;라고 사용할 수도 있는 것이다.

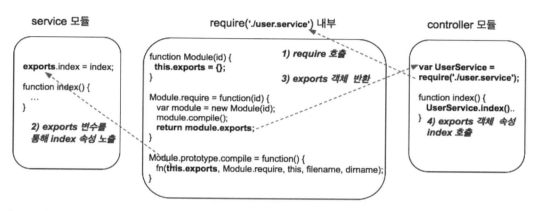

〈그림 5.2〉 노드의 require 호출 흐름

노드 모듈을 개발하면서 exports 할 때 주의할 사항은 외부로 반환하는 것은 module.exports이므로 모듈 내부에서 module.exports = {};와 같이 별도로 객체를 생성하거나 module.exports = 'hi';와 같이 원시 타입을 할당하면 exports는 module.exports 객체의 주소 참조 관계가 깨져 버리므로 exports.index = index;와 같은 것이 외부에 노출되지 못한다. 또는 exports.hi = {foo: "hello"}와 같은 객체를 할당하면 module.exports 객체의 주소 참조가 아니라 {foo: "hello"} 객체 주소 참조가 되므로 노출하려는 exports.hi는 노출되지 않는다. 외부 모듈에서 사용하는 코드는 module.exports만 사용하므로 exports에 접근할 수 없기 때문이다. 따라서 모듈 내부에서 module.exports.index = index; 또는 exports.index = index;와 같이 module.exports 또는 exports 둘 중 하나만 사용하도록 한다.

일반적으로 노드 모듈에서 외부에 노출하고자 하는 것을 exports 객체에 지정한다. 모듈 개념을 이해한 상태에서 promise 패턴을 사용해 기존 user.controller.js를 컨트롤러, 서비스 모듈로 나누어 보자. 그다음 generator-sg의 서버 템플릿을 컨트롤러가 서비스를 호출하는 방식으로 수정해 npm 저장소에 배포한다. 다음으로 generator-sg를 업데이트하고 'yo sg:endpoint group' 명령을 실행해 /server/api/v1/group 폴더에 그룹 파일을 재생성한다. 다음으로 몽고디비에 접속하기 위한 프레임워크인 몽구스를 이해하고 Group에 대한 모델을 만들어 보자.

몽고디비와 몽구스 이해

몽구스(Mongoose, http://mongoosejs.com/)는 노드에서 사용하는 몽고디비를 위한 오브젝트 모델링 프레임워크다. 예를 들어 자바의 하이버네이트 ORM 프레임워크를 생각해 보면 된다. 몽구스는 기본으로 제공하는 기능 외에 다양한 플러그인을 통해 확장성을 제공한다. generator-sg를 통해 서베이 고릴라 애플리케이션 생성할 때 몽구스는 이미 설치됐고, 몽구스를 사용하려면 전통적인 관계형 데이터베이스(RDB)와 NoSQL인 몽고디비 사이의 차이를 알아야 한다. 〈그림 5.3〉과 같이 테이블은 컬렉션(Collection), 레코드는 도큐먼트(Document), 칼럼은 필드(Field)와 맵핑된다.

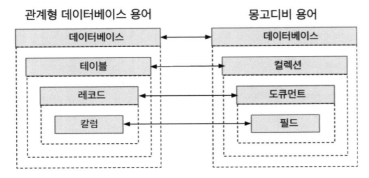

〈그림 5.3〉 전통적인 RDB와 몽고디비의 용어 차이

몽구스의 사용 절차는 최초에 몽고디비와 연결을 맺고 스키마(Schema)를 정의한다. 〈그림 5.4〉에서 몽구스 스키마는 몽고디비의 컬렉션과 맵핑되고 몽구스 모델은 도큐먼트 인스턴스와 맵핑된다. 따라서 몽구스 모델을 통해 몽고디비의 도큐먼트(row)를 제어하는 구조다.

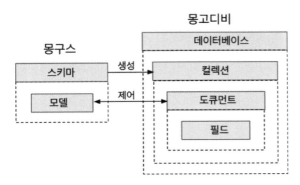

〈그림 5.4〉 몽구스와 몽고디비의 관계

예를 들어 다음 코드를 보면 먼저 몽고디비를 연결하고(1), blogSchema 컬렉션 스키마를 정의한 후 (2), 스키마를 기반으로 모델을 만들어 인스턴스를 생성하게 되면 몽고디비의 도큐먼트 인스턴스가 생성되고, 인스턴스를 통해 몽고디비의 도큐먼트를 제어(4)할 수 있게 된다.

```javascript
// 1) 몽고디비 연결
mongoose.connect('mongodb://localhost/myapp');

// 2) 스키마 정의 예) blogSchema
var mongoose = require('mongoose');
var Schema = mongoose.Schema;

var blogSchema = new Schema({
  title:   String,
  author: String,
  body:    String,
  comments: [{ body: String, date: Date }],
  date: { type: Date, default: Date.now }
});

// 3) 도큐먼트 모델 설정과 도큐먼트 인스턴스 생성
var Blog = mongoose.model('Blog', blogSchema);
var blog = new Blog(...);

// 4) 모델을 통한 도큐먼트 제어 (CRUD, Create Read, Update, Delete)
blog.save(function(){...});
  또는
Blog.create(function(){...});

Blog.find(function(){...});
Blog.remove(function(){...});
```

다음으로 개발, 통합 테스트, 운영에 대한 데이터베이스를 분리하기 위해 generator-sg로 생성한 애플리케이션의 서버 메인 파일인 /server/app.js 코드에 다음과 같이 설정한다. 노드가 실행되는 환경 변수값에 따라 conifg/environment 폴더에 있는 개발, 테스트, 운영 환경 설정 모듈의 로딩 때문에 development, production, test 별 몽고디비 데이터베이스가 생성된다.

```
// /server/app.js 일부
var mongoose = require('mongoose');
var config = require('./config/environment');
mongoose.connect(config.mongo.uri, config.mongo.options);


// /server/config/environment/index.js 일부 : 환경 변수에 따라 모듈 로딩
module.exports = _.merge(
  all,
  require('./' + process.env.NODE_ENV + '.js') || {});


// 몽고디비의 mongo 콘솔로 서베이 고릴라의 데이터베이스 확인
$ mongo
> show dbs
admin                (empty)
local                0.078GB
surveygorilla        0.078GB
surveygorilla-dev    0.078GB
surveygorilla-test   0.078GB
```

몽구스에 대한 개념을 바탕으로 server/api/v1/group/ 폴더에 group.model.js를 만들어보자.

서버 모델 개발

'로그인한 사용자는 그룹의 멤버가 될 수 있다.' 해당 문장에서 로그인한 사용자는 현재 /api/user/user.model.js를 통해서 로그인 사용자 정보만 저장하고 어느 그룹의 멤버인지와 그룹 생성자와 멤버를 구분하는 권한 부분이 없다. 이를 해결하기 위해 〈그림 5.5〉와 같이 사용자, 그룹 그리고 멤버 사이의 관계를 정의한다. 멤버는 사용자 정보를 참조하고 그룹은 멤버를 참조하고 그룹 생성자의 상세 정보를 알기 위해 사용자 정보도 참조한다.

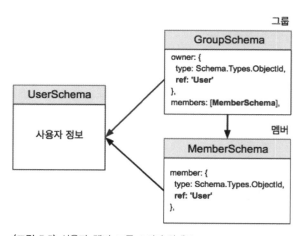

〈그림 5.5〉 사용자, 멤버, 그룹 스키마 관계도

멤버는 결국 사용자를 참조하고 그룹 내에서만 사용하므로 'yo sg:endpoint member' 명령을 수행하지 않고 group.model.js에 다음과 같이 정의한다. 멤버는 User를 참조하고 권한에 대한 역할로 3가지 중 하나를 가질 수 있다.

```javascript
// /server/api/v1/group/group.model.js 일부
'use strict';

var mongoose = require('mongoose'),
    Schema = mongoose.Schema;

var MemberSchema = new Schema({
  member: {
    type: Schema.Types.ObjectId,
    ref: 'User'
  },
  role: {
    type: String,
    enum: ['OWNER', 'MEMBER', 'GUEST']
  }
});

… 중략 …
```

위 코드를 그대로 수행하면 사용자 정보 중 노출하면 안 되는 정보도 전부 포함되므로 멤버에 필요한 정보만 전달할 수 있는 옵션을 제공한다. new Schema({스키마}, {옵션})으로 두 번째 옵션 파라미터에 다음과 같이 toJSON {transform : function(doc, ret){}}을 정의한다. transform의 첫 번째 파라미터인 doc는 변환해야 하는 몽고디비의 도큐먼트이고 두 번째 파라미터인 ret는 이미 변환된 자바스크립트 오브젝트(plain object)이므로 이미 변환이 완료된 ret을 통해 설정한 후 ret을 반환한다. 특히 toJSON은 모델 인스턴스, 즉 도큐먼트 인스턴스를 컨트롤러에서 response.json(〈모델 인스턴스〉);으로 사용하면 toJSON이 자동으로 호출된다. 즉, 몽구스의 모델 인스턴스를 클라이언트 응답 객체로 사용할 수 있다.

```
// 옵션 정의
var schema = new Schema( { 스키마 정의 }, {
  toJSON: {
    transform: function(doc, ret) {
       // 변환 처리
    }
  }
});


또는


schema.options.toJSON.transform = function(doc, ret) { … }
```

위와 같은 방법으로 MemberSchema의 member 서브 도큐멘트를 삭제하고 아이디, 이메일, 이름만을 반환하도록 변경한다. 즉, 필요 없는 부분은 delete ret.XX로 제거하고 필요한 값은 ret.XXX 속성으로 할당해 반환한다. toJSON을 toObject로 바꿀 수 있지만 toObject는 자바스크립트 오브젝트를 반환하는 것이고 toJSON은 JSON.stringify()를 적용한 후 반환한다. 클라이언트로 보내는 모든 결과값은 JSON 형태로 보내므로 옵션의 toJSON 설정을 사용한다.

```
// /server/api/v1/group/group.model.js
var MemberSchema = new Schema({
  member: {
    type: Schema.Types.ObjectId,
    ref: 'User'
  },
  role: {
    type: String,
    enum: ['OWNER', 'MEMBER', 'GUEST']
  }
}, {
  toJSON: {
    transform: function(doc, ret) {
      var member = ret.member;
      delete ret._id;
      delete ret.member;
      ret.id = member.id;
      ret.email = member.email;
      ret.name = member.name;
```

```
      return ret;
    }
  }
});
```

다음으로 Group에 대한 스키마를 다음과 같이 정의한다. 스키마 정보로는 명칭(name)과 설명
(description)이 있고 그룹 사진(photo)과 사진을 저장한 위치 필드를 가진다. 그룹의 소유자는
User 스키마를 참조하고, 멤버 배열을 가지며 Member 스키마를 참조한다. toJSON을 호출해 JSON
포맷으로 보낼 때 common.getGroupPhoto와 sortByRole 공통 메서드를 정의해 사용하고 있다.
toJSON 내부의 doc 파라미터는 도큐먼트 인스턴스이므로 몽구스의 도큐먼트 API 중 populated
를 호출하면 OWNER일 때 값이 존재하므로 로그인한 사용자가 해당 그룹의 OWNER인지 확인한다.
toJSON은 몽고디비 조회 결과에 대한 후처리로 사용하고 있다.

```
// /server/api/v1/group/group.model.js 일부
var GroupSchema = new Schema({
  name: String,
  description: String,
  has_photo: {
    type: Boolean,
    default: false
  },
  photo: String,
  created_at: {
    type: Date,
    default: Date.now,
    index: true
  },
  deleted_at: {
    type: Date,
    index: true
  },
  owner: {
    type: Schema.Types.ObjectId,
    ref: 'User'
  },
  members: [MemberSchema],
}, {
```

```javascript
  toJSON: {
    virtuals: true,
    getters: true,
    transform: function(doc, ret) {
      delete ret.__v;
      delete ret._id;
      delete ret.photo;
      ret.photo = common.getGroupPhoto(ret.id, ret.has_photo);

      if (doc.populated('owner')) {
        ret.owner.role = 'OWNER';
      } else {
        delete ret.owner;
      }

      if (doc.populated('members.member')) {
        ret.members = _.sortBy(ret.members, common.sortByRole);
        ret.member_count = ret.members.length;
      } else {
        delete ret.members;
      }

      return ret;
    }
  }
});


module.exports = mongoose.model('Group', GroupSchema);


// /server/components/utilities/common.js 일부
'use strict';
var DEFAULT_GROUP_ICON = '/images/icon_group.png';


exports.getGroupPhoto = getGroupPhoto;
exports.sortByRole = sortByRole;


function getGroupPhoto(id, has_photo) {
  return has_photo ? '/api/v1/groups/' + id + '/photo' : DEFAULT_GROUP_ICON;
};
```

```
function sortByRole(o) {
  switch (o.role) {
    case 'OWNER':
      return 1;
    case 'MEMBER':
      return 2;
    case 'GUEST':
      return 3;
    default:
      return 4;
  }
};
```

위의 sortByRole은 권한별로 멤버를 정렬해서 표현하는 데 사용한다. 모델을 만들었으니 이제부터 호출할 그룹의 REST API에 대한 라우팅 설정을 /server/api/v1/group/index.js에 하고, group. service.js에서 group.model.js를 사용한 후 group.controller.js가 결과값을 클라이언트에 전송하는 코드를 작성해보자. 그리고 테스트 코드를 작성하면서 요건사항을 점검하고 리팩터링을 수행한다.

그룹 REST API 개발

REST API 개발을 위해 먼저 generator를 통해 'yo sg:endpoint group' 명령으로 /server/api/v1/group 폴더에 모듈을 생성했고, 'group.model.js' 몽구스 스키마와 모델을 정의했다. 다음으로 index.jsp에 REST API 호출 URL 패스에 맞는 라우팅을 설정한다. 마지막으로 group.service.js에서 group.model.js과 Q 모듈을 사용해 비동기 업무 코드를 작성한다. group.controller.js에서 REST API 호출 파라미터를 전처리하고 결과나 에러에 대해 항상 JSON 포맷으로 값을 반환하도록 작성한다. 이미 /server/api/v1/group 폴더에 파일을 생성한 상태이므로 index.js에 라우팅 설정을 한다. 라우팅 설정을 위해 REST API의 일반적인 규칙에 따라 다음과 같이 그룹의 생성/변경/조회/삭제와 그룹 사진의 업로드/조회 URL과 권한에 대해 정의한다.

액션	URL	권한
그룹 생성	POST /api/v1/groups	모든 사용자
그룹 변경	PUT /api/v1/groups/:id	그룹 소유자(Owner)
그룹 조회	GET /api/v1/groups	모든 사용자
그룹 정보 조회	GET /api/v1/groups/:id	모든 사용자

액션	URL	권한
그룹 삭제	DELETE /api/v1/groups/:id	그룹 소유자(Owner)
그룹 사진 업로드	PUT /api/v1/groups/:id/photo	그룹 소유자(Owner)
그룹 사진 조회	GET /api/v1/groups/:id/photo	모든 사용자

기본적으로 routes.js에 /api/v1/groups 호출 경로가 있으면 /api/v1/group/index.js의 라우팅 설정을 따르도록 애플리케이션 레벨 라우팅 설정이 돼 있고, group에 대한 라우터 레벨 라우팅 설정으로 HTTP VERB(get/post/put/delete 등)와 :id의 필요 여부에 따라 설정한다. 다음과 같이 REST API에서 호출 인증 및 권한 체크가 필요한 부분은 group.controller 모듈의 속성 호출 전에 별도로 인증 및 권한 여부를 체크하도록 미들웨어 설정을 해야 한다.

```
// /server/api/v1/group/index.js
router.get('/', controller.index);
router.get('/:id', controller.show);
// 그룹 생성 전 인증체크
router.post('/', auth.isAuthenticated(), controller.create);
router.put('/:id', controller.update);
router.patch('/:id', controller.update);
router.delete('/:id', controller.destroy);
```

인증 체크는 /server/auth/auth.service.js 모듈의 isAuthenticated()에서 'Bearer 〈Token〉' 값의 검증으로 수행한다. req.user에 사용자 정보를 설정한 후 다음으로 수행할 미들웨어를 호출한다. 그룹 생성은 누구나 할 수 있으므로 isAuthenticated()를 이용해 위의 예와 같이 router.post에서 인증을 체크한다.

```
// /server/auth/auth.service.js 일부
exports.isAuthenticated = isAuthenticated;

function isAuthenticated() {
  return compose()
    // Validate jwt
    .use(function(req, res, next) {
        // allow access_token to be passed through query parameter as well
        if(req.query && req.query.hasOwnProperty('access_token')) {
          req.headers.authorization = 'Bearer ' + req.query.access_token;
        }
```

```
        validateJwt(req, res, next);
    })
    // Attach user to request
    .use(function(req, res, next) {
      User.findById(req.user._id, function (err, user) {
        if (err) return next(err);
        if (!user) return res.send(401);

        // 사용자 정보 설정
        req.user = user;
        // 다음 미들웨어(use) 수행
        next();
      });
    });
}
```

그룹을 생성할 때 그룹 스키마에 그룹의 소유자가 있으므로, group.controller.js와 group.service.js의 auth.isAuthenticated()에서 인증을 체크하고 넘겨진 req.user.id를 소유자로 지정한다. 성공적으로 생성되면 res.json(201, group);으로 group 도큐먼트 인스턴스 즉, 모델 인스턴스를 반환하면 익스프레스 내부적으로 JSON.stringify(group);을 수행해 group.model.js에서 정의한 toJSON의 transform 메서드 호출 결과값을 받아 클라이언트에 JSON 포맷 형태로 응답한다.

```
// /server/api/v1/group/group.controller.js 일부
function create(req, res) {
  GroupService
    .create(req.body, req.user)
    .then(function(group) {
      // json 포맷으로 클라이언트에 응답
      res.json(201, group);
    })
    .catch(function(err) {
      res.send(500, err);
    });
};


// /server/api/v1/group/group.service.js 일부
function create(params, user) {
  var deferred = Q.defer();
```

```
// 그룹 소유자로 지정
params.owner = user.id;
params.members = [{
  member: user.id,
  role: 'OWNER'
}];

Group.create(params, function (err, group) {
  if(err) return deferred.reject(err);

  group.populate('owner', function(err, group) {
    if (err) return deferred.reject(err);
    deferred.resolve(group);
  });
});
return deferred.promise;
};
```

generator−sg로 생성한 group.controller.js에서 REST API 최종 반환 값은 JSON 포맷 형태이므로 정상은 {data: ⟨응답 내역⟩}이고, 에러는 {error : ⟨에러 내역⟩ } 형태로 클라이언트에 응답한다. 현재 컨트롤러에서 정상 응답은 res.json(⟨값⟩)이고 에러는 res.send(⟨httpStatusCode⟩)를 사용하므로 정상 응답과 에러 발생에 정의한 JSON 포맷에 맞게 응답할 수 있도록 /server/routes.js에 다음과 같이 finish 메서드를 response 객체에 추가하는 공통 부분을 애플리케이션 라우팅을 처리할 때 추가한다. 그리고 에러가 발생하면 JSON 형식으로 반환할 수 있는 공통 errorHandler 미들웨어인 /server/components/errors에 errorHandler.js 파일을 추가한다.

```
// /server/routes.js 전체 코드
'use strict';
var errors = require('./components/errors'),
    errorHandler = require('./components/errors/errorHandler');

var api = function(route) { return '/api' + route; };
var apiv = function(route) { return '/api/v1' + route; };

module.exports = function(app) {
  // response 객체에 setToken과 finish 메서드 추가
  app.route(api('/*'))
```

```
    .all(function(req, res, next) {
        res.setToken = function(token) {
          res.setHeader('Auth-Token', token);
          res.token = token;
        };


        res.finish = function(data) {
          // 응답 헤더 정보 설정
          if(1 == arguments.length) {
            if ('number' == typeof data) {
              res.status(data);
            }
          }


          if (2 == arguments.length) {
            if ('number' == typeof arguments[1]) {
              res.status(arguments[1]);
            } else {
              res.status(data);
              data = arguments[1];
            }
          }


          // 응답 데이터
          data = data || {};
          var result = { 'data': data };
          if (res.token) result.token = res.token;
          res.json(result);
        };
        next();
    });


// 자동 삽입 영역
app.use(apiv('/groups'), require('./api/v1/group'));
app.use(apiv('/users'), require('./api/v1/user'));
app.use(api('/things'), require('./api/thing'));
app.use(api('/auth'), require('./auth'));


// 사용 안 함 : All undefined asset or api routes should return a 404
```

```
//app.route('/:url(api|auth|components|app|bower_components|assets)/*')
//  .get(errors[404]);

// 잘 못된 API 요청 응답 - All undefined api routes should return a 404
app.route(api('/*'))
  .all(function(req, res, next) {
    next(Error.new({
      code: 'API_NOT_FOUND',
      message: 'API for url:' + req.url + ' is not found.'
    }));
  });

// errorHandler 미들웨어 등록
app.use(errorHandler());

// All other routes should redirect to the index.html
app.route('/*')
  .get(function(req, res) {
    res.sendfile(app.get('appPath') + '/index.html');
  });
};
```

errorHandler 미들웨어의 에러 핸들링 방식은 group.service.js에서 업무 에러가 발생할 때 'GROUP_NOT_FOUND'의 에러 코드를 다음과 같이 발생시킨다. 이를 위해 HTTP Status Code 를 설정하고 클라이언트에 전달할 JSON 포맷의 에러 메시지를 만든다.

```
// /server/api/v1/group/group/group.service.js 일부
function show(id) {
  var deferred = Q.defer();

  Group.findById(id, function (err, group) {
    if(err) return deferred.reject(err);
    if (!group) return deferred.reject(
      Error.new({
        code: 'GROUP_NOT_FOUND',
        message: 'Group: ' + id + ' is not found.'
      })
    );
```

```
    deferred.resolve(group);
  });
  return deferred.promise;
};


// /server/components/error/errorHandler.js 일부
'use strict';
var status = function(err) {
  switch (err.code) {
    case 'AUTHENTICATION_REQUIRED':
    case 'AUTHENTICATION_INVALID':
    case 'TOKEN_INVALID':
    case 'TOKEN_EXPIRED':
    case 'UNAUTHORIZED':
      return 401;
    case 'NOT_SELF':
    case 'NOT_GROUP_OWNER':
    case 'NOT_GROUP_MANAGER':
    case 'NOT_GROUP_MEMBER':
    case 'FORBIDDEN':
      return 403;
    case 'USER_NOT_FOUND':
    case 'GROUP_NOT_FOUND':
    case 'PHOTO_NOT_FOUND':
    case 'API_NOT_FOUND':
      return 404;
    case 'USER_DUPLICATED':
    case 'USER_MISMATCH':
    case 'PASSWORD_MISMATCH':
    case 'TOKEN_MISMATCH':
    case 'NOT_FOR_GROUP_OWNER':
      return 409;
    case 'REQUIRED_FIELD':
    case 'INVALID_FIELD':
    case 'INVALID_PARAM':
      return 422;
    default:
      console.error(err.stack);
      return 500;
```

```
  }
};

exports = module.exports = function errorHandler() {
  /* jshint unused: false */
  return function errorHandler(err, req, res, next) {
    // HTTP Header 설정
    res.status(status(err));

    // JSON 포맷 에러 메시지
    var error = { message: err.message };
    for (var prop in err) error[prop] = err[prop];
    var json = JSON.stringify({ error: error });
    res.setHeader('Content-Type', 'application/json');
    res.end(json);
  };
};
```

group.controller.js에서 정상 처리일 때 다음과 같이 호출한다. finish 메서드는 res.json(200, data)나 res.json(data, 200), res.json(data)의 json 메서드를 finish로만 바꾼 사용자 정의 메서드다. 그리고 routes.js에서 처리되는 최종 미들웨어로 app.use(errorHandler());를 등록했기 때문에 group.service.js에서 에러를 발생시키면 group.controller.js의 promise catch 구문에서 next();를 호출해 routes.js에서 마지막에 등록한 errorHandler 모듈을 수행하게 한다. 따라서 catch 구문에 에러 처리 코드를 넣을 필요가 없으므로 주석 처리한다.

```
// group.controller.js 일부
function show(req, res, next) {
  GroupService
    .show(req.params.id)
    .then(function(group) {
      res.finish(group);
    })
    .catch(function(err) {
      // if(err.code === 'GROUP_NOT_FOUND') {
      //   return res.send(404);
      // }
      // res.send(500, err);
```

```
    // 에러 처리는 errorHandler 모듈로 넘긴다.
    next(err);
  });
};
```

그룹에 대한 모델, 서비스, 컨트롤러를 작성하고 공통 모듈로 errorHandler 모듈까지 추가하면서 코
드 리팩터링을 진행했다. 코드 검증을 위해 프런트엔드 애플리케이션에 의존하지 않고 별도로 테스트
하는 방법을 알아보자. 프런트엔드 애플리케이션을 통해 검증하기 어려울 때 사용하는 도구인 포스트
맨(Postman)은 마치 클라이언트 애플리케이션이 호출하는 것처럼 HTTP 헤더와 내용을 사용자가
직접 정의해 요청을 보냄으로써 서버의 REST API를 검증할 수 있다.

포스트맨을 이용한 REST API 검증

그룹에 대한 요청과 응답 REST API 검증을 쉽게 할 수 있는 포스트맨(http://www.getpostman.
com/)은 〈그림 5.6〉과 같이 크롬 웹 스토어에서 'postman'으로 검색해 'Postman – REST
Client(Packaged app)'와 'Postman Interceptor' 두 가지 모두 설치한다. 첫 번째는 독립적으로
실행되는 애플리케이션이고, 두 번째는 크롬 플러그인으로 브라우저에서 요청하는 웹 페이지의 HTTP
정보를 캡처해서 로그인 응답 토큰 정보 등을 자동으로 포스트맨 독립 실행 애플리케이션에 로그를 남
겨줘서 정보를 사용할 수 있는 편의성을 제공한다. 포스트맨 인터셉터(Postman Interceptor) 크롬
전용 앱을 설치하면 〈그림 5.6〉 오른쪽과 같이 크롬 브라우저의 오른쪽에 플러그인 아이콘이 생긴다.

〈그림 5.6〉 포스트맨 REST API 테스트 도구

포스트맨 애플리케이션을 실행한 상태에서 〈그림 5.7〉과 같이 포스트맨 인터셉터를 ON으로 변경하고 필터 URL을 넣어준다. 다음으로 브라우저에서 http://localhost:9000/#/login을 호출하고 이메일 (test@test.com)과 패스워드(test)를 입력하고 로그인한다.

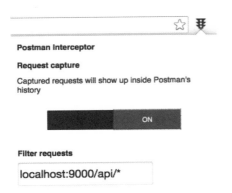

〈그림 5.7〉 포스트맨 인스펙터 필터 설정 및 기능 켜기

test@test.com 로그인 계정은 개발 환경으로 노드 서버를 실행할 경우 /server/config/seed. js 값을 읽어 몽고디비에 생성된 계정이다. 처음 생성된 이후에는 /server/config/environment/ development.js 설정에서 seedDB 속성을 true에서 false로 변경하거나 주석처리 한다. 이유는 노 드를 매번 수행할 때마다 사용자를 삭제하고 다시 생성하는 관계로 테스트용으로 캡처한 토큰 값이 유 효하지 않게 되기 때문이다. 로그인에 성공하면 〈그림 5.8〉과 같이 http://localhost:9000/api/ 하위 로 호출되는 모든 요청이 History 탭에 기록되고 요청 파라미터와 HTTP Header 정보를 확인할 수 있다. 따라서 캡처된 요청 파라미터나 헤더를 편집해 새로운 요청을 만들 수 있다. 아래에 있는 파란색 'Send' 버튼을 클릭하면 결과값이 맨 아래에 JSON 형태로 표현된다.

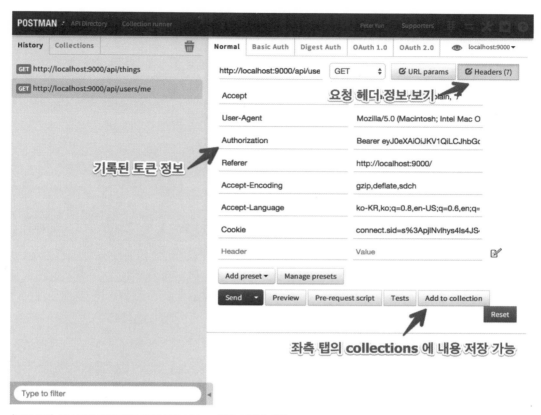

〈그림 5.8〉 포스트맨 애플리케이션의 좌측 History 탭에 기록된 내용

기록된 헤더 정보 중 'Authorization' 키의 토큰 값을 사용하기 위해 오른쪽 아래에 있는 'Add to collection' 버튼을 클릭해 Collection 탭에 〈그림 5.9〉와 같이 분류해 저장하고 create group을 다음 순서로 만든다.

1. History 탭의 'http://localhost:9000/api/users/me'를 선택하고 오른쪽 아래에 있는 'Add to collection'을 클릭해 group 폴더를 생성한 뒤 그 아래에 create group이라는 명칭으로 등록한다.

2. 헤더 정보 중 Authorization 부분만 사용한다.

3. 중간에 있는 raw 버튼을 클릭하고 JSON 형식으로 입력 값을 설정한다.

4. 'Save' 버튼을 클릭해 현재 설정을 저장하고 'Send' 버튼을 클릭하면 노드 서버로 요청이 전송된다.

5. 요청 오류가 발생하면 'grunt serve:debug'로 실행해 노드 인스펙터를 통해 노드의 group 라우팅, 컨트롤러, 서비스, 모델을 디버깅한다.

6. 정상 처리되면 맨 아래에 결과값이 JSON 형식으로 출력된다.

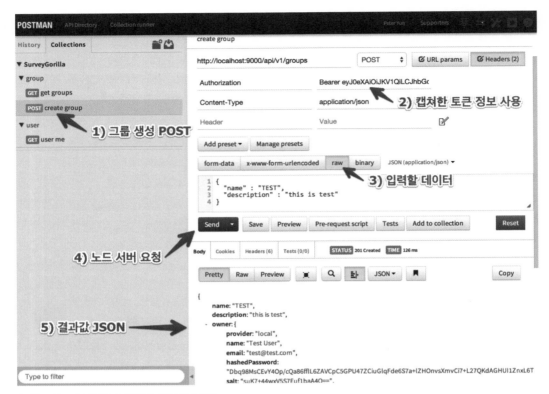

〈그림 5.9〉 그룹 생성 API 만들고 요청 결과 확인

결과값인 JSON을 보면 owner 값에 보안상 감춰야 할 hashedPassword, salt 값이 노출된 모습을 볼 수 있다. user.model.js도 toJSON의 trnasform을 다음과 같이 정의하고 /server/api/user 폴더를 /server/api/v1/user 폴더로 그룹과 일치시켜준다.

```
// /server/api/v1/user/user.model.js 일부
var UserSchema = new Schema({
  name: String,
  email: { type: String, lowercase: true },
  role: {
    type: String,
    default: 'user'
  },
  hashedPassword: String,
  provider: String,
  salt: String,
```

```
    facebook: {},
    twitter: {},
    google: {},
    github: {}
}, {
    toJSON: {
        transform: function(doc, ret) {
            delete ret.__v;
            delete ret._id;
            delete ret.hashedPassword;
            delete ret.salt;

            return ret;
        }
    }
});
```

// 포스트맨으로 그룹 생성 시 결과값

```
{
    name: "TEST3",
    description: "this is test3",
  - owner: {
        provider: "local",
        name: "Test User",
        email: "test@test.com",
        role: "OWNER"
    },
    created_at: "2014-10-21T01:31:35.045Z",
    has_photo: false,
    id: "5445b7778f9a8c724b51a123",
    photo: /images/icon_group.png
}
```

그룹 생성 값이 몽고디비에 잘 입력됐는지는 로보몽고(Robomongo) 도구를 이용해 〈그림 5.10〉과 같이 db.groups.find(); 명령으로 확인할 수 있다.

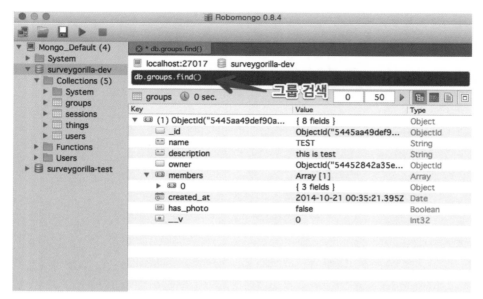

〈그림 5.10〉 로보몽고를 이용해 그룹 생성 확인

그룹 모델을 만들어 라우터를 설정하고 컨트롤러에서 요청 파라미터를 조작해 서비스로 넘겨 최종 몽구스 모델의 인스턴스 즉 몽고디비의 도큐먼트 인스턴스를 이용해 그룹을 생성하는 것을 포스트맨 클라이언트 REST 호출 도구의 도움을 받아 수행해 봤다. 다음으로 서버의 단위 테스트 코드를 작성해보자.

백엔드 단위 테스트 수행

서버 단위 테스트를 위해 모카(Mocha) 기반의 BDD 패턴 describe~ it 테스트를 작성한다. 값의 검증은 슈드(should)를 사용한다. 글로벌로 설치했다면 재설치가 필요 없고 설치돼 있지 않다면 다음과 같이 설치한다. 소스의 브랜치는 'feature/ch51_server_test'다.

```
// 모카 설치
npm install mocha --save-dev

// 슈드 설치
npm install should --save-dev
```

모카는 mocha 명령을 내린 디렉토리에서 test 폴더를 검색해 테스트 프로그램을 실행한다. generator-sg로 자동 생성된 테스트 프로그램은 각 업무 폴더에 *.spec.js 로 있어서 test 폴더가 따로 존재하지 않으므로 별도로 설정한다. 해당 설정은 grunt-mocha-test 플러그인을 설치해야 가능하고 Gruntfile.js의 백엔드 단 모카 테스트 환경은 다음과 같이 이미 설정돼 있다. 실행 명령은 'grunt test:server'이고 몽고디비는 surveygorilla-test 데이터베이스를 사용한다.

```javascript
// Gruntfile.js 일부
grunt.initConfig({
    … 중략 …
    mochaTest: {
      options: {
        reporter: 'spec'
      },
      src: ['server/**/*.spec.js']
    }
    … 중략 …
}


grunt.registerTask('test', function(target) {
    if (target === 'server') {
      return grunt.task.run([
        'env:all',
        'env:test',
        'mochaTest'
      ]);
        … 중략 …
    }
}
```

슈드는 Object.prototype을 확장해 구현했기 때문에 테스트할 때 〈Object〉.should.be.ok와 같이 인간이 읽을 수 있는 형태로 검증(Assertion)을 진행할 수 있다. 특히 .an, .of, .a, .and, .be, .have, .with, .is, .which와 같은 단어는 아무 의미 없이 읽기 편하도록 검증을 연결해 주는 역할을 하고 .ok, .true, .false, .eql, .instanaceOf, .property 등의 다양한 검증 구문을 사용할 수 있다. 물론 검증이기 때문에 〈Object〉.should.be.ok.**and**.**not**.**be**.empty와 같이 접속사를 이용해 연속으로 검증을 수행할 수도 있다. 좀 더 자세한 사항은 should API(https://github.com/shouldjs/should.js)를 참조한다.

서버 테스트 항목은 모델을 사용하는 서비스와 REST API 요청을 처리하는 컨트롤러로 나눌 수 있다. 따라서 group.spec.js 파일을 group.service.spec.js와 group.controller.spec.js로 나누어 테스트 파일을 작성한다. 자동 생성된 group.spec.js 파일은 group.controller.spec.js로 바꾸고, group.service.spec.js 파일을 새로 생성한다. 그룹 테스트를 위해 BDD의 it 구문 수행마다 몽고디비의 도큐먼트 전체를 제거하기 위한 테스트용 공통 유틸리티를 다음과 같이 /server/component/ utilities/test.js에 작성한다.

```javascript
// /server/component/utilities/test.js
'use strict';
var mongoose = require('mongoose'),
    User = mongoose.model('User'),
    Group = mongoose.model('Group');

var test = {
  clear: function(done) {
    User.remove().exec(function() {
      Group.remove().exec(function() {
        done();
      });
    });
  }
};
module.exports = test;
```

그리고 대부분의 모듈 *.js를 보면 require 할 때 requires('../../../app')와 같이 상대 경로를 지정해 모듈을 로딩하는 방식에서 GLOBAL 객체를 활용해 경로를 지정하는 혼선을 막기 위한 requires. js 공통 유틸리티도 추가한다. 어느 모듈에서나 localrequire.app()이나 localrequire.config(), localrequire.User()와 같이 모듈을 사용함으로써 상대 경로를 지정하는 것으로 인한 혼선을 피할 수 있다. 그리고 test.js 모듈도 requires.js에 설정해 테스트 *.spec.js 코드에서 사용한다.

```javascript
// /server/component/utilities/requires.js
'use strict';
GLOBAL.localrequire = {
  app: function() {
    return require('../../app');
  },
```

```
  config: function() {
    return require('../../config/environment');
  },
  common: function() {
    return require('./common');
  },
  test: function() {
    return require('./test');
  },
  UserService: function() {
    return require('../../api/v1/user/user.service');
  },
  User: function() {
    return require('../../api/v1/user/user.model');
  },
  GroupService: function() {
    return require('../../api/v1/group/group.service');
  },
  Group: function() {
    return require('../../api/v1/group/group.model');
  },
  AuthService: function() {
    return require('../../auth/auth.service');
  },
};

// /server/app.js 로딩 일부 : require.js를 가장 우선으로 로딩해야 함
process.env.NODE_ENV = process.env.NODE_ENV || 'development';

require('./components/errors/error');
require('./components/utilities/requires');

// /server/api/v1/group/group.service.spec.js 사용 예
var should = require('should'),
    Q = require('q'),
    test = localrequire.test(),
    UserService = localrequire.UserService(), //('../user/user.service'),
    GroupService = require('./group.service');
```

group.service.spec.js의 테스트 요건은 먼저 사용자가 있어야 하고, 그룹을 생성한 사용자가 그룹 소유자이며, 그룹을 생성하면 최초에 그룹의 멤버는 소유자 한 명만 존재한다. 다음 테스트 코드를 보면 it 구문을 수행할 때마다 beforeEach를 통해 몽고디비의 users, groups 컬렉션을 지우고 있고, '>> Group Service:' describe가 끝나면 after를 통해 컬렉션을 제거한다. group.service.js에서 create의 테스트를 위해서는 user.service.js를 통해 사용자를 생성하고, 생성된 user 도큐먼트 인스턴스를 GroupService.create({그룹 파라미터}, user)로 전달한다. 단, 사전에 UserService.create나 GroupService.create의 반환 값은 각 user, group 도큐먼트 인스턴스가 돼야 한다. 최종적으로 user, group 도큐먼트 인스턴스는 슈드를 통해 원하는 값이 생성됐는지 검증하는 과정을 거치고 있다. 검증이 끝나면 done()을 호출해 종료한다.

```javascript
// /server/api/v1/group/grou.service.spec.js 일부
'use strict';
var should = require('should'),
    Q = require('q'),
    test = localrequire.test(),
    UserService = localrequire.UserService(), //('../user/user.service'),
    GroupService = require('./group.service');

describe('>> Group Service', function() {

  beforeEach(test.clear);
  after(test.clear);

  describe('create:', function() {
    it('should be able to create a group', function (done) {
      UserService.create({
        name: 'Test User',
        email: 'test@test.com',
        password: 'test',
        role: 'user'
      })
      .then(function(user) {
        return Q.all([
          user,
          GroupService.create({
            name: 'Test Group',
            description: 'Test Group Description'
```

```
        }, user)
      ]);
    })
    .spread(function(user, group) {
      return Q.all([
        UserService.show(user.id),
        group
      ]);
    })
    .spread(function(user, group) {
      should.exist(group);
      group.id.should.be.an.instanceOf(String).and.not.be.empty;
      group.created_at.should.be.an.instanceOf(Date);
      group.owner.id.should.be.eql(user.id);
      group.members.should.be.an.instanceOf(Array).and.have.lengthOf(1);
      group.members[0].member.id.should.be.eql(user.id);
      group.members[0].role.should.be.eql('OWNER');
      group.should.be.containEql({
        name: 'Test Group',
        description: 'Test Group Description',
        has_photo: false
      });

      user.groups.should.be.an.instanceOf(Array).and.have.lengthOf(1);
      user.groups[0].id.should.be.eql(group.id);

      done();
    })
    .catch(function(err) {
      done(err);
    });
  });
}); // create

});
```

서비스의 테스트는 q 모듈을 사용하는데, 이는 user.service.js가 promise를 반환하고 있기 때문이
다. promise.then(function(param){…})을 사용할 때 then 구문에서 return을 하면 연쇄적으로

then을 처리할 수 있다. 그리고 then 구문의 콜백은 파라미터를 1개만 받을 수 있으므로 여러 개의 파라미터를 결과로 받고 싶을 때는 return Q.all([promise1, promise2, …])를 사용한다. 이때 결과는 then으로 받지 않고 spread(function(result1, result2){ … }) 구문으로 받아야 한다. q 모듈의 사용법은 https://github.com/bellbind/using-promise-q/를 참조한다. 나머지 서비스 메서드를 작성하고 테스트하면 다음과 같이 나온다.

```
// grunt test:server 수행 출력 결과 중 일부
>> Group Service
  create:
      √ should be able to create a group (116ms)
  list:
      √ should get an empty array when there is no group
      √ should be able to list groups (89ms)
  read:
      √ should be able to read a group (79ms)
      √ should not be able to read a non-existing group
  update:
      √ should be able to update a group (80ms)
  delete:
      √ should be able to delete a group (77ms)

Done, without errors.
```

다음으로 group.controller.spec.js 테스트 코드를 작성해보자. 컨트롤러는 REST API의 요청을 처리하는 부분이므로 〈그림 5.11〉과 같이 클라이언트로 요청을 보내고 응답에 대한 결과값을 확인할 수 있어야 한다. 그룹의 서비스나 컨트롤러의 단위 테스트를 할 때 테스트 할 시스템(SUT, System Under Test)에 테스트 데이터(픽스쳐, Fixture)를 준비해서 응답에 대해 단순 성공 테스트(Simple Success Test) 또는 기대 예외 테스트(Expected Exception Test) 등을 검증하는 것이다.

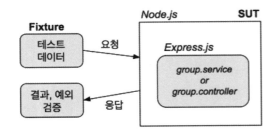

〈그림 5.11〉 단위 테스트

SUT는 노드 위에 익스프레스 프레임워크가 적용됐고 기존 환경값을 변경하지 않고 클라이언트가 HTTP를 요청한 것과 같은 결과를 검증하기 위해 supertest(https://github.com/tj/supertest) 모듈을 사용한다. supertest 모듈은 다음과 같이 익스프레스 라우팅 설정에 대한 대응으로 HTTP 요청을 보내고, 기대값을 테스트하기 위해 request.get.expect 또는 request.post.send.expect 방식으로 테스트한다. expect는 연속해서 테스트할 수 있고 끝나면 end를 호출한다.

```
// 익스프레스 라우팅 설정 후 /user API 테스트 예제
var request = require('supertest')
  , express = require('express');

// 익스프레스 설정
var app = express();
app.get('/user', function(req, res){
  res.send(200, { name: 'tobi' });
});

// request.get.expect 테스트 예
request(app)
  .get('/user')
  .expect('Content-Type', /json/)
  .expect('Content-Length', '20')
  .expect(200)
  .end(function(err, res){
    if (err) throw err;
  });
```

request.VERB(get, post, put, delete 등) 호출 후에 expect로 검증하고 end 구문에서 응답에 대한 슈드 테스트를 다음과 같이 할 수도 있다.

```
describe('POST:', function() {
  it('should be able to create a user', function(done) {
    request(app)
      .post('/api/v1/users'))
      .send({
        email: 'test@test.com',
        password: 'test'
      }).expect(201)
```

```
      .expect('Content-Type', /json/)
      .end(function(err, res) {
        if (err) return done(err);
        should.exist(res.body.data);
        user = res.body.data.id;
        user.should.be.ok;
        done();
      });
  });
});
```

그룹 컨트롤러 테스트를 위한 전제조건으로 supertest 모듈을 동일하게 사용한다. 그룹은 사용자가 있어야 하므로 사용자 REST API를 통해 사용자를 생성한 후에 그룹 REST API를 호출할 때 사용자 토큰을 함께 보내야 한다. 사용자 생성 → 그룹 생성 → 그룹 삭제는 공통으로 사용하고 생성 후 목록이나 상세 그룹 정보를 가져와 테스트가 끝나면 모든 정보를 삭제한다. 공통으로 생성하는 부분과 삭제하는 부분은 다음과 같다.

```
// /server/api/v1/group/group.controller.spec.js 일부
'use strict';
var should = require('should'),
    app = localrequire.app(), //('../../../app');
    test = localrequire.test(),
    request = require('supertest');


var token;
var user;
var group;


var apiv = function(route) { return '/api/v1' + route; };


// 생성 공통 : 사용자 생성 시 토큰 저장 -> 그룹 생성 시 토큰 사용
// 생성하면서 token 변수에 저장한다.
var create = function() {
  it('should be able to create a user', function(done) {
    request(app)
      .post(apiv('/users'))
      .send({
```

```
      name: 'Test User',
      email: 'admin@admin.com',
      password: 'admin',
      role: 'admin'
    }).expect(201)
    .expect('Content-Type', /json/)
    .expect('Auth-Token', /^.+$/)
    .end(function(err, res) {
      if (err) return done(err);
      should.exist(res.body.data);
      token = res.get('Auth-Token');
      user = res.body.data.id;
      user.should.be.ok;
      done();
    });
});

it('should be able to create a group', function(done) {
  request(app)
    .post(apiv('/groups'))
    .set('Authorization', 'Bearer ' + token)
    .send({
      name: 'Test Group',
      description: 'Test Group Description'
    }).expect(201)
    .expect('Content-Type', /json/)
    .end(function(err, res) {
      if (err) return done(err);
      should.exist(res.body.data);

      res.body.data.should.have.property('id');
      res.body.data.should.have.property('created_at');
      res.body.data.should.not.have.property('__v');
      res.body.data.should.not.have.property('_id');
      res.body.data.should.be.containEql({
        name: 'Test Group',
        description: 'Test Group Description',
        has_photo: false
      });
```

```
          res.body.data.owner.should.be.containEql({
            id: user,
            name: 'Test User',
            email: 'admin@admin.com',
            role: 'OWNER'
          });

          res.body.data.members.should.have.lengthOf(1);
          res.body.data.members[0].should.be.containEql({
            id: user,
            name: 'Test User',
            email: 'admin@admin.com',
            role: 'OWNER'
          });
          group = res.body.data.id;

          done();
        });
    });
};


// 그룹 삭제 후 사용자 삭제 : 권한으로 토큰이 필요
var remove = function() {
  it('should be able to delete the group', function(done) {
    request(app)
      .del(apiv('/groups/' + group))
      .set('Authorization', 'Bearer ' + token)
      .expect(204)
      .end(function(err) {
        if (err) return done(err);
        done();
      });
  });

  it('should be able to delete the user', function(done) {
    request(app)
      .del(apiv('/users/' + user))
      .set('Authorization', 'Bearer ' + token)
      .expect(204)
```

```
      .end(function(err) {
        if (err) return done(err);
        done();
      });
   });
};
```

그룹 목록을 호출하면서 공통 create와 remove를 이용해 describe~it을 다음과 같이 테스트한다. 최초에는 몽고디비 도큐먼트를 삭제하고 사용자와 그룹 도큐먼트를 생성한 후에 그룹 목록을 호출해 생성한 그룹의 목록과 일치하는지 확인한다.

```
// /server/api/v1/group/group.controller.spec.js 일부
describe('>> Group Controller', function() {
  after(test.clear);

  describe('list:', function() {
    before(test.clear);
    create();

    it('should be able to get groups', function(done) {
      request(app)
        .get(apiv('/groups'))
        .set('Authorization', 'Bearer ' + token)
        .expect(200)
        .expect('Content-Type', /json/)
        .end(function(err, res) {
          if (err) return done(err);
          should.exist(res.body.data);
          res.body.data.should.have.lengthOf(1);

          res.body.data[0].should.not.have.property('__v');
          res.body.data[0].should.not.have.property('_id');
          res.body.data[0].should.be.containEql({
            id: group,
            name: 'Test Group',
            description: 'Test Group Description',
            has_photo: false,
            member_count: 1
          });
```

```
            res.body.data[0].owner.should.be.containEql({
                id: user,
                name: 'Test User',
                email: 'admin@admin.com',
                role: 'OWNER'
            });
            done();
        });
    })

    remove();
  });
})

// grunt test:server 실행 결과
  >> Group Controller
    list:
POST /api/v1/users 201 83ms - 435b
        √ should be able to create a user (92ms)
POST /api/v1/groups 201 16ms - 523b
        √ should be able to create a group
GET /api/v1/groups 200 8ms - 436b
        √ should be able to get groups
DELETE /api/v1/groups/54538f157b8e8e000071b988 204 6ms
        √ should be able to delete the group
DELETE /api/v1/users/54538f147b8e8e000071b987 204 5ms
        √ should be able to delete the user
```

나머지 그룹 컨트롤러 테스트도 각자 시도해보자. 테스트 코드도 업무 코드와 마찬가지로 요구사항이 바뀌거나 반복되는 구문이 있을 때 리팩터링을 수행한다. 앞으로 서버 측 코드 설명은 더 이상 진행하지 않는다. 노드 프로그래밍에 관심이 있다면 좀 더 상세한 전문 서적에서 배워보기를 권한다. 이제 트위터 부트스트랩과 앵귤러를 이용해 메인 화면을 구성하는 방법과 제어하는 방법을 알아보자.

지금까지의 코드를 아래의 원격 브랜치 소스로 변경해 확인할 수 있다.

```
$ git checkout -t feature/ch51_server_test
```

5-2 메인 화면 개발

트위터 부트스트랩을 기반으로 화면 레이아웃을 직접 만들 것이다. 목업(Mockup) 화면이 복잡하지 않다면 직접 부트스트랩의 CSS 클래스를 이용해 만들어 보는 것이 익숙하지 않은 UI 프레임워크를 익히는 데 도움이 된다. 화면 레이아웃에서 반복해서 사용되는 HTML 태그는 앵귤러 지시자로 컴포넌트화한다. 또한, 기존에 다양한 방법으로 앵귤러 컨트롤러와 서비스 구현 예제를 보여줬지만, 지금부터는 좀 더 일관된 방식으로 실전 개발을 진행하면서 더 나은 방법의 오픈소스 컴포넌트가 있다면 적극적으로 적용해 나갈 것이다. 메인 화면을 개발하기 전에 공통 컴포넌트의 구조를 좀 더 확장성 있게 재구성해 보자.

공통 컴포넌트 재구성

애플리케이션에서 사용할 모듈에 대해서 client/app/components에 한 단계 깊이의 폴더만 존재했다. 애플리케이션에 기본적으로 필요한 모듈의 종류를 크게 두 가지로 나눈다면 애플리케이션과 상관없는 기본 모듈과 애플리케이션에서 중복 또는 업무 공통으로 사용하는 모듈이 있을 것이다. 따라서 각 base, app 폴더를 components 폴더에 생성하고 base/sg.base.js 파일, app/sg.app.js 파일을 생성한다.

sg.base.js와 sg.app.js의 의존관계 모듈은 기존의 client/app/app.js에 설정한 의존관계 모듈의 내역을 분리한 것이다. 따라서 app.js는 다음과 같이 단순히 sg.app.js의 모듈 'sg.app'만 의존관계 설정을 하면 된다.

```
// components/base/sg.base.js 의존 모듈 설정
(function() {
  'use strict';

  angular
    .module('sg.base', [
      'ngResource',
      'ngSanitize',
      'ngCookies',
      'ui.router',
      'ui.bootstrap',
      'angularFileUpload'
    ])
    .run(run);
```

```javascript
  /* @ngInject */
  function run($rootScope, pubsub) {
    pubsub.init($rootScope);
  }
})();


// components/app/sg.app.js에서 sg.base 의존 모듈 설정
(function() {
  'use strict';

  angular
    .module('sg.app', [
      'sg.base',
      'btford.socket-io',
      'gettext',
      'sg.translation',
      'sg.message',
      'restangular'
    ])
    .constant('config', {
      api_version: 'api/v1'
    });

})();


// client/app/app.js 의존 모듈로 sg.app만 존재한다.
(function() {
  'use strict';

  angular
    .module('surveyGorillaApp', [
      'sg.app'
    ])
    .config(config)
    .factory('authInterceptor', authInterceptor)
    .run(run);
  … 중략 …
})();
```

'sg.base'와 'sg.app' 모듈 분리는 극히 주관적으로 업무적인 성향이 배제되면서 외부 라이브러리일 경우 'sg.base' 모듈에 두고, 애플리케이션에 종속된 업무적 성격이 강하고 반복적으로 여러 곳에서 사용할 경우를 고려해 분리한다. 이때의 장점은 의존하는 외부 라이브러리를 구분하고 업무 공통을 명확히 하기 때문에 사전 준비 및 개발, 유지보수 편의성을 극대화할 수 있다. 최종적인 모습은 〈그림 5.12〉와 같다. 관련 소스의 브랜치는 'feature/ch52_main_tabs'다.

〈그림 5.12〉 components 모듈 분리

app 폴더에는 업무와 밀접히 관련된 인증, 메시지, 상단 메뉴, 다국어 처리가 있고, base 폴더에는 업무와 관련이 없는 지시자와 서비스, 스토리지로 구분했다.

메인 화면 레이아웃 개발

3장의 〈그림 3.2〉의 메인 페이지 화면을 만들기 위해 트위터 부트스트랩(한글번역 사이트, http://bootstrapk.com/BS3/getting-started)과 부트스트랩의 제이쿼리 컴포넌트를 앵귤러 지시자로 만들어 놓은 Angular-UI(http://angular-ui.github.io/bootstrap) 그리고 아이콘의 사용을 위해 폰트어썸(http://fortawesome.github.io/Font-Awesome/) 3가지의 CSS, Font, Directive(지시자)를 활용한다.

기존에 만든 main, group 폴더에 있는 파일은 전부 삭제한다. 좀 더 구조가 간결한 코드를 위해 기존 방식을 좀 더 깔끔하게 개선하기 위해서다. main 폴더는 메인 페이지를 구성할 것이고 group은 그룹에 대한 특성을 관리하는 내역이 들어간다. 즉, 메인 페이지에서 그룹의 정보가 보이기 때문에 main 폴더에 있는 메인 화면이 group 폴더의 내역을 사용한다. 메인 화면 요건을 개발하기 위해 먼저 서버 REST API를 알아보고 이에 따른 모델 서비스를 만들어 보자.

REST API 호출 시 가입/로그인을 제외한 모든 요청은 로그인 시 서버로부터 받은 토큰을 항상 전달해야 하므로 다음과 같이 HTTP 헤더(Header)에 전달한다.

```
// 형식
Authorization: Bearer <TOKEN>

// client/app/app.js 의 authInterceptor
function authInterceptor($rootScope, $q, storage, $location) {
    return {
      // Add authorization token to headers
      request: function (config) {
        config.headers = config.headers || {};
        if (storage.get('token')) {
          config.headers.Authorization = 'Bearer ' + storage.get('token');
        } else {
          $location.path('/login');
        }

        return config;
      },
      … 중략 …
    };
}
```

가입한 그룹과 가입하지 않은 목록 가져오기, 그룹 생성, 그룹 정보 수정의 REST API는 다음과 같다. 전체 REST API 정의는 트렐로(Trello) 서비스(https://trello.com/b/i5wE6lrH)에서 참조한다.

API	METHOD	형식	요청	응답
그룹 목록	GET	/api/v1/groups	name 　String type 　ALL 　RELATED 　UNRELEATED	data 　Group * Group은 그룹정보 객체
그룹 생성	POST	/api/v1/groups	name 　String description 　String	data 　Group
그룹 정보 조회	GET	/api/v1/groups/:id	id 　groupId hash	data 　Group

$http와 $q 서비스를 사용해 REST 호출을 단순화하면서 모듈화할 수 있는 Restangular(https://
github.com/mgonto/restangular)를 사용하도록 한다. Restangular는 다음 예와 같
이 Restangular.all('groups').getList()를 호출해 그룹 목록을 가져오고,　Restangular.
one('groups', ⟨groupId⟩).get()을 호출해 그룹 정보를 가져온다. 그리고 항시 앞에 붙는 /api/
v1은 RestangularProvider 서비스를 이용해 공통으로 설정한다. 더 자세한 사용법은 Restangular
설명을 참조한다.

```
// Restangular 객체 생성

// 그룹과 관련된 모든 REST 호출 가능 상태 객체
var groups = Restangular.all('groups');
//그룹에 <ID>와 관련된 모든 REST 호출 가능 상태 객체
var group = Restangular.one('groups', <ID>);

// REST 호출 및 promise 반환
groups.getList().then(function() { … });  // GET groups/
group.get().then(function() { … });  // GET groups/:id

// client/app/app.js 일부
(function() {
  'use strict';

  angular
    .module('surveyGorillaApp', ['sg.app'])
    .config(config)
    .factory('authInterceptor', authInterceptor)
    .run(run);


  /* @ngInject */
  function config($stateProvider, $urlRouterProvider, $locationProvider, $httpProvider,
RestangularProvider, config) {
    RestangularProvider.setBaseUrl(config.api_version);
    …
  }
  …
})();
```

Restangular를 사용하면 REST API의 모델 서비스를 만들 수 있고, Restangular의 메서드를 연쇄로 호출할 수 있으며, 마지막에는 promise 객체를 반환받아 사용할 수 있다. 다음과 같이 그룹 모델을 만든다.

```javascript
// /client/app/group/groups.js 그룹 모델 서비스
(function() {
  'use strict';

  angular
    .module('surveyGorillaApp')
    .factory('Groups', Groups);

  function Groups(Restangular) {
    var model = Restangular.all('groups');
    model.one = function(id) {
      return Restangular.one('groups', id);
    };
    return model;
  }

})();
```

다음으로 업무 로직이 있는 그룹 서비스를 그룹 모델을 주입받아 다음과 같이 코딩한다. 위에서 정의한 그룹 정보/그룹 목록/그룹 생성을 위해 getGroup/getGroups/create를 외부에 노출하고, 호출후 Restangular의 customGET/customPOST 메서드를 사용한다. 이때 주의할 점은 customGET 메서드의 첫 번째 파라미터는 REST API의 uri이고, 두 번째 파라미터는 query parameter로서 JSON 객체를 설정한다. customPOST 메서드는 첫 번째 파라미터가 POST body에 들어가는 값으로서 JSON 객체를 설정하고, 두 번째 파라미터가 REST API의 uri를 설정한다. 즉, customGET과 customPOST의 파라미터 순서에 주의한다.

```javascript
// /client/app/group/groups.service.js 그룹 서비스
(function() {
  'use strict';

  angular
    .module('surveyGorillaApp')
```

```
    .service('group', group);

  /* @ngInject */
  function group(Groups, Auth) {
    this.getGroup = getGroup;
    this.getGroups = getGroups;
    this.create = create;

    function getGroup(groupId) {
      return Groups.one(groupId).get();
    }

    function getGroups(isOnlyMyGroup, params) {
      var group;
      if(isOnlyMyGroup) {
        group = {type: 'RELATED', sort: '-CREATED'};
      } else {
        group = {type: 'UNRELATED', sort: '-CREATED'}
      }

      if(params) {
        params = angular.extend(group, params);
      } else {
        params = group;
      }

      return Groups.customGET('', params);
    }

    function create(params) {
      return Groups.customPOST(params);
    }

  }
})();
```

개발 진행 과정을 보면 먼저 REST API를 정의하고 이에 대한 모델/서비스를 개발한 후 마지막으로 화면과 컨트롤러를 개발하는 순서다. 먼저 트위터 부트스트랩 UI 프레임워크와 트위터 부트스트랩을 지시자로 만들어 놓은 angular-ui 모듈에서 tabset/tabs 지시자를 사용해 다음과 같이 메인 화면을 만든다. 'yo sg:route main' 명령으로 그룹 정보를 표현할 메인 화면의 라우팅 설정을 위한 파일과 컨트롤러/HTML 파일을 생성한다.

```javascript
// /client/app/main/main.js 메인 화면 라우팅 설정
// controllerAs 사용으로 HTML에서 main.<$scope속성>을 사용한다.
(function () {
  'use strict';

  angular
    .module('surveyGorillaApp')
    .config(config);

  /* @ngInject */
  function config($stateProvider) {
    $stateProvider
      .state('main', {
        url: '/',
        templateUrl: 'app/main/main.html',
        controller: 'MainCtrl',
        controllerAs: 'main'
      });
  }

})();

<!-- /client/app/main/main.html -->

<div class="col-lg-12 col-md-12 col-sm-12 col-xs-12">

  <tabset>
    <tab heading="My Groups">
      <div style="margin-top:5px;">
        <div class="panel panel-default">
          <div class="panel-heading" style="height:50px; background-color:#F5F5F5;">
              <div class="col-lg-6 col-md-6 col-sm-7 col-xs-7 input-group-sm pull-left"
style="padding-left:0px;">
                <input type="text"
                    class="form-control" ng-model="main.myGroupName"
```

```
                        placeholder="Search My Group">
            </div>
            <button type="button"
                    class="pull-right btn btn-default btn-sm">
              <i class="fa fa-users"></i>  
              <a href="#" ng-click="main.createGroup()">Create Group</a>
            </button>
          </div>
          <div class="panel-body">
            <!-- 그룹 박스 -->
            <div class="col-lg-3 col-md-3 col-sm-4 col-xs-6">
              <div class="panel panel-default">
                <div class="panel-heading">
                  <h3 class="panel-title">
                    <i class="fa fa-users"></i> {{group.name}}
                  </h3>
                </div>
                <div class="panel-body">
                <p class="group_card_desc">
                {{group.description}}</p>
                <a href="#" class="btn btn-default btn-xs pull-right" role="button">More Info</a>
                </div>
              </div>
            </div>

          </div>
        </div>
      </div>
    </tab>

    <tab heading="Other Groups">
      … Other group 중략 …
    </tab>
  </tabset>

</div>
```

포트의 충돌을 피하려고 Gruntfile.js에서 9000 포트를 9100으로 변경했다. http://localhost:9100/을 호출하고 로그인한 화면은 〈그림 5.13〉과 같다.

〈그림 5.13〉 main.html 화면

그룹 생성

로그인한 후 나의 그룹과 가입하지 않은 그룹 목록을 보여줘야 하므로 메인 컨트롤러에서 그룹 목록 정보를 조회한다. 목록을 갱신해야 할 때는 최초로 메인 화면이 보일 때와 'Search My Group' 입력 상자에 그룹 명칭을 입력했을 때다. 최초 메인 화면 목록은 _init() 안에 _groups를 호출해 조회할 수 있지만, $scope.$watch가 최초로 한번 무조건 수행되는 것을 이용해 메인 화면이 최초로 로딩될 때 조회하고 검색 입력을 할 때 조회할 수 있도록 한다. 또한, $modal 서비스를 추상화한 modal 서비스를 이용해 그룹 생성 팝업창을 띄워준다.

```javascript
// /client/app/main/main.controller.js
(function () {
  'use strict';

  angular
    .module('surveyGorillaApp')
    .controller('MainCtrl', MainCtrl);

  /* @ngInject */
  function MainCtrl($scope, group, modal, logger, sgAlert) {
    var vm = this;
    vm.createGroup = createGroup;
    _init();
```

```
function _init() {
  // change it to $watch
  //_groups(true);
  //_groups(false);
}


function _groups(isMyGroup, params) {
  group
    .getGroups(isMyGroup, params)
    .then(function(response) {
      logger.info('group list: ', response.data);
      if(isMyGroup) {
        vm.myGroups = response.data;
      } else {
        vm.otherGroups = response.data;
      }
    });
}


// modal 서비스를 이용한 그룹 생성 팝업창 띄우기
function createGroup() {
  modal
    .open('sm', 'create-group.html', 'CreateGroupCtrl')
    .then(function(result){
      logger.info('create group result: ', result);
      // 생성된 그룹 정보를 나의 그룹 배열 맨 앞에 추가한다.
      vm.myGroups.unshift(result);
    }, function(error) {});
}


// 최초 메인 화면 로딩 시 목록 조회 및 검색 입력 조회를 수행
$scope.$watch(function() {
  return vm.myGroupName;
}, function(newVal, oldVal) {
  _groups(true, {name: vm.myGroupName});
});


$scope.$watch(function() {
  return vm.otherGroupName;
```

```
    }, function(newVal, oldVal) {
      _groups(false, {name: vm.otherGroupName});
    });
  }

})();

// /client/components/base/modal/modal.service.js 모달 창 서비스
(function() {
  'use strict';

  angular
    .module('sg.base')
    .service('modal', modal);

  /* @ngInject */
  function modal($modal, $q) {
    this.open = open;

    // size : '', 'lg', 'sm'
    function open(size, templateId, controller, params) {
      var modalInstance = $modal.open({
        templateUrl: templateId,
        controller: controller,
        size: size,
        resolve: {
          params: function () {
            return params;
          }
        }
      });

      var deferred = $q.defer();
      modalInstance.result.then(function (result) {
        deferred.resolve(result);
      }, function (error) {
        deferred.reject(error);
      });
```

```
        return deferred.promise;
      }
   }
})();
```

최초에는 아무런 그룹도 없으므로 그룹을 생성하는 팝업창을 개발한다. 'My Groups' 탭의 오른쪽에 있는 'Create Group' 버튼을 클릭하면 〈그림 5.14〉와 같이 그룹을 생성하는 팝업창이 뜬다.

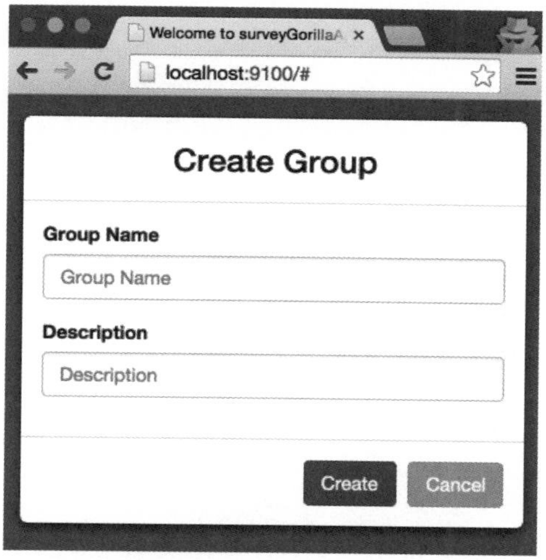

〈그림 5.14〉 그룹 생성 팝업창

그룹에 대한 생성은 group 폴더에 create 폴더를 만들고 modal 서비스에서 사용하는 HTML 템플릿과 컨트롤러를 개발한다. 'create-group.html'이라는 템플릿 아이디로 〈script type="text/ng-template"..〉을 이용해 앵귤러 템플릿을 만들고, 해당 템플릿이 최초에 한번 읽혀야 하므로 main.html의 가장 아래에 다음과 같이 설정한다. 그리고 템플릿의 create, cancel 액션을 위한 컨트롤러를 만든다.

```html
<!-- /client/app/group/create/create-group.html →

<script type="text/ng-template" id="create-group.html">
  <div>
    <div class="modal-header">
        <h3 class="modal-title">Create Group</h3>
    </div>
```

```html
        <div class="modal-body">
            <form>
                <div class="form-group">
                    <label for="gname">Group Name</label>
                    <input type="text" class="form-control" id="gname" ng-model="group.name"
placeholder="Group Name">
                </div>
                <div class="form-group">
                    <label for="gdesc">Description</label>
                    <input type="text" class="form-control" id="gdesc" ng-model="group.description"
placeholder="Description">
                </div>
            </form>
        </div>
        <div class="modal-footer">
            <button class="btn btn-primary" ng-click="create()">Create</button>
            <button class="btn btn-warning" ng-click="cancel()">Cancel</button>
        </div>
    </div>
</script>


<!-- /client/app/main/main.html -->
  … 중략 …
<div ng-include="'app/group/create/create-group.html'"></div>



// /client/app/group/create/create-group.controller.js

(function() {
  'use sctrict';

  angular
    .module('surveyGorillaApp')
    .controller('CreateGroupCtrl', CreateGroupCtrl);

  /* @ngInject */
  function CreateGroupCtrl($scope, $modalInstance, group, sgAlert) {
    $scope.create = create;
    $scope.cancel = cancel;
```

```
  _init();

  function _init() {
    $scope.group = {
      name: '',
      description: ''
    };
  }

  // group 서비스를 이용해 그룹을 생성하고 결과값으로 받은 그룹 정보를 전달한 뒤
  // 팝업 화면을 닫는다.
  function create() {
    group
      .create($scope.group)
      .then(function(response) {
        $modalInstance.close(response.data);
      }, function(error) {
        sgAlert.error('create group error', error);
      });
  };

  // 그룹 생성 취소
  function cancel() {
    $modalInstance.dismiss('cancel');
  };
  }

})();
```

5-3 그룹 목록 및 정보 표현

그룹을 생성했을 때 내가 생성한 그룹 목록은 'My Groups' 탭에 나온다. 이때 내가 생성한 그룹과 가입한 그룹 화면을 반복해서 표현할 것이므로 하나의 그룹을 카드 형태로 보이도록 카드 지시자를 만들어 보자. HTML에서 태그가 반복되거나 여러 곳에서 사용될 때는 항상 지시자가 필요한지 고려한다. group-card라는 이름으로 다음과 같이 그룹의 정보가 반복해서 표현될 수 있게 지시자인 〈group-card〉 태그에서 myGroups 배열 요소인 그룹 객체를 순회하며 그룹요소를 info 속성에 바인딩한다.

```html
<!-- /client/app/main/main.html에서 group-card 지시자 사용 -->

<tabset>
  <tab heading="My Groups">
    <div style="margin-top:5px;">
      <div class="panel panel-default">
        <div class="panel-body">
          … 중략 …
          <group-card info="group" ng-repeat="group in main.myGroups"></group-card>
        </div>
      </div>
    </div>
  </tab>

  <tab heading="Other Groups">
    <div style="margin-top:5px;">
      <div class="panel panel-default">
        … 중략 …
        <div class="panel-body">
          <group-card info="group" ng-repeat="group in main.otherGroups"></group-card>
        </div>
      </div>
    </div>
  </tab>
</tabset>
```

이제 〈group-card〉 태그를 사용하고 info 속성을 이용해 그룹 객체 정보를 받아 표현하는 그룹 카드 지시자를 만들어 본다. 기존 main.html에 있던 그룹 카드 형식의 HTML을 지시자 정의에서 template에 넣고, 지시자 스코프 객체를 양방향 바인딩 할 수 있게 설정한다. =info이므로 〈group-card〉 태그에서 〈group-card info="xxx"〉로 그룹 객체를 받고 scope.group을 통해 template에서 {{group.name}}과 {{group.description}}을 사용한다. 그리고 지시자에 ng-style을 이용해 백그라운드 이미지와 폰트 스타일을 적용한다.

```javascript
// /client/app/group/list/group-card.directive.js
(function() {
 'use strict';

 angular
   .module('surveyGorillaApp')
   .directive('groupCard', groupCard);

 /* @ngInject */
 function groupCard() {
   return {
     restrict: 'EA',
     scope: {
        group: '=info'
     },
     template: '<div class="col-lg-3 col-md-3 col-sm-4 col-xs-6">' +
                 '<div class="panel panel-default">' +
                   '<div class="panel-heading">' +
                     '<h3 class="panel-title"><i class="fa fa-users"></i> {{group.name}}</h3>' +
                   '</div>' +
                   '<div class="panel-body" ng-style="backgroundImage">' +
                     '<p class="group_card_desc" ng-style="descriptionFont">{{group.description}}</
p> ' +
                   '</div>' +
                 '</div>' +
               '</div>',
     link: link
   };

   function link(scope, element, attrs) {
     // 백그라운드 이미지 스타일 적용: 다음 장에서 그룹 이미지 변경 예정
     scope.backgroundImage = {
       'background-image': 'url(' + scope.group.photo + ')',
       'background-repeat': 'no-repeat',
       'background-size': 'cover'
     };
     // 폰트 스타일 적용
     scope.descriptionFont = {
```

```
        'color': 'yellow',
        'text-shadow': '0 0 8px #000',
        '-moz-text-shadow': '0 0 8px #000',
        '-webkit-text-shadow': '0 0 8px #000'
      };
    }
  }

})();
```

그룹을 생성하면 〈그림 5.15〉와 같이 목록이 나온다.

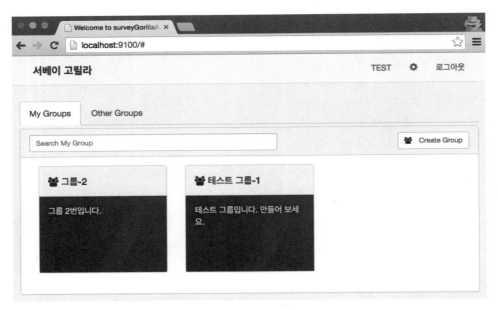

〈그림 5.15〉 그룹 카드 지시자를 이용한 목록

다음으로 그룹 검색을 개발해보자. 〈input〉 태그에 그룹 명칭을 넣으면 그룹 목록이 갱신되며 별도의 Enter 입력 없이 일정 시간이 지나면 입력한 값과 일치하는 그룹 목록이 화면에 갱신될 것이다. 이를 위해 앵귤러 v1.3에서 새롭게 소개된 ngModelOptions 지시자를 사용한다. 앵귤러는 많은 장점에도 $scope의 속성값이 갱신될 때마다 연결된 모든 스코프 객체의 속성 변경을 체크하므로 필연적으로 성능 문제를 야기한다. 입력하는 ngModel 값에 대한 변경 체크를 옵션에 따라 조절할 수 있다면 성능 문제에 대한 부담을 조금은 덜 수 있을 것이다. 이렇게 나온 지시자가 ngModelOptions다.

〈XXX ng-model="name" ng-model-options="{설정}"〉 형식으로 사용하고 {설정}에 {updateOn: 'blur'}를 사용하면 입력 후 포커스를 잃었을 때 ng-model의 값이 갱신된다. {debounce : { 'default' : 300, blur: 0 }}와 같이 설정하면 텍스트를 입력한지 0.3초 후 갱신되거나 포커스를 잃으며 바로 갱신된다. 그룹 검색에서는 debounce를 통해 텍스트를 입력한 후 0.3초 후에 ngModel 값이 갱신되고 main.controller.js에서 $scope.$watch를 통해 ngModel로 지정된 myGroupName과 otherGroupName을 감시하고 있으므로 0.3초마다 입력한 값과 유사한 그룹 목록을 다음과 같이 반환한다.

```html
<!-- /client/app/main/main.html 일부 -->

<tabset>
  <tab heading="My Groups">
    <div style="margin-top:5px;">
      <div class="panel panel-default">
        <div class="panel-heading" style="height:50px; background-color:#F5F5F5;">
          <div class="col-lg-6 col-md-6 col-sm-7 col-xs-7 input-group-sm pull-left"
style="padding-left:0px;">
            <input type="text"
                  class="form-control"
                  ng-model-options="{ debounce : { 'default' : 300, blur: 0 } }"
                  ng-model="main.myGroupName"
                  placeholder="Search My Group">
        </div>
        <button type="button"
                class="pull-right btn btn-default btn-sm">
          <i class="fa fa-users"></i>  <a href="#" ng-click="main.createGroup()">Create
Group</a>
        </button>
      </div>
      <div class="panel-body">
        <group-card info="group" ng-repeat="group in main.myGroups"></group-card>
      </div>
    </div>
  </div>
</tab>

<tab heading="Other Groups">
  <div style="margin-top:5px;">
```

```html
    <div class="panel panel-default">
        <div class="panel-heading" style="height:50px; background-color:#F5F5F5;">
            <div class="col-lg-6 col-md-6 col-sm-7 col-xs-7 input-group-sm pull-left"
style="padding-left:0px;">
                <input type="text"
                    class="form-control"
                    ng-model-options="{ debounce : { 'default' : 300, blur: 0 } }"
                    ng-model="main.otherGroupName"
                    placeholder="Search Other Group">
            </div>
        </div>
        <div class="panel-body">
            <group-card info="group" ng-repeat="group in main.otherGroups"></group-card>
        </div>
    </div>
  </div>
 </tab>
</tabset>


// /client/app/main/main.controller.js 일부
// myGroupName과 otherGroupName의 변경 사항을 체크
  $scope.$watch(function() {
    return vm.myGroupName;
  }, function(newVal, oldVal) {
    _groups(true, {name: vm.myGroupName});
  });

  $scope.$watch(function() {
    return vm.otherGroupName;
  }, function(newVal, oldVal) {
    _groups(false, {name: vm.otherGroupName});
  });
```

이제 그룹 이름을 입력하면 바로 대응되지 않고, 지정한 옵션 설정만큼 스코프 객체의 변경사항을 체크
해 그룹 목록을 보여준다.

지금까지의 코드를 아래의 원격 브랜치 소스로 변경해 확인할 수 있다.

```
$ git checkout - t feature/ch52_main_tabs
```

정리

이번 장에서는 민스택 중 백엔드에 해당하는 노드, 익스프레스, 몽고디비에 대한 개념적인 이해를 했고, REST API를 개발하고 테스트하는 방법을 익혀봤다. 백엔드 부분의 자세한 사항을 이 책에서 모두 다룰 수 없으므로 이번 장에서만 거론하고, 프런트엔드 개발을 위해 백엔드는 개발돼 있다고 가정하고 앵귤러 기반의 프런트엔드 개발에 집중한다.

확장성 있는 애플리케이션을 개발하려면 역할을 분리하고 구조화할 필요가 있다. 이를 위해 components 폴더에 base와 app 폴더를 두어 계층적인 구조로 모듈을 재구성했고, Restangular와 같은 AJAX에 대해 추상화된 모듈을 사용해 REST API 접근을 통일되게 했다. main과 group을 분리해 group에는 모델에 대한 접근과 CRUD를 수행하고, main은 이를 사용하는 비지니스 영역으로 분리했다. 즉, group은 엔티티(entity)이고, main은 엔티티를 통합(integration)하는 역할을 수행한다.

또한, 목록과 같이 열거되고 반복적으로 여러 곳에서 사용되는 HTML 태그는 〈group-card〉와 같은 지시자로 만들어 사용함으로써 HTML의 가독성을 높이고 코드를 분리함으로써 향후 유지보수성을 높이도록 개발을 진행했다. 다음 장에서는 그룹 이미지를 설정하고 가입, 탈퇴, 삭제하는 부분과 그룹 활동 페이지로 이동해 설문을 생성하는 화면을 개발해 보자.

06

그룹 페이지 개발

이번 장에서는 그룹 정보를 제어하고 그룹 대시보드 페이지로 이동해 설문조사를 위한 카드를 조회/생성할 수 있는 기능을 개발한다. 앵귤러의 컨트롤러, 서비스, 지시자를 실무 애플리케이션에 최적화되도록 서로의 역할과 관계를 분리하고 추상화를 통해 업무적으로 의미 있는 코드를 생산하도록 한다. 먼저 그룹 상세 정보 페이지를 개발해보자.

6-1 그룹 정보 페이지

그룹 정보 페이지는 그룹을 생성한 후 그룹 정보를 조회, 가입, 탈퇴, 삭제할 수 있는 화면이다. 그룹 카드별 상세 정보를 조회할 수 있도록 추가하고, 상세 정보에서 그룹의 설정 내역과 그룹의 프로필 배경 이미지를 설정하는 방법에 대해 배워보자.

그룹 상세 정보 조회

그룹 카드 지시자에 그룹 정보 조회 버튼을 추가하고 클릭하면 그룹 상세 화면을 보여준다. group-card.directive.js에 scope.showDetail을 추가하고, template에 'More Info' 버튼을 새로 추가해 ng-click할 때 scope.showDetail을 호출하게 할 것이다. showDetail의 파라미터는 {파라미터 명칭: 〈보내려는 값〉}와 같이 JSON 객체로 넘긴다. showDetail은 〈group-card〉에서 속성으로 맵핑되고 〈group-card〉 지시자가 사용되는 컨트롤러의 메서드를 호출한다. 따라서 상위 컨트롤러인 main.controller.js의 showGroupDetail에 group 객체를 파라미터로 전달한다. showDetail의 & 옵션은 하위 지시자가 감싸고 있는 컨트롤러(상위 컨트롤러)의 메서드를 호출하면서 지시자에서 입력한 값을 파라미터로 전달할 수 있다.

```javascript
// /client/app/group/list/group-card.directive.js 일부
(function() {
 'use strict';

 angular
   .module('surveyGorillaApp')
   .directive('groupCard', groupCard);

 /* @ngInject */
 function groupCard() {
   return {
     restrict: 'EA',
     scope: {
       group: '=info',
       showDetail: '&'
     },
     template: '<div class="col-lg-3 col-md-3 col-sm-4 col-xs-6">' +
                 '<div class="panel panel-default">' +
                   '<div class="panel-heading">' +
                     '<h3 class="panel-title"><i class="fa fa-users"></i> <a ng-href="#/dashboard/
{{group.id}}">{{group.name}}</a></h3>' +
                   '</div>' +
                   '<div class="panel-body" ng-style="backgroundImage">' +
                     '<p class="group_card_desc" ng-style="descriptionFont">{{group.description}}</
p>' +
                     '<a href="#" ng-click="showDetail({group: group})" class="btn btn-default btn-
xs pull-right" role="button">More Info</a>' +
```

```
                        '</div>' +
                    '</div>' +
                  '</div>',
        link: link
    };


    function link(scope, element, attrs) {
        … 중략 …
    }
  }
})();
```

// /client/app/main/main.html 일부 : <group-card> 태그
// 지시자의 showDetail을 HTML 속성으로 사용해 group 객체를 컨트롤러의 메서드
// showGroupDetail에 전달하고 있다.

```
<group-card info="group" show-detail="main.showGroupDetail(group, 'myGroup')" ng-repeat="group in
main.myGroups"></group-card>


<group-card info="group" show-detail="main.showGroupDetail(group, 'otherGroup')" ng-repeat="group in
main.otherGroups"></group-card>


<!-- read-group.html 아이디의 템플릿도 추가 -->
<div ng-include="'app/group/read/read-group.html'"></div>
```

// /client/app/main/main.controller.js 일부 내역: showGroupDetail

```
function MainCtrl($scope, group, modal, logger, sgAlert) {
    var vm = this;
    vm.createGroup = createGroup;
    vm.showGroupDetail = showGroupDetail;


    function showGroupDetail(group, type) {
      modal
        .open('', 'read-group.html', 'ReadGroupCtrl', {group: group, type: type})
        .then(function(result){
            … 중략 …
        }, function(error) {});
    }
    … 중략 …
})();
```

그룹 정보 보기 화면은 〈그림 6.1〉과 같이 삭제와 수정을 할 수 있고, 현재 그룹을 생성한 소유자를 포함한 가입 인원수가 나온다. 또한, 그룹 카드의 바탕 화면에 그룹 프로필 이미지를 설정하고 변경할 수 있는 기능이 있다.

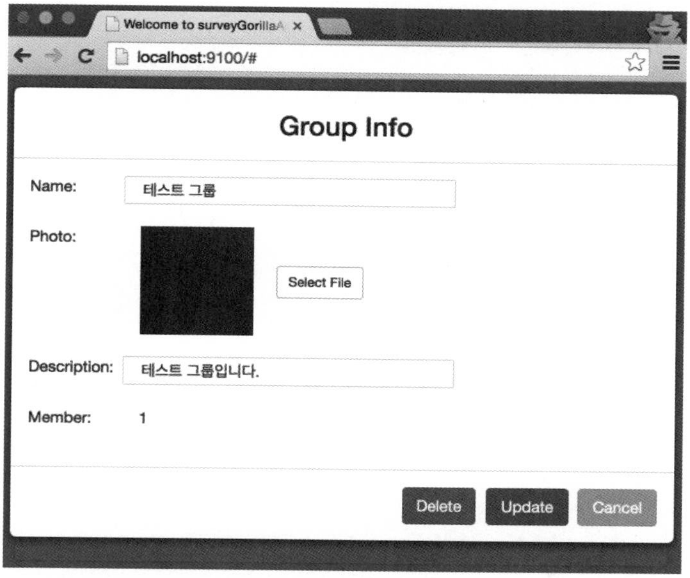

〈그림 6.1〉 그룹 정보 보기

그룹 정보 보기 템플릿과 컨트롤러는 group 폴더에 있는 read 폴더에 만든다. 그룹 생성과 같이 ng-template을 이용해 아이디가 read-group.html인 템플릿을 만든다. 그룹의 이미지를 바꿀 수 있도록 file을 선택할 수 있고, 그룹의 삭제와 수정을 할 수 있다.

```html
<!-- /client/app/group/read/read-group.html -->
<script type="text/ng-template" id="read-group.html">
  <div>
    <div class="modal-header">
        <h3 class="modal-title">
          Group Info
          <button ng-hide="profile.isMember" class="btn btn-primary pull-right" ng-click="memberJoin()">Join Group</button>
          <button ng-show="profile.isMember && !profile.isAdmin" class="btn btn-primary pull-right" ng-click="memberLeave()">Leave Group</button>
        </h3>
    </div>
```

```
<div class="modal-body">
    <div class="row" style="margin-bottom: 20px">
      <div class="col-md-2 col-sm-2 col-xs-2">Name: </div>
      <input type="text" class="col-md-6 col-sm-6 col-xs-6" ng-model="group.name">
    </div>
    <div class="row" style="margin-bottom: 20px">
      <div class="col-md-2 col-sm-2 col-xs-2">Photo: </div>
      <div class="col-md-8 col-sm-8 col-xs-8">

        <img class="group_img" id="_photo" ng-src="{{group.photo}}">
        <div ng-model="file" class="btn btn-default btn-sm" style="margin-left: 20px">Select
File</div>
      </div>
    </div>
    <div class="row" style="margin-bottom: 20px">
      <div class="col-md-2 col-sm-2 col-xs-2">Description: </div>
      <input type="text" class="col-md-6 col-sm-6 col-xs-6" ng-model="group.description">
    </div>
    <div class="row" style="margin-bottom: 20px">
      <div class="col-md-2 col-sm-2 col-xs-2">Member: </div>
      <div class="col-md-8 col-sm-8 col-xs-8">{{group.member_count}}</div>
    </div>
  </div>
  <div class="modal-footer">
      <button ng-show="profile.isAdmin" class="btn btn-danger" ng-click="remove()">Delete</button>
      <button ng-show="profile.isAdmin" class="btn btn-primary" ng-click="update()">Update</
button>
      <button class="btn btn-warning" ng-click="cancel()">Cancel</button>
  </div>
 </div>
</script>
```

다음으로 그룹 정보 보기 컨트롤러를 개발한다. 최초에 화면에서 사용할 $scope.profile 객체를 만든다. 그리고 그룹 소유자가 아닌 가입자가 그룹에 멤버로 참여하거나 떠날 수 있는 함수와 소유자일 경우 업데이트하거나 삭제할 수 있는 함수를 만든다. 액션이 수행된 이후에 정보 팝업창이 닫힌 이후 메인 화면의 컨트롤러에서 추가 액션을 취하기 위해 Boolean 형식으로 memberEnroll/memberLeave/upate/remove 값을 설정한다.

```
(function() {
  'use sctrict';

  angular
    .module('surveyGorillaApp')
    .controller('ReadGroupCtrl', ReadGroupCtrl);


  /* @ngInject */
  function ReadGroupCtrl($scope, $modalInstance, params, group, sgAlert, logger) {
    $scope.memberJoin = memberJoin;
    $scope.memberLeave = memberLeave;
    $scope.update = update;
    $scope.remove = remove;
    $scope.cancel = cancel;
    _init();

    function _init() {
      $scope.group = params.group;
      // photo-profile directive 에서 사용함
      $scope.profile = {
        modelName: 'groups',
        modelId: params.group.id,
        modelPhoto: params.group.photo,
        isAdmin: group.isGroupOwner(params.group),
        isMember: params.type === 'myGroup' ? true:false
      };
    }


    function memberJoin() {
      group
        .memberEnroll($scope.group.id)
        .then(function(response) {
          $scope.group.memberEnroll = true;
          $modalInstance.close($scope.group);
          sgAlert.success('Successfully join group');
        }, function(error){});
    }

    function memberLeave() {
```

```
    group
      .memberLeave($scope.group.id)
      .then(function(response) {
        $scope.group.memberLeave = true;
        $modalInstance.close($scope.group);
        sgAlert.success('Successfully leave group');
      }, function(error){});
  }

  function update() {
    group
      .update($scope.group.id, $scope.group)
      .then(function(response) {
        $scope.group.update = true;
        $modalInstance.close(response.data);
      }, function(error){});
  }

  function remove() {
    group .
      .remove($scope.group.id)
      .then(function(response) {
        $scope.group.remove = true;
        $modalInstance.close($scope.group);
      }, function(error){});
  }

  function cancel() {
    $modalInstance.dismiss('cancel');
  }
  }
})();
```

group 서비스를 이용해 CRUD 기능을 수행하고 팝업창이 닫히면 main.controller.js에서 메인 화면의 그룹 목록을 갱신하기 위해 다음과 같이 추가 액션을 수행한다. 이미 modal 서비스를 promise 패턴으로 개발해 사용하므로 result에 추가로 설정한 플래그(Flag) Boolean 값에 따라 otherGroups 또는 myGroups 배열을 제어해 메인 화면에 출력한다.

```
// /client/app/main/main.controller.js 일부
    function showGroupDetail(group, type) {
      modal
        .open('', 'read-group.html', 'ReadGroupCtrl', {group: group, type: type})
        .then(function(result){
          if(result && result.memberEnroll) {
            delete result.memberEnroll;
            vm.otherGroups = _.without(vm.otherGroups, result);
            vm.myGroups.unshift(result);
          }

          if(result && result.memberLeave) {
            delete result.memberLeave;
            vm.myGroups = _.without(vm.myGroups, result);
            vm.otherGroups.unshift(result);
          }

          if(result && result.update) {
            delete result.update;
            vm.myGroups = _.find(vm.myGroups, function(group) {
              if(group.id === result.id) {
                return group = result;
              } else {
                return group;
              }
            });
          }

          if(result && result.remove) {
            delete result.remove;
            vm.myGroups = _.find(vm.myGroups, function(group) {
              if(group.id !== result.id) {
                return group;
              }
            });
          }

          logger.info('read group result: ', result);
        }, function(error) {});
    }
```

다음으로 그룹 프로필 이미지를 바꾸는 작업을 수행해보자.

그룹 프로필 이미지 변경

사용자가 선택한 이미지를 그룹 배경 이미지로 적용하기 위해 먼저 파일 업로드 모듈을 설치한다. angularjs-file-upload는 파일 업로드 기능을 앵귤러 서비스로 구현한 오픈소스 모듈로서 bower 를 이용해 설치하고, sg.base.js 모듈에 의존관계를 설정한다. 외부 모듈을 설치한 후에는 모듈 의존관계를 설정해야 함을 주의한다.

```
// angularFileUpload 모듈 설치
$ bower install angularjs-file-upload --save

// /client/components/base/sg.base.js
(function() {
  'use strict';

  angular
    .module('sg.base', [
      'ngResource',
      'ngSanitize',
      'ngCookies',
      'ui.router',
      'ui.bootstrap',
      'angularFileUpload'
    ])
    .run(run);

  /* @ngInject */
  function run($rootScope, pubsub) {
    pubsub.init($rootScope);
  }
})();
```

angularFileUpload 모듈을 설치하고 의존관계를 설정하면 $upload 서비스를 사용할 수 있는데, $upload 서비스는 컨트롤러나 서비스에서 직접 사용하지 말고 항상 사용자 서비스를 별도로 만들어 사용한다. 이는 향후 angularFileUpload 모듈보다 더 좋은 모듈이 나왔을 때 업무 로직에 영향을 주지 않고 리팩터링을 할 수 있게 해준다. filer 서비스를 만들고 $upload와 $q 서비스를 주입받는다. 외부에 노출되는 API는 uploadPhoto이며 $upload의 API를 호출할 때 넘겨줄 파라미터를 설정한다. $upload.upload를 최종 호출하고 $q를 통해 promise 객체를 반환하여 비동기 처리를 한다. 오픈소스 모듈의 서비스를 프로젝트 서비스화 할 때 비동기 처리를 위해 $q 서비스를 많이 사용하니 잘 알아두자.

다음과 같이 filer 서비스에서 파일을 업로드할 때 필요한 옵션 정보를 설정하고 공통으로 처리할 내역을 담는다.

```javascript
// /client/components/app/file/file-uploader.service.js
(function() {
 'use strict';

 angular
   .module('sg.base')
   .service('filer', filer);

 /* @ngInject */
 function filer($q, $upload, config, Auth, logger) {
   this.uploadPhoto = uploadPhoto;

   function uploadPhoto(model, id, file) {
     var deferred = $q.defer();
     // $upload.upload 호출시 넘 길 파라미터 설정
     // 호출 url 과 Auth 토큰 설정
     var params = {
       url: config.api_version + '/' + model + '/' + id + '/photo',
       method: 'PUT',
       headers: {
         'Authorization': 'Bearer ' + Auth.getToken()
       },
       fileFormDataName: 'photo',
       file: file[0]
     };

     $upload
       .upload(params)
       .progress(function (evt) {
         var progressPercentage = parseInt(100.0 * evt.loaded / evt.total);
```

```
        }).success(function (data, status, headers, config) {
            deferred.resolve(data);
        }).error(function (data, status, headers, config) {
            deferred.reject(data);
        });

        return deferred.promise;
    }
  }
})();
```

위와 같이 filer 서비스를 만들어 놓으면 파일 업로드를 하고 싶은 화면의 컨트롤러에서 filer 서비스를
주입받아 사용한다. angularFileUpload 모듈은 크게 파일을 선택하는 지시자인 ng-file-select와
선택한 파일을 백엔드로 전송하는 $upload 서비스로 구분된다. filer 서비스에서 $upload 서비스를
추상화했고 이를 컨트롤러나 read-group.html의 ng-file-select에서 바로 사용할 수 있지만 이를
좀 더 간결한 지시자로 만들어 보자.

일반적으로는 HTML 태그에 ng-file-select 지시자를 사용하고, 파일을 선택하면 ng-
model="file"에 선택한 파일을 자동으로 설정해 준다. 그다음 컨트롤러에서 $scope.$watch를 통해
$scope.file의 변경 여부를 감시해서 값이 있다면 filer 서비스를 이용해 파일을 업로드하는 로직
이다.

```
《 일반적인 경우 》

// /client/app/group/read/read-group.html 일부
<img class="group_img" id="_photo" ng-src="{{group.photo}}">
            <div ng-show="isMember"
                ng-file-select
                ng-model="file"
                class="btn btn-default btn-sm" style="margin-left: 20px">Select File</div>

// /client/app/group/read/read-group.controller.js 일부
(function() {
  'use sctrict';

  angular
    .module('surveyGorillaApp')
```

```
    .controller('ReadGroupCtrl', ReadGroupCtrl);

/* @ngInject */
function ReadGroupCtrl($scope, $modalInstance, params, group, sgAlert, logger) {
  $scope.memberJoin = memberJoin;
  $scope.memberLeave = memberLeave;
  $scope.update = update;
  $scope.remove = remove;
  $scope.cancel = cancel;
  _init();

  function _init() {
    // 파일 선택할 때: 파일 변경 감시
    $scope.$watch('file', function () {
      if(!$scope.file) { return; }
      _upload();
    });
  }


  // 파일 업로드
  function _upload() {
    filer
      .uploadPhoto('groups', $scope.group.id, $scope.file)
      .then(function(response) {
        // change image
        var media = document.getElementById('_photo');
        media.src = '/api/v1/groups/' + $scope.group.id + '/photo';
      }, function(error) {
        logger.info('file uploading error: ', error);
      });
  }
```

위의 ReadGroupCtrl는 일반적인 memberEnroll, memberLeave, update, remove 업무 로직을 수행한다. 파일 업로드는 별도의 지시자로 분리한다. read-group.html에서 〈img …〉〈div …〉로 구성했던 부분을 〈photo-profile〉 태그로 단순화하고 이해할 수 있게 수정한다. 그리고 photoProfile 지시자를 만들어 read-group.controller.js 에 있던 로직을 지시자의 link 함수로 옮긴다.

《 별도 지시자로 구성 》

```
// /client/app/group/read/read-group.html 일부
<photo-profile info="profile"></photo-profile>

// /client/components/app/file/photo-profile.directive.js
(function() {
  'use strict';

  angular
    .module('sg.app')
    .directive('photoProfile', photoProfile);

  /* @ngInject */
  function photoProfile($rootScope, filer, config, pubsub, logger) {
    return {
      restrict: 'EA',
      scope: {
        profile: '=info'
      },
      template: '<div>' +
                  '<img class="group_img" id="_photo" ng-src="{{profile.modelPhoto}}">' +
                  '<div ng-show="profile.isAdmin" ng-file-select ng-model="file" class="btn btn-
default btn-sm" style="margin-left: 20px">Select File</div>' +
                '</div>',
      link: link
    };

    function link(scope, element, attrs) {
      scope.$watch('file', function () {
        if(!scope.file) { return; }
        _upload();
      });

      function _upload() {
        filer
          .uploadPhoto(scope.profile.modelName, scope.profile.modelId, scope.file)
          .then(function(response) {
            // change image
```

```
            var media = document.getElementById('_photo');
            var photo_url = config.api_version + '/' + scope.profile.modelName + '/' + scope.profile.
modelId + '/photo';
            media.src = photo_url;
            pubsub.publish('profile:image:change', {id: scope.profile.modelId, photo: photo_url});
        });
    }
  }
})();
```

그룹의 이미지를 변경하면 〈그림 6.2〉와 같이 그룹의 배경 이미지가 변경돼 표시된다.

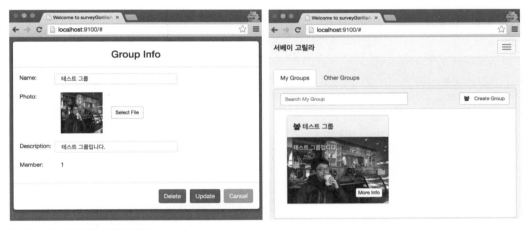

〈그림 6.2〉 그룹 배경 이미지 변경

filer에서 업로드에 성공하면 _photo 엘리먼트의 이미지 src 호출 위치를 지정하고 이미지가 변경됐으므로 group-card의 배경 이미지를 바로 변경하도록 pubsub 서비스를 통해 publish를 호출해 변경됐음을 알린다. 여기서 pubsub은 앵귤러의 $broadcast, $on의 특성을 이용해 publish 할 때는 $rootScope.$broadcast하고 하위 스코프 객체는 $on하여 이벤트에 대한 subscribe를 수행하는 서비스다. 변경을 감지해 그룹 카드의 배경 이미지를 변경하는 곳은 group-card.directive.js이고, link 함수에서 'profile:image:change' 이벤트를 pubsub 서비스를 통해 subscribe하여 변경 이벤트를 받아 배경 이미지를 바꿔준다.

```javascript
// /client/app/group/list/group-card.directive.js 일부
(function() {
  'use strict';

  angular
    .module('surveyGorillaApp')
    .directive('groupCard', groupCard);

  /* @ngInject */
  function groupCard(pubsub) {
    return {
      restrict: 'EA',
      scope: {
        group: '=info',
        showDetail: '&'
      },
      template: … 중략 … ,
      link: link
    };

    function link(scope, element, attrs) {
      // 이미지를 변경하면 이벤트를 받아 그룹 카드의 배경 이미지를 바꿔준다.
      pubsub.subscribe('profile:image:change', function(evt, data) {
        if(data.id === scope.group.id) {
          scope.backgroundImage = {
            'background-image': 'url(' + data.photo + ')',
            'background-repeat': 'no-repeat',
            'background-size': 'cover'
          };
        }
      }, scope);
    … 중략 …
})();
```

'Select file' 버튼을 클릭하고 이미지를 선택한 후 정상적으로 업로드 되면 팝업창의 미리보기 이미지
와 그룹 카드의 배경 이미지가 동시에 변경됨을 확인할 수 있다.

그룹 가입, 탈퇴

그룹 가입과 탈퇴는 이미 read-group.controller.js에 구현했다. 그룹을 생성한 소유자는 가입과 탈퇴를 할 수 없으므로 별도의 사용자 계정을 생성해서 가입해야 한다. 'Other Groups' 탭에서 그룹 정보 보기를 한 뒤 〈그림 6.3〉과 같이 'Join Group'을 클릭해 그룹에 가입한다. 정상적으로 가입처리 되고 팝업창이 닫히면 메인 화면을 제어하는 main.controller.js에서 해당 로그인 사용자가 가입한 그룹을 'Other Groups' 탭에서 'My Groups' 탭으로 옮겨준다. 그룹의 탈퇴는 가입하는 과정을 반대로 거쳐 수행된다.

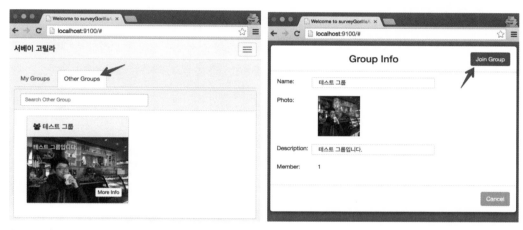

〈그림 6.3〉 Other Groups 탭에서 그룹 가입하기

read-group.html에서 멤버일 때에 탈퇴 버튼을 보여주고 가입 버튼을 숨긴다. 반대로 멤버가 아닐 때는 가입 버튼을 보여주고 탈퇴 버튼을 숨긴다.

```html
<!-- /client/app/group/read/read-group.html -->

<script type="text/ng-template" id="read-group.html">
  <div>
    <div class="modal-header">
      <h3 class="modal-title">
        Group Info
        <button ng-hide="profile.isMember" class="btn btn-primary pull-right" ng-
click="memberJoin()">Join Group</button>
        <button ng-show="profile.isMember && !profile.isAdmin" class="btn btn-primary pull-right"
ng-click="memberLeave()">Leave Group</button>
      </h3>
```

```
    </div>
    … 중략 …
```

지금까지의 코드를 아래의 원격 브랜치 소스로 변경해 확인할 수 있다.

```
$ git checkout - t feature/ch61_group_info
```

6-2 그룹 활동 페이지

그룹 활동 페이지는 실제 그룹 활동이 이뤄지는 곳으로 그룹의 소유자가 설문을 생성하고 멤버는 설문에 답할 수 있는 활동 페이지다. 그룹 활동 페이지의 레이아웃을 만들고, 좌측에 있는 멤버 목록을 표현하기 위해 멤버 지시자를 만들어 보자.

그룹 활동 화면 레이아웃 개발

우선 그룹 활동 페이지의 레이아웃을 만들기 위해 sg-generator의 route 명령으로 dashboard를 생성한다. /client/app/dashboard 폴더에 라우팅 설정 파일인 dashboard.js와 컨트롤러, css, html 파일이 생성된다. dashboard.js에서 DashboardCtrl에 대한 controllerAs를 dashboard 보드로 설정한다.

```
// dashboard 관련 파일 생성
$ yo sg:route dashboard

// /client/app/dashboard/dashboard.js
(function () {
  'use strict';

  angular
    .module('surveyGorillaApp')
    .config(Config);

  /* @ngInject */
  function Config($stateProvider) {
    $stateProvider
```

```
      .state('dashboard', {
        url: '/dashboard/:id',
        templateUrl: 'app/dashboard/dashboard.html',
        controller: 'DashboardCtrl',
        controllerAs: 'dashboard'
      });
  }
})();
```

다음과 같이 그룹 카드 지시자의 템플릿에서 그룹 명칭을 클릭하면 그룹 활동 페이지로 이동하도록
ng-href에 '/dashboard/:id' 링크를 설정한다.

```
// /client/app/group/list/group-card.directive.js 일부
(function() {
  'use strict';

  angular
    .module('surveyGorillaApp')
    .directive('groupCard', groupCard);

  /* @ngInject */
  function groupCard(pubsub) {
    return {
      restrict: 'EA',
      scope: {
        group: '=info',
        showDetail: '&'
      },
      template: '<div class="col-lg-3 col-md-3 col-sm-4 col-xs-6">' +
                  '<div class="panel panel-default">' +
                    '<div class="panel-heading">' +
                      '<h3 class="panel-title"><i class="fa fa-users"></i> <a ng-href="#/dashboard/
{{group.id}}">{{group.name}}</a></h3>' +
                    '</div>' +
                    '<div class="panel-body" ng-style="backgroundImage">' +
                      '<p class="group_card_desc" ng-style="descriptionFont">{{group.description}}</
p> ' +
```

```
                          '<a href="#" ng-click="showDetail({group: group})" class="btn btn-default btn-
xs pull-right" role="button">More Info</a>' +
                   '</div>' +
               '</div>' +
             '</div>',
     link: link
   };
```

그룹 활동 페이지로 이동한 후 화면의 레이아웃은 Bootcards(http://bootcards.org/)를 이용해 왼쪽에는 멤버 목록이 오고 오른쪽에는 그룹 소유자가 생성한 설문 카드 목록을 보여줄 수 있게 HTML을 구성한다. 먼저 bootcards를 설치하자.

```
// bootcards 설치하기
$ bower install bootcards --save

// index.html 설정 : bootcards-desktop.min.css를 직접 수정해 설정
<!-- build:css(client) app/vendor.css -->
    <!-- bower:css -->
    <link rel="stylesheet" href="bower_components/font-awesome/css/font-awesome.css" />
    <link rel="stylesheet" href="bower_components/bootstrap/dist/css/bootstrap.css" />
    <!-- endbower -->
    <link rel="stylesheet" href="bower_components/bootcards/dist/css/bootcards-desktop.min.css" />
    <!-- not used : <link rel="stylesheet" href="components/app/bootstrap-theme/bootwatch-simplex.
css" /> -->
    <!-- endbuild -->
```

트위터 부트스트랩과 bootcards의 CSS 스타일을 이용해 다음과 같이 레이아웃을 생성한다. bootcards-list로 목록 그룹에 list-group 〉 list-group-item 또는 list-group 〉 bootcards-summary 스타일로 bootcards 스타일의 목록을 만든다. 너비는 col-md-〈XX〉, col-xs-〈XX〉의 트위터 부트스트랩 스타일을 이용한다.

```
<!-- /client/app/dashboard/dashboard.html 일부 -->

<div class="col-xs-4 col-md-4 bootcards-list">
  <div class="panel panel-default">
    <div class="panel-body" ng-style="dashboard.backgroundImage">
        … 멤버 검색 중략 …
```

```html
    </div>
    <div class="list-group">
      <a href="#" class="list-group-item">
        <img ng-src="{{::member.photo}}" class="img-rounded pull-left">
        <h4 class="list-group-item-heading"> 테스트-1</h4>
        <p class="list-group-item-text"> test@test.com (OWNER)</p>
      </a>
    </div>


  </div>
</div>

<div class="col-xs-8 col-md-8 bootcards-list">
  <div class="panel panel-default">
    <div class="panel-body">
        … 설문 카드 검색 중략 …
    </div>
    <div class="list-group">
      <div class="panel panel-default bootcards-summary">
        <div class="panel-heading">
          <h3 class="panel-title">Summary Card Heading</h3>
        </div>
        <div class="panel-body">
          <div class="row">
            <div class="col-xs-11 col-sm-11">
                data
            </div>
          </div>
        </div>
        <div class="panel-footer">
          <small class="pull-left">Summary Card Footer</small>
        </div>
      </div>
    </div>
  </div>
</div>
```

〈그림 6.4〉와 같이 dashboard.html 파일에 원하는 레이아웃이 나올 때까지 UI 프레임워크에서 제공하는 기능을 이용해 먼저 HTML 화면을 구성한다.

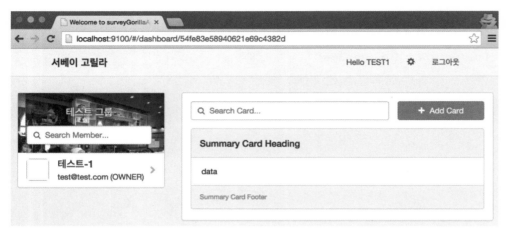

〈그림 6.4〉 그룹 활동 페이지 레이아웃

그룹 활동 페이지에서 반복되는 것은 왼쪽에 있는 멤버 목록과 오른쪽에 있는 카드 목록일 것이다. 이제 반복되는 HTML 엘리먼트 그룹은 앵귤러 지시자로 만들어야겠다는 생각이 들 것이다. 우선 그룹 활동 페이지로 들어 왔으므로 그룹 정보를 조회하고 그룹 정보에 속한 그룹의 멤버 목록을 왼쪽에 출력해보자. 그룹 활동 페이지 컨트롤러인 dashboard.controller.js에서 최초 _init()을 호출하면서 group 서비스를 통해 그룹의 정보를 조회한다. 그룹 정보를 가져온 후 그룹의 백그라운드 이미지와 폰트 스타일을 설정하고 현재 로그인한 사용자가 그룹의 소유자인지 판단한다. 그리고 카드 추가 API인 addCard 메서드를 추가한다. 라우팅을 통해 화면이 변경되면 화면과 맵핑된 컨트롤러는 최초에 한 번 수행하고 초기화는 _init() 함수에 일괄적으로 수행하도록 규칙을 정했다. 또한, 스코프 객체를 통해 HTML에 반영하는 함수가 아닌 것 또한 _〈함수〉()처럼 앞에 private을 의미하는 언더바(_)를 붙여 정의한다. 이를 통해 코드 가독성을 높일 수 있다.

```javascript
// /client/app/dashboard/dashboard.controller.js
(function() {
  'use strict';

  angular
    .module('surveyGorillaApp')
    .controller('DashboardCtrl', DashboardCtrl);

  function DashboardCtrl($scope, $stateParams, modal, group, logger) {
    var vm = this;
    vm.addCard = addCard;
```

```
_init();

function _init() {
  _groupInfo();
  _searchCards();
}


function _groupInfo() {
  // 그룹 및 그룹 멤버 조회
  group
    .getGroup($stateParams.id)
    .then(function(response) {
      vm.group = response.data;
      // 그룹의 프로필 이미지 적용
      vm.backgroundImage = {
        'background-image': 'url(' + vm.group.photo + ')',
        'background-repeat': 'no-repeat',
        'background-size': 'cover'
      };
      vm.titleFont = {
        'color': 'yellow',
        'text-shadow': '0 0 8px #000',
        '-moz-text-shadow': '0 0 8px #000',
        '-webkit-text-shadow': '0 0 8px #000'
      };
      // 로그인한 사용자가 그룹의 소유자인지 판단
      vm.isAdmin = group.isGroupOwner(vm.group);
      logger.info('group dashboard: ', vm.group);
    });
}


function _searchCards() {
  $scope.$watch(function() {
    return vm.cardTitle;
  }, function(newVal, oldVal) {
    _cards({title: vm.cardTitle});
  });
}
```

```
   function _cards(params) {
     // 카드를 만들어줌
     vm.cards = [];
     // 카드 목록 조회
   }

   function addCard() {
     // 카드 추가
   }
 }
})();
```

그룹 멤버 목록 표현

그룹 활동 페이지 왼쪽에 있는 멤버 목록은 반복적으로 표현되는 HTML 엘리먼트이므로 앵귤러 지시
자로 만들어 보자. dashboard 폴더에 member 폴더를 만들고, group-member.directive.js 파
일을 생성한다. 지시자의 일반적인 내용을 넣고, dashboard.html의 멤버 표현 HTML을 지시자의
template 설정으로 다음과 같이 옮긴다. 그리고 scope.member를 통해 멤버 정보를 표현한다. 멤버
지시자는 dashboard.html에서 〈group-member info="xxx"〉 태그의 info 속성을 통해 멤버 객
체를 받아 처리한다. template 안에 {{}} 표현을 할 때 실시간으로 변하지 않는 단순한 데이터의 출력
도 앵귤러의 다이제스트 사이클을 통해 변화 감지에 항상 포함된다. 예를 들어 $scope.member의 객
체에 대한 출력을 {{member.photo}}로 할 때가 이에 해당한다. 하지만 {{::member.photo}}로 하면
변화 감지에서 제외되므로 목록과 같이 반복적으로 표현되는 객체이면서 실시간 변경이 없는 정보의
표현은 앵귤러 v1.3에서 새롭게 소개된 {{::〈Expression〉}} 을 사용해 애플리케이션 성능을 높이도록
한다.

```
// /client/app/dashboard/member/group-member.directive.js
(function() {
  'use strict';

  angular
    .module('surveyGorillaApp')
    .directive('groupMember', groupMember);

  /* @ngInject */
```

```
    function groupMember() {
      return {
        restrict: 'EA',
        scope: {
          member: '=info'
        },
        template: '<a href="#" class="list-group-item">' +
            '<img ng-src="{{::member.photo}}" class="img-rounded pull-left">' +
            '<h4 class="list-group-item-heading"> {{::member.name}}</h4>' +
            '<p class="list-group-item-text"> {{::member.email}} {{::role}}</p>' +
          '</a>',
        link: link
      };

      function link(scope, element, attrs) {
        if(scope.member.role) {
          scope.role = '(' + scope.member.role + ')';
        } else {
          scope.role = '';
        }
      }
    }
})();
```

dashboard.html에서 기존 HTML 코드를 다음과 같이 지시자로 바꿔보자. 컨트롤러에서 초기에 받은 그룹 정보 객체를 dashboard.group으로 접근할 수 있다. 〈group-member〉 태그는 하나의 멤버 정보를 표현하므로 ng-repeat을 이용해 dashboard.group.members의 배열을 순회하며 멤버 목록을 생성한다. 그리고 멤버 목록에서 멤버 검색을 위해 〈input〉 태그에 정의한 queryMember 값을 이용해 'ng-repeat="원소 in 배열 | filter:〈값〉"'으로 〈값〉과 유사한 원소만 목록으로 표현되게 한다. 〈input〉 태그에도 마찬가지로 ngModelOptions를 적용한다.

```html
<!-- /client/app/dashboard/dashboard.html 일부 -->

<div class="col-xs-4 col-md-4 bootcards-list">
  <div class="panel panel-default">
    <div class="panel-body" ng-style="dashboard.backgroundImage">
      <form>
```

```html
      <div class="row">
        <div class="col-xs-11">
          <h4 ng-style="dashboard.titleFont" style="text-align:center;margin-
bottom:15px">{{dashboard.group.name}}</h4>
        </div>
      </div>
      <div class="row">
        <div class="col-xs-11">
          <div class="form-group">
            <input type="text"
              ng-model="queryMember"
              ng-model-options="{ debounce : { 'default' : 300, blur: 0 } }"
              class="form-control" placeholder="Search Member...">
            <i class="fa fa-search"></i>
          </div>
        </div>
      </div>
    </form>
  </div>


  <div class="list-group">
    <!--a href="#" class="list-group-item">
      <img ng-src="{{::member.photo}}" class="img-rounded pull-left">
      <h4 class="list-group-item-heading"> 테스트-1</h4>
      <p class="list-group-item-text"> test@test.com (OWNER)</p>
    </a-->
    <!-- 멤버 지시자로 표현 -->
    <group-member info="member"
      ng-repeat="member in dashboard.group.members | filter:queryMember">
    </group-member>
  </div>

  </div>
</div>
```

〈그림 6.5〉와 같이 그룹 소유자와 그룹 멤버를 표현하고 멤버를 검색할 수 있다. 오른쪽 영역에서는 카드를 검색할 수 있고 그룹 소유자일 때 'Add Card' 버튼이 활성화 돼 나타나므로 다음으로 카드 생성하기를 개발해보자.

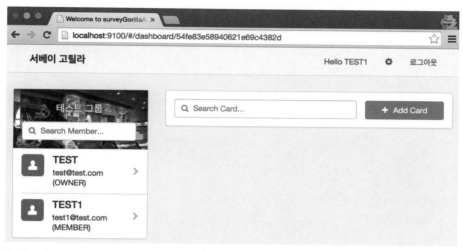

〈그림 6.5〉 그룹 활동 페이지의 멤버 목록

지금까지의 코드를 아래의 원격 브랜치 소스로 변경해 확인할 수 있다.

```
$ git checkout - t feature/ch62_group_activity
```

6-3 설문 카드 생성

그룹 활동 페이지 오른쪽 위에는 카드 검색하기와 카드 생성 버튼이 있는데, 카드 생성은 그룹을 생성한 소유자만 할 수 있다. 설문 카드를 생성하는 방법과 카드를 지시자로 만들어 카드 목록으로 표현하고, 간단하게 카드를 검색하는 방법을 배워보자.

설문 카드 생성

설문의 종류는 3가지로 공지사항, 평점, 단/다답형 객관식 문제를 만들 수 있다. 설문 공통사항은 제목과 설명을 넣을 수 있다. 우선 카드에 관련된 CRUD를 수행해야 하므로 group과 유사하게 card 폴더를 생성하고 카드 모델과 서비스를 개발한다. cards.js로 카드 모델을 생성하고 cards.service.js에서 모델 Cards를 주입받아 CRUD에 관련된 AJAX를 처리한다. 모델과 서비스는 카드의 데이터 처리 과정만을 정의한 것으로 화면과의 상호작용 부분은 존재하지 않는다.

```
// /client/app/card/cards.js
(function() {
  'use strict';

  angular
    .module('surveyGorillaApp')
    .factory('Cards', Cards);

  function Cards(Restangular) {
    var model = Restangular.all('cards');
    model.one = function(id) {
      return Restangular.one('cards', id);
    };
    return model;
  }
})();

// /client/app/card/cards.service.js
(function() {
  'use strict';

  angular
    .module('surveyGorillaApp')
    .service('card', card);

  /* @ngInject */
  function card(Cards, Auth) {
    this.getCard = getCard;
    this.getCards = getCards;
    this.create = create;
    this.remove = remove;
    this.update = update;

    function getCard(cardId) {
      return Cards.one(cardId).get();
    }

    function getCards(groupId, params) {
      var card = {group: groupId, type: 'ALL', complete: 'ALL', sort: '-CREATED'};
```

```
    if(params) {
      params = angular.extend(card, params);
    } else {
      params = card;
    }
    return Cards.customGET('', params);
  }

  function create(params) {
    return Cards.customPOST(params);
  }

  function remove(cardId) {
    return Cards.one(cardId).customDELETE();
  }

  function update(cardId, params) {
    return Cards.one(cardId).customPUT(params);
  }
 }
})();
```

카드에 대한 보이지 않는 부분의 서비스 개발이 끝났다면 다음으로 화면과 상호작용을 하는 카드 생성을 위한 컨트롤러와 HTML을 개발한다. 〈그림 6.6〉은 설문 종류가 평점인 카드를 생성할 때와 설문 종류가 객관식인 카드를 생성할 때의 화면이다.

〈그림 6.6〉 설문 생성하기

카드 생성은 별도의 팝업창으로 만들 것이고, dashbard.controller.js 그룹 활동 페이지의 액션을 총괄하는 컨트롤러에서 카드 생성 창을 띄워주도록 한다. addCard에서 아이디가 'create-card.html'인 템플릿과 템플릿을 제어하는 컨트롤러인 CreateCardCtrl 그리고 그룹 정보를 파라미터로 전달한다. 카드 생성에 성공하면 vm.cards 배열에 카드 결과값을 포함시킨다.

```javascript
// /client/app/dashboard/dashboard.controller.js 일부
(function() {
  'use strict';

  angular
    .module('surveyGorillaApp')
    .controller('DashboardCtrl', DashboardCtrl);

  function DashboardCtrl($scope, $stateParams, modal, group, card, logger) {
    var vm = this;
    vm.addCard = addCard;
    … 중략 …

    function addCard() {
      // 카드 생성을 위한 팝업창 띄우기
      modal
        .open('', 'create-card.html', 'CreateCardCtrl', vm.group)
        .then(function(result){
          vm.cards.unshift(result);
        }, function(error) {});
    }
  }
})();
```

카드 생성은 card 폴더에 create 폴더를 생성하고 그 아래에 create-card.html과 create-card.controller.js 파일을 생성한다. 생성한 create-card.html 템플릿은 그룹 활동 페이지 영역에서 다루는 화면이므로 dashboard.html 맨 아래에 포함시킨다. create-card.html은 cardForm 폼에 설문의 종류 세 가지 중 하나만 선택할 수 있게 한다. 카드 타입인 공지사항(notice), 평점(rating)은 설문의 제목과 설명만 입력할 수 있고, 단답형이나 다답형의 설문은 설문 옵션을 최대 5개까지 입력할 수 있다. 최종 생성(create) 액션을 통해 설문 생성에 성공하면 팝업창이 닫히면서 dashboard.controller.js로 제어권이 넘어가고 생성된 카드가 그룹 활동 페이지의 카드 목록에 추가된다.

```
// /client/app/dashboard/dashboard.html 일부
<div ng-include="'app/card/create/create-card.html'"></div>


// /client/app/card/create/create-card.html
<script type="text/ng-template" id="create-card.html">
  <div>
    <div class="modal-header">
        <h3 class="modal-title">Create Card</h3>
    </div>
    <div class="modal-body">
        <form name="cardForm">
            <div class="form-group">
                <label for="surveyType" class="col-sm-2 control-label">설문 종류: </label>
                <label class="radio-inline">
                  <input type="radio" name="survey" id="notice" ng-model="card.type" value="NOTICE">
공지사항
                </label>
                <label class="radio-inline">
                  <input type="radio" name="survey" id="rating" ng-model="card.type" value="RATING">
평점
                </label>
                <label class="radio-inline">
                  <input type="radio" name="survey" id="objective" ng-model="card.type" value="SURVEY">
객관식
                </label>
            </div>

            <input type="text"
                    name="cardName"
                    required
                    ng-model="card.title"
                    ng-minlength="1"
                    ng-maxlength="100"
                    class="form-control" style="margin-top:20px" placeholder="Write Title">

          <!-- for OBJECTIVE card -->
          <div style="margin-top: 20px;" ng-show="card.type === 'SURVEY'">
            <label class="radio-inline">
              <input type="radio" name="surveySubType" id="mo" ng-model="card.survey.type"
value="MULTIPLE_OBJECTIVE"> 다답형
```

```html
                    </label>
                    <label class="radio-inline">
                        <input type="radio" name="surveySubType" id="so" ng-model="card.survey.type"
value="SINGLE_OBJECTIVE"> 단답형
                    </label>

                    <div style="margin-top: 5px;" ng-repeat="option in options">
                        <div class="form-inline">
                            <input type="text"
                                ng-model="option.comment"
                                ng-model-options="{debounce : {'default':100, blur:0}}"
                                ng-keyup="addOption(option, $index)"
                                placeholder="Option-{{$index + 1}}"
                                class="form-control" style="width:70%">
                            <div class="btn btn-sm btn-warning"
                                    ng-click="deleteOption($index)">delete</div>
                        </div>
                    </div>

                    <textarea ng-model="card.description"
                                class="form-control" style="margin-top:20px" rows="3" placeholder="Write
Description"></textarea>
                </row>
            </form>
        </div>
        <div class="modal-footer">
            <button class="btn btn-primary" ng-click="create()">Create</button>
            <button class="btn btn-warning" ng-click="cancel()">Cancel</button>
        </div>
    </div>
</script>
```

카드 생성 컨트롤러에 액션을 추가한다. 카드 생성 팝업창이 활성화되면 최초에 $scope.card 기본 카드 객체를 초기화한다. modal 서비스를 통해 팝업창을 활성화할 때 넘어오는 파라미터의 객체명은 params로 그룹 객체를 전달했다. $scope.card = { group: params.id }로 그룹 아이디를 설정하고 제목과 설명은 값이 없고 $scope.card.survey는 단/다답형 설문을 할 때 입력되는 값이다.

```
// /client/app/card/create/create-card.controller.js
(function() {
  'use sctrict';

  angular
    .module('surveyGorillaApp')
    .controller('CreateCardCtrl', CreateCardCtrl);

  /* @ngInject */
  function CreateCardCtrl($scope, $modalInstance, params, card, sgAlert) {
    $scope.addOption = addOption;
    $scope.deleteOption = deleteOption;
    $scope.create = create;
    $scope.cancel = cancel;
    _init();

    function _init() {
      // 카드 객체 초기화
      $scope.card = {
        group: params.id, // params is group object
        type: 'NOTICE',
        title: '',
        description: '',
        survey: {type: 'MULTIPLE_OBJECTIVE'} // for OBJECTIVE
      };

      // 단/다답형을 위한 옵션 설문 내용을 배열로 저장
      $scope.options = [
        {comment:''}
      ];
    }

    // 단/다답형에 대해 ng-keyup이 발생할 경우 설문 옵션 내용을 저장한다.
    function addOption(option, idx) {
      // except conditions
      // 1) already add
      // 2) max option 5
      // 3) except ''
      if( (($scope.options.length-1) !== idx)
```

```
      || (idx === 4)
      || !option.comment
    ) return;

    $scope.options.push({comment: ''});
  }


  // 단/다답형에 대해 삭제할 경우
  function deleteOption(idx) {
    if($scope.options.length ===  1) {
      return;
    }
    $scope.options.splice(idx, 1);
  }


  function create() {
    if($scope.card.type === 'SURVEY') {
      $scope.card.survey.options = _optimizeOptions();
    } else {
      delete $scope.card.survey;
    }


    // 카드 서비스를 이용해 카드를 생성하고 성공하면 팝업창을 닫고
    // 생성된 카드 정보를 그룹 활성 페이지 컨트롤러에 위임한다.
    card
      .create($scope.card)
      .then(function(response) {
        $modalInstance.close(response.data);
      }, function(error) {
        sgAlert.error('create card error', error);
      });
  };


  function _optimizeOptions() {
    // remove '' comment
    var options = [];
    angular.forEach($scope.options, function(option) {
      if(option.comment) {
        options.push(option.comment);
      }
```

```
    });
    return options;
  }


  function cancel() {
    $modalInstance.dismiss('cancel');
  };
  }
})();
```

설문을 생성하면 그룹 활동 페이지의 컨트롤러인 dashboad.controller.js로 제어권이 넘어가고 vm.cards 배열에 저장하면 앵귤러 양방향 데이터 바인딩에 따라 생성된 카드가 그룹 활동 페이지의 카드 목록에 나타난다.

```
// /client/app/dashboard/dashboard.controller.js 일부
  function addCard() {
    modal
      .open('', 'create-card.html', 'CreateCardCtrl', vm.group)
      .then(function(result){
        // 카드 생성에 성공하면 vm.cards 배열에 저장한다.
        vm.cards.unshift(result);
      }, function(error) {});
  }
```

카드를 생성했으니 그룹 활동 페이지의 오른쪽에 생성된 카드를 표현하는 카드 목록 화면을 구현해 보자.

카드 지시자 개발

카드 지시자는 설문 내용을 표현하고 설문에 응답한 멤버의 결과값을 종합해서 표현한다. 따라서 〈그림 6.7〉과 같이 카드 외부의 공통된 부분을 담당하는 Card 지시자와 카드 내부에 설문 종류별로 변경되는 부분을 CardType 지시자로 분리해 개발한다.

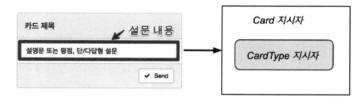

〈그림 6.7〉 Card와 CardType 지시자 구성

card 폴더에 card.directive.js를 생성하고 card 지시자와 cardType 지시자 두 가지를 정의한다. card 지시자는 상단에 카드 제목과 하단에 설문 응답 버튼이 공통으로 들어가고, 설문 카드 타입에 따라 화면을 변경하기 위해 transclude를 true로 설정한 후 〈div ng-transclude〉를 설정한다. ng-transclude DOM에는 cardType 지시자에서 판단한 설문 화면이 동적으로 적용된다. cardType 지시자에서 require를 '^card'로 설정했기 때문에 link 함수의 네 번째 파라미터로 card 지시자의 컨트롤러를 전달받는다.

```
// /client/app/card/card.directive.js
(function() {
  'use strict';

  angular
    .module('surveyGorillaApp')
    .directive('card', card)
    .directive('cardType', cardType);

  /* @ngInject */
  function card() {
    return {
      restrict: 'EA',
      controller: 'cardCtrl',
      scope: {
        card: '=info'
      },
      // 카드 타입 지시자를 트랜스클루드 한다.
      transclude: true,
      template: '<div class="panel panel-default bootcards-summary" style="margin-left:15px; margin-right:15px;">' +
                  '<div class="panel-heading">' +
                    '<h3 class="panel-title">{{::card.title}}</h3>' +
```

```
                        '</div>' +
                        '<div class="panel-body">' +
                          '<div class="row">' +
                            '<div class="col-xs-12 col-sm-12 col-md-12 col-lg-12">{{::card.description}}</
div>' +
                              '<div ng-transclude></div>' +
                            '</div>' +
                          '</div>' +
                        '<div class="panel-footer">' +
                          '<small class="pull-right">' +
                            '<div ng-click="respondCard()" class="btn btn-sm btn-default"><i class="fa fa-
check"></i> Send</div>' +
                          '</small>' +
                        '</div>' +
                      '</div>',
      link: link
    };
    function link(scope, element, attrs) {}
  }


  /* @ngInject */
  function cardType(templateCache, $timeout) {
    return {
      restrict: 'EA',
      // cardType 지시자는 card 지시자가 상위 태그로 반드시 존재해야 한다.
      require: '^card',
      scope: {
        card: '=info'
      },
      template: '<div></div>',
      link: link
    };


    // require: '^card'로 설정했기 때문에 cardCtrl를 전달 받음
    function link(scope, element, attrs, cardCtrl) {
      scope.$watch(function() {
          // 카드 컨트롤러에서 설문 종류에 따른 템플릿 아이디 값을 설정한다.
          return cardCtrl.templateId;
      }, function(templateId) {
```

```
      if(!templateId) { return; }

      // 설문 종류에 따라 설문 템플릿 아이디를 통해
      // cardType DOM에 동적으로 적용함
      $timeout(function() {
        element.html(templateCache.getTemplate(templateId, scope));
      });
    });
  }
}
})();
```

설문 응답하기 버튼은 card 지시자에만 있으므로 전체 제어권은 cardType이 아닌 card 지시자에 있
다. 따라서 card 컨트롤러인 card.controller.js를 생성하고 card 지시자에 controller: 'cardCtrl'
를 설정한다. 카드 컨트롤러에서 특별히 templateId는 var vm = this;를 받은 vm.templateId로 카
드별 설문 템플릿의 종류를 초기에 설정한다. $scope.templateId가 아닌 컨트롤러 객체 자신인 vm
의 templateId 속성(vm.templateId)에 템플릿 아이디를 설정해야 cardType 지시자의 link 함수
에서 cardCtrl를 네 번째 파라미터로 전달받아 cardCtrl.templateId로 접근할 수 있다.

```
// /client/app/card/card.controller.js
(function() {
  'use strict';

  angular
    .module('surveyGorillaApp')
    .controller('cardCtrl', cardCtrl);

  /* @ngInject */
  function cardCtrl($scope, pubsub, modal, logger) {
    $scope.respondCard = respondCard;
    var vm = this;
    _init();

    function _init() {
      _setShow();
    }
```

```javascript
    function _setShow(card) {
      if(card) {
        $scope.card = card;
      }
      // 설문 템플릿 종류 아이디를 설정한다.
      vm.templateId = getTemplateId($scope.card);
    }


    // 카드 타입으로 정의한 설문 템플릿을 결정한다.
    function getTemplateId(card) {
      var templateId = '';
      if(card.type === 'NOTICE') {
        templateId = 'notice-card.html';
      } else if(card.type === 'RATING') {
        templateId = 'rating-card.html';
      } else if(card.type === 'SURVEY') {
        if(card.survey.type === 'MULTIPLE_OBJECTIVE') {
          templateId = 'objective-multi-card.html';
        } else {
          templateId = 'objective-card.html';
        }
      }
      return templateId;
    }


    function respondCard() {
      // 응답하기
    }
  }
})();
```

카드 지시자를 dashboard.html에서 기존 HTML과 대체한다. 〈card〉 태그에 대해 ng-repeat으로 목록을 표현하고 〈card-type〉 태그로 카드에 맞는 설문 유형을 표현한다. HTML 태그 형식이 더 간결하고 이해하기 쉬운 형태로 표현됐다.

```html
<!-- /client/app/dashboard/dahsboard.html -->

  <div class="list-group">
    <!-- not use -->
    <!-- <div class="panel panel-default bootcards-summary" style="margin-left:15px; margin-
right:15px;">
      <div class="panel-heading">
        <h3 class="panel-title">카드 제목</h3>
      </div>
      <div class="panel-body">
        <div class="row">
          <div class="col-xs-11 col-sm-11">
              설명문 또는 평점, 단/다답형 설문
          </div>
        </div>
      </div>
      <div class="panel-footer">
        <small class="pull-right">
          <div class="btn btn-sm btn-default"><i class="fa fa-check"></i> Send</div>
        </small>
      </div>
    </div> -->

    <card info="card" ng-repeat="card in dashboard.cards">
      <card-type info="card"></card-type>
    </card>

  </div>
```

카드를 생성했을 때 그룹 활동 페이지에 표현되는지 테스트해보면 〈그림 6.8〉과 같이 카드 지시자의 제목과 설명문 그리고 하단의 응답 버튼만 출력된다.

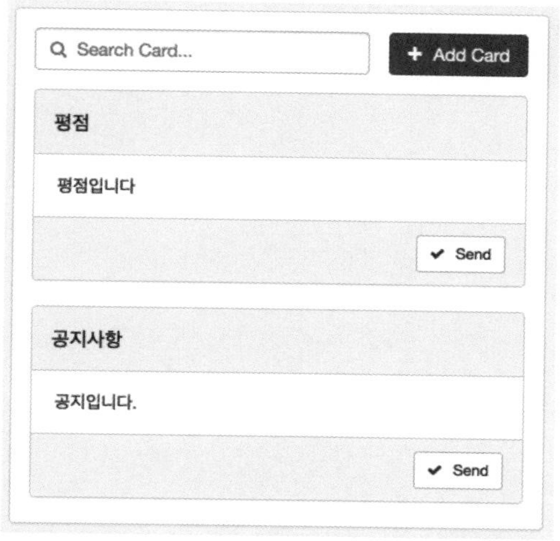

〈그림 6.8〉 카드 지시자 적용 후 카드 생성 화면

지금까지 카드를 생성하면 카드 목록을 메모리상에서 업데이트했기 때문에 그룹 활동 페이지에 최초로 들어왔을 때나 페이지를 다시 호출할 때 카드 목록을 조회하는 코드를 dashboard.controller.js에 추가한다. _searchCards 함수는 메인 화면의 그룹 검색과 유사하게 카드 검색을 할 것이므로 $scope.$watch에서 vm.cardTitle 값의 변경을 감지해서 변경이 있을 경우 cardTitle이 유사한 카드 목록을 요청한다. vm.cardTitle에 값이 없으면 해당 그룹의 최근 카드를 요청한다. dashboard.html의 오른쪽 위에서 카드 검색 〈input〉 태그에 ngModelOptions를 적용하고, ng-model="dashboard.cardTitle"을 설정해 검색하면 $scope.$watch에서 vm.cardTitle 값 변경을 감지하고 요청을 보낸다.

```javascript
// /client/app/dashboard/dashboard.controller.js 일부
(function() {
  'use strict';

  angular
    .module('surveyGorillaApp')
    .controller('DashboardCtrl', DashboardCtrl);

  function DashboardCtrl($scope, $stateParams, modal, group, card, logger) {
    var vm = this;
    vm.addCard = addCard;
    _init();
```

```javascript
  // 그룹 활동 페이지에 들어오면 그룹 정보와 카드 목록을 요청한다.
  function _init() {
    _groupInfo();
    _searchCards();
  }


  function _groupInfo() {
    // 그룹 및 그룹 멤버 조회
    … 중략 …
  }


  function _searchCards() {
    $scope.$watch(function() {
      return vm.cardTitle;
    }, function(newVal, oldVal) {
      // vm.cardTitle에 따라 해당 그룹의 카드 목록을 요청한다.
      _cards({title: vm.cardTitle});
    });
  }


  function _cards(params) {
    vm.cards = [];
    // 카드 목록 조회로 $stateParams.id는 그룹 아이디다.
    card
      .getCards($stateParams.id, params)
      .then(function(response) {
        vm.cards = response.data;
      });
  }
  … 중략 …
  }
})();
```

```html
<!-- /client/app/dashboard/dashboard.html 일부  -- >

  <div class="form-group">
    <input type="text"
           ng-model-options="{ debounce : { 'default' : 300, blur: 0 } }"
           ng-model="dashboard.cardTitle"
```

```
        class="form-control" placeholder="Search Card...">
    <i class="fa fa-search"></i>
  </div>
```

지금까지의 코드를 아래의 원격 브랜치 소스로 변경해 확인할 수 있다.

```
$ git checkout - t feature/ch63_group_activity_card_create
```

6-4 설문 종류별 카드 표현

지금까지 카드를 생성하고 카드 지시자를 만들어 목록으로 표현하고 검색하는 기본 사항을 개발했다. 다음으로 설문 카드에 설문 종류에 따라 다르게 표현하는 방법을 알아보자. 설문 종류에는 공지사항, 평점, 단/다답형 객관식 설문이 있다. 각 설문은 별도의 템플릿 HTML 파일이 있으며 템플릿 컨트롤러도 템플릿 파일별로 각각 존재한다. 이를 위해 card 폴더에 type 폴더를 생성하고 그 아래에 notice, rating, objective 폴더를 생성한다. 그리고 notice에는 notice-card.controller.js와 notice. html, rating에는 rating-card.controller.js와 rating.html, objective에는 objective-card. controller.js와 objective.html 파일을 생성한다. 그리고 생성한 *.html 템플릿은 dashboard. html 아래에서 ng-include 지시자를 사용해 추가한다. 먼저 공지사항(notice)부터 개발해보자.

공지사항은 카드의 설명문만 나오면 되고, 설명문은 카드 지시자에서 공통으로 표현하므로 notice. html 템플릿에는 별도의 HTML 엘리먼트 내역이 없다. 따라서 카드 타입별 컨트롤러만 지정한다. 컨트롤러에서는 카드 지시자에서 '응답하기(Response)' 버튼을 클릭할 때 카드 타입에서 선택한 정보를 서버로 보내기 위한 설문 내역 전송 코드가 _response( ) 함수에 들어간다. 설문 정보를 전송하는데 성공하면 다시 카드 종류(CardType) 지시자의 상위에 있는 카드(Card) 지시자의 컨트롤러에 결과값을 전송하는 이벤트 코드가 들어갈 것이다. 즉 카드 지시자와 카드 타입 지시자 컨트롤러 사이에 이벤트를 통해 필요한 객체가 전달되도록 느슨한 결합을 유도한다.

```html
<!-- /client/app/card/type/notice/notice.html -->

<script id="notice-card.html" type="text/ng-template">
  <div ng-controller="noticeCardTypeCtrl">
  </div>
</script>
```

```javascript
// /client/app/card/type/notice/notice-card.controller.js
(function() {
  'use strict';

  angular
    .module('surveyGorillaApp')
    .controller('noticeCardTypeCtrl', noticeCardTypeCtrl);

  /* @ngInject */
  function noticeCardTypeCtrl($scope, modal, card, pubsub, logger) {
    _init();

    function _init() {
      _subscribe();
    }

    // 카드 지시자 컨트롤러에서 카드별 이벤트를 전송하면 _response()가 수행됨.
    function _subscribe() {
      pubsub.subscribe('response-card:' + $scope.card.id, _response, $scope);
      $scope.$on('$destroy', function() {
        pubsub.clear('response-card:' + $scope.card.id, $scope);
      });
    }

    // 설문 내역 전송하기 : 공지사항은 전송할 값이 없고 전송 자체가 응답임.
    function _response() {
      card
        .responseCard($scope.card.id, {})
        .then(function(response) {
          _publish(response.data);
        });
    }
```

```
    function _publish(responded_card) {
        // 응답 결과
    }
  }
})();
```

〈그림 6.9〉와 같이 공지사항 생성에 성공하면 그룹 활동 페이지의 목록에 공지사항 설문 카드가 추가된다. 주의할 점은 카드를 생성한 사용자는 응답할 수 없으며, 응답한 멤버는 [Responses 0] 버튼이 보인다.

〈그림 6.9〉 공지사항 설문 생성과 목록 표현

카드 지시자 아래에 표현되는 액션의 조건은 그룹 멤버는 설문에 응답할 수 있고, 카드를 생성한 멤버(보통 그룹 소유자)는 설문에 응답할 수 없으므로 카드 지시자에 다음과 같이 추가한다. card.responded 값이 true 이면 응답 멤버를 볼 수 있고, card.responded 값이 false 이면 응답을 할 수 있다. 응답 멤버 목록은 별도의 팝업창으로 보여준다.

```
// /client/app/card/card.directive.js 일부
template: '<div> … 중략 …
  '<div class="panel-footer">' +
    '<small class="pull-right">' +
      '<div ng-if="card.responded" ng-click="respondMember()" class="btn btn-sm btn-default"><i
class="fa fa-users"></i> Response {{card.responses.length}}</div>' +
      '<div ng-if="!card.responded" ng-click="respondCard()" class="btn btn-sm btn-default"><i
class="fa fa-check"></i> Send</div>' +
    '</small>' +
  '</div>' +
'</div>'


// /client/app/card/card.controller.js 일부
    function respondMember() {
      modal
      .open('sm', 'show-respond-member.html', 'ShowRespondMemberCtrl', $scope.card)
      .then(function(result){}, function(error) {});
    }



// /client/app/card/respond/respond-member.html

<script type="text/ng-template" id="show-respond-member.html">
  <div>
    <div class="modal-header">
      <h3 class="modal-title">Responded Members</h3>
    </div>
    <div class="modal-body">
      <div class="panel panel-default">
        <div class="list-group">
          <div ng-if="members.length > 0">
          <group-member info="member" ng-repeat="member in members"></group-member>
          </div>
          <div ng-if="members.length === 0">
          Nobody respond...
          </div>
        </div>
      </div>
    </div>
  </div>
```

```
    <div class="modal-footer">
        <button class="btn btn-warning" ng-click="cancel()">Close</button>
    </div>
  </div>
</script>
```

〈그림 6.10〉에서 응답한 멤버 목록은 card 폴더의 respond 폴더에 그룹 활동 페이지에서 멤버 목록을 표현하기 위해 개발한 멤버 지시자인 〈group-member〉 지시자를 재사용한다. 응답한 사용자가 없을 때는 ng-if 지시자를 사용해 DOM을 제어한다. 그룹의 멤버로 로그인하면 공지사항 설문 카드 아래에 '응답하기(Send)' 버튼이 나오므로 응답을 하고, 그룹 소유자로 다시 로그인해 응답 목록을 확인해 보자.

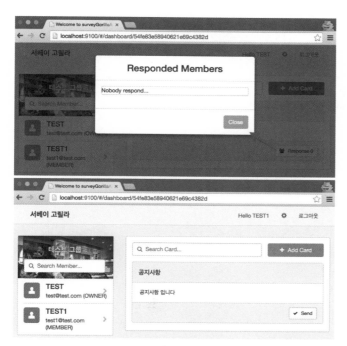

〈그림 6.10〉 응답 멤버 보기와 응답하기

단/다답형 객관식 설문 유형도 같은 방식으로 개발한다. 단답형은 objective.html이고 다답형은 objective-multi.html로 생성한다. 컨트롤러를 초기화할 때 단답형은 card.answer가 Boolean 타입으로 true 또는 false이고, 다답형은 Array 타입으로 $scope.results 배열에 checked 속성이 false 또는 true 값으로 설정된다.

```html
<!-- /client/app/card/type/objective/objective.html 단답형 -->

<script id="objective-card.html" type="text/ng-template">
  <div class="objective" ng-controller="objectiveCardTypeCtrl">
    <div ng-repeat="result in results">
      <div class="form-group">
        <div class="radio">
          <label>
            <input type="radio" name="{{card.id}}" ng-model="card.answer" ng-value="$index">
{{result.option}}
          </label>
        </div>
      </div>

    </div>
  </div>
</script>


<!-- /client/app/card/type/objective/objective-multi.html 다답형 -->

<script id="objective-multi-card.html" type="text/ng-template">
  <div class="objective" ng-controller="objectiveCardTypeCtrl">
    <div ng-repeat="result in results">
      <div class="form-group">
        <div class="checkbox">
          <label>
            <input type="checkbox" ng-model="result.checked"> {{result.option}}
          </label>
        </div>
      </div>
    </div>
  </div>
</script>

// /client/app/card/type/objective/objective-card.controller.js
(function() {
  'use strict';

  angular
```

```
    .module('surveyGorillaApp')
    .controller('objectiveCardTypeCtrl', objectiveCardTypeCtrl);

/* @ngInject */
function objectiveCardTypeCtrl($scope, modal, card, pubsub, logger) {
  _init();

  function _init() {
    _subscribe();

    $scope.results = [];
    angular.forEach($scope.card.survey.options, function(option) {
      $scope.results.push( { 'option': option, 'checked': false });
    });
  }

  function _subscribe() {
    pubsub.subscribe('response-card:' + $scope.card.id, _response, $scope);
    $scope.$on('$destroy', function() {
      pubsub.clear('response-card:' + $scope.card.id, $scope);
    });
  }

  // survey.answer로 서버에 단/다답형 객관식 선택 유형을 전송한다.
  function _response() {
    var response_card = {
      survey : {
        answer: _prepareValue()
      }
    };

    card
      .responseCard($scope.card.id, response_card)
      .then(function(response) {
        _publish(response.data);
      });
  }

  function _prepareValue() {
```

```
    if($scope.card.survey.type === 'MULTIPLE_OBJECTIVE') {
      var checked = [];
      angular.forEach($scope.results, function(result, idx) {
        if(result.checked) {
          checked.push(idx);
        }
      });
      return checked;
    } else {
      return $scope.card.answer;
    }
  }


  function _publish(responded_card) {
    // 응답 결과
  }
  }
})();
```

〈그림 6.11〉은 다답형 객관식 설문을 생성하고 목록에 추가된 모습이다. 다답형이므로 체크박스를 이용해 여러 개의 답을 선택할 수 있다.

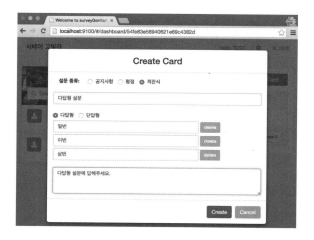

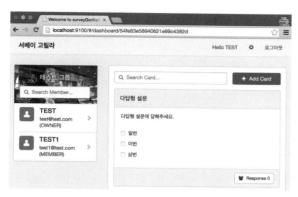

〈그림 6.11〉 다답형 객관식 설문 생성과 목록 표현

〈그림 6.12〉는 단답형 객관식 설문을 생성하고 그룹 활동 페이지 목록에 추가된 모습이다. 단답형이므로 라디오 버튼으로 하나의 답만 선택할 수 있다.

〈그림 6.12〉 단답형 객관식 설문 생성과 목록 표현

마지막으로 평점 설문을 개발해 보자. 평점은 별표 모양을 선택해서 점수를 주는 것으로 직접 평점 지시자를 만들어 사용한다. 컨트롤러를 초기화할 때 평점을 최대 5개까지 받을 수 있게 배열을 만들고, rating 지시자에서 스타 이미지를 클릭하면 활성 이미지로 상태를 바꾸고 평점을 설정해 서버로 전송한다.

```html
<!-- /client/app/card/type/rating/rating.html -->

<script id="rating-card.html" type="text/ng-template">
  <div ng-controller="ratingCardTypeCtrl">
    <ratings></ratings>
  </div>
</script>
```

```javascript
// /client/app/card/type/rating/raging-card.controller.js
(function() {
  'use strict';

  angular
    .module('surveyGorillaApp')
    .controller('ratingCardTypeCtrl', ratingCardTypeCtrl);

  /* @ngInject */
  function ratingCardTypeCtrl($scope, card, pubsub, logger) {
    $scope.setRating = setRating;
    _init();

    function _init() {
      _subscribe();
      $scope.ratings = [{id:0, status:false}, {id:1, status:false}, {id:2, status:false}, {id:3, status:false}, {id:4, status:false}];
      $scope.response_card = {rating: { rating: 0 }};
    }

    function setRating(idx) {
      $scope.ratings = _.filter($scope.ratings, function(rate) {
        if(rate.id <= idx) {
          rate.status = true;
        } else {
          rate.status = false;
        }
```

```
          return rate;
      });


      $scope.response_card.rating.rating = idx+1;
    }


    function _subscribe() {
      pubsub.subscribe('response-card:' + $scope.card.id, _response, $scope);
      $scope.$on('$destroy', function() {
        pubsub.clear('response-card:' + $scope.card.id, $scope);
      });
    }


    function _response() {
      card
        .responseCard($scope.card.id, $scope.response_card)
        .then(function(response) {
          _publish(response.data);
        });
    }


    function _publish(responded_card) {
      // 응답 결과
    }
  }
})();


// /client/app/card/type/rating/raging.directive.js
(function() {
  'use strict';


  angular
    .module('surveyGorillaApp')
    .directive('ratings', ratings);


  function ratings() {
    return {
      restrict: 'EA',
      template: '<div class="rating" ng-cloak>' +
```

```
                '<img ng-src="{{rate.status ? \'/images/rating_active.png\' : \'/images/rating.
png\'}}" ng-click="setRating($index)" ng-repeat="rate in ratings">' +
                '<span>{{response_card.rating.rating | number:0}}</span>' +
              '</div>',
    link: link
  };
  function link(scope, element, attrs) {}
  }
})();
```

〈그림 6.13〉은 평점 설문을 생성하고 그룹 활동 페이지에 평점 설문 카드가 추가된 모습이다. 평점을 매기는 별 모양 이미지를 클릭하면 활성 상태 이미지로 변경되고 오른쪽에 평점(최대 5점)이 표시된다.

〈그림 6.13〉 평점 설문 생성과 목록 표현

공지사항, 단/다답형, 평점에 대한 설문을 생성하고, 그룹 활동 페이지에 카드 목록을 표현하는 방법을 살펴봤다. 카드 목록은 설문 종류별로 템플릿을 구성하고, 템플릿 안에 ng-controller 지시자를 사용해 컨트롤러를 설정했다.

지금까지의 코드를 아래의 원격 브랜치 소스로 변경해 확인할 수 있다.

```
$ git checkout - t feature/ch64_group_activity_card_display
```

6-5 설문 응답 및 결과 표현

설문 카드를 생성하고 목록에 표현했으니 이제 멤버가 응답을 한 후 설문에 대한 질문에서 설문 응답 결과 화면으로 전환하는 방법을 살펴보자. 특정 그룹에 가입하고 로그인한 후 그룹 활동 페이지로 이동하면 자신이 설문에 응답한 카드 또는 아직 응답하지 않은 카드 목록을 〈그림 6.14〉와 같이 볼 수 있다.

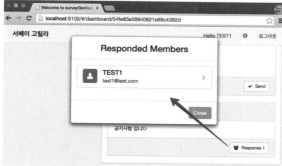

〈그림 6.14〉 카드에 응답한 상태와 미응답 상태, 응답자 목록 화면

공지사항 설문에 대해 응답하기 위해 'Send' 버튼을 클릭하면 카드 컨트롤러인 card.controller.js 의 respondCard()에서 이벤트(response-card:⟨CardID⟩)가 발생한다. 이때 해당 이벤트를 공지사항 카드 타입 지시자의 컨트롤러인 notice-card.controller.js에서 이벤트에 대해 이미 등록(subscribe)했기 때문에 _response() 콜백 함수가 실행되고, 설문 응답 내역의 전송에 성공하면 카드 결과값에 대한 이벤트를 발행한다. 그리고 다시 상위 카드 지시자의 카드 컨트롤러에서 카드 결과값에 대한 이벤트를 등록해 놓았기 때문에 카드 응답 성공에 대해 _respondedCard()가 실행돼 카드의 결과값을 설정하는 공통 함수를 통해 최종 결과를 설문 카드에 표현한다. 즉, 카드 지시자와 카드 타입 지시자가 서로 응답하라고 이벤트를 전달하고 응답한 후 다시 응답 결과에 대한 표현을 바꾸도록 카드 지시자에게 이벤트를 발행시키는 구조다. 이렇게 구성하는 이유는 공통적인 부분은 될 수 있으면 카드 지시자에 두고, 카드 타입 지시사는 타입에 맞는 응답과 표현에만 책임지도록 하기 위해서다.

이때 _setShow()를 호출하면서 결과 카드 객체를 전달하면 getTemplateId()에서 이미 응답한 카드일 경우 응답한 결과를 표현할 수 있는 템플릿 아이디를 반환한다. 즉, 다음과 같이 이미 응답한 설문의 템플릿과 응답 대기 중인 설문의 템플릿이 다를 수 있다.

```
// /client/app/card/card.controller.js
(function() {
  'use strict';

  angular
    .module('surveyGorillaApp')
    .controller('cardCtrl', cardCtrl);

  /* @ngInject */
  function cardCtrl($scope, pubsub, modal, logger) {
    $scope.respondCard = respondCard;
    $scope.respondMember = respondMember;
    var vm = this;
    _init();

    function _init() {
      _subscribe();
      _setShow();
    }

    // 최초 초기화할 때 한 번 호출되고 응답한 결과를 표현할 때도 호출된다.
    function _setShow(card) {
```

```
   if(card) {
     $scope.card = card;
   }
   vm.templateId = getTemplateId($scope.card);
 }


 // card.responded 상태값에 따라 결과를 표현하는 카드와 응답 대기 카드로
 // 템플릿 아이디를 반환한다.
 function getTemplateId(card) {
   var templateId = '';
   if(card.type === 'NOTICE') {
     if(card.responded) {
       templateId = 'notice-card.html';
     } else {
       templateId = 'notice-card.html';
     }
   } else if(card.type === 'RATING') {
     if(card.responded) {
       templateId = 'rating-card-result.html';
     } else {
       templateId = 'rating-card.html';
     }
   } else if(card.type === 'SURVEY') {
     if(card.responded) {
       templateId = 'objective-card-result.html';
     } else {
       if(card.survey.type === 'MULTIPLE_OBJECTIVE') {
         templateId = 'objective-multi-card.html';
       } else {
         templateId = 'objective-card.html';
       }
     }
   }
   return templateId;
 }


 // 설문 카드 응답하기
 function respondCard() {
   pubsub.publish('response-card:' + $scope.card.id);
 }
```

```javascript
    function respondMember() {
      modal
        .open('sm', 'show-respond-member.html', 'ShowRespondMemberCtrl', $scope.card)
        .then(function(result){}, function(error) {});
    }


    function _subscribe() {
      pubsub.subscribe('response-card-result:' + $scope.card.id, _respondedCard);
    }


    function _respondedCard(event, responded_card) {
      logger.info('response result: ', responded_card);
      _setShow(responded_card);
    }
  }
})();


// /client/app/card/type/notice/notice-card.controller.js 내역
(function() {
  'use strict';

  angular
    .module('surveyGorillaApp')
    .controller('noticeCardTypeCtrl', noticeCardTypeCtrl);


  /* @ngInject */
  function noticeCardTypeCtrl($scope, modal, card, pubsub, logger) {
    _init();

    function _init() {
      _subscribe();
    }


    // 카드 지시자에서 응답 버튼 클릭 시 반응할 콜백 함수 등록
    function _subscribe() {
      pubsub.subscribe('response-card:' + $scope.card.id, _response, $scope);
      $scope.$on('$destroy', function() {
        pubsub.clear('response-card:' + $scope.card.id, $scope);
      });
    }
```

```
    function _response() {
      card
        .responseCard($scope.card.id, {})
        .then(function(response) {
          _publish(response.data);
        });
    }


    // 설문 카드 응답에 성공하면 결과 카드 객체를 카드 지시자로 보내
    // 설문 카드의 결과를 표현하는 템플릿 화면으로 변경하도록 이벤트를 발생시킨다.
    function _publish(responded_card) {
      pubsub.publish('response-card-result:' + $scope.card.id, responded_card);
    }
  }
})();
```

설문 카드에 대한 응답 후 결과를 보기 위해 뒤에 〈설문유형〉-result.html 명칭을 추가해 card/
type/〈카드유형〉/ 폴더에 공지사항을 제외하고 objective-result.html과 rating-result.html 파
일을 생성한다. 기존의 모든 템플릿 파일은 dashboard.html에 ng-include돼 있고 마찬가지로
*-result.html 템플릿 파일도 추가한다.

```
<!-- /client/app/dashboard/dashboard.html 일부 -->

… 중략 …
<div ng-include="'app/card/create/create-card.html'"></div>
<div ng-include="'app/card/type/notice/notice.html'"></div>
<div ng-include="'app/card/type/objective/objective.html'"></div>
<div ng-include="'app/card/type/objective/objective-multi.html'"></div>
<div ng-include="'app/card/type/objective/objective-result.html'"></div>
<div ng-include="'app/card/type/rating/rating.html'"></div>
<div ng-include="'app/card/type/rating/rating-result.html'"></div>
<div ng-include="'app/card/respond/respond-member.html'"></div>
```

공지사항 설문 카드에 응답하면 버튼이 'Response 〈Count〉'버튼으로 바뀌고 클릭했을 때 〈그림
6.14〉의 오른쪽과 같이 응답한 멤버 목록을 볼 수 있다.

다음으로 단/다답형 객관식 설문 카드에 대한 응답과 결과 화면을 개발한다. 객관식 설문 유형 컨트롤러는 응답 대기 상태 또는 응답 결과를 표현하는 역할을 수행해야 하므로 초기화(_init()) 할 때 card.responded 상태값에 따라 $scope.results 값을 설정한다. 이때 자신이 응답한 카드이면 cardCondition 서비스를 통해 각 응답 카드의 값을 계산한 결과값을 얻는다. cardCondition처럼 프런트엔드에서 결과값을 계산할 수도 있고 아예 백엔드에서 결과값을 계산해 넘겨 줄 수도 있다. 여기서는 프런트엔드에서 결과값을 계산하는 방식이다.

```javascript
// /client/app/card/type/objective/objective-card.controller.js
(function() {
 'use strict';

 angular
   .module('surveyGorillaApp')
   .controller('objectiveCardTypeCtrl', objectiveCardTypeCtrl);


 /* @ngInject */
 function objectiveCardTypeCtrl($scope, modal, card, cardCondition, pubsub, logger) {
   _init();

   function _init() {
     _subscribe();

     // 이미 로그인 사용자가 응답한 카드이면 결과값을 계산한다.
     if($scope.card.responded) {
       $scope.results = cardCondition.calcResult($scope.card);
     } else {
       $scope.results = [];
       angular.forEach($scope.card.survey.options, function(option) {
         $scope.results.push( { 'option': option, 'checked': false });
       });
     }
   }

   function _subscribe() {
     pubsub.subscribe('response-card:' + $scope.card.id, _response, $scope);
     $scope.$on('$destroy', function() {
       pubsub.clear('response-card:' + $scope.card.id, $scope);
     });
   }
```

```
      function _response() {
        var response_card = {
          survey : {
            answer: _prepareValue()
          }
        };

        card
          .responseCard($scope.card.id, response_card)
          .then(function(response) {
            _publish(response.data);
          });
      }


      function _prepareValue() {
        if($scope.card.survey.type === 'MULTIPLE_OBJECTIVE') {
          var checked = [];
          angular.forEach($scope.results, function(result, idx) {
            if(result.checked) {
              checked.push(idx);
            }
          });
          return checked;
        } else {
          return $scope.card.answer;
        }
      }


      function _publish(responded_card) {
        pubsub.publish('response-card-result:' + $scope.card.id, responded_card);
      }
    }
})();


// /client/app/card/card-condition.service.js 일부
(function() {
  'use strict';
  angular
    .module('surveyGorillaApp')
```

```
  .service('cardCondition', cardCondition);

/* @ngInject */
function cardCondition(sgFormatter) {
  this.calcResult = calcResult;

  // 설문 카드 타입별 결과 값을 계산한다.
  function calcResult(card) {
    if(card.type === 'RATING') {
      return _rating(card);
    } else if(card.type === 'SURVEY'
          && card.survey.type ==='MULTIPLE_OBJECTIVE'
        || card.type === 'SURVEY'
          && card.survey.type ==='SINGLE_OBJECTIVE') {
      return _objective(card);
    }
  }
  … 중략 …
})();
```

단/다답형 응답의 방식은 공지사항처럼 카드 지시자의 컨트롤러와 단/다답형 지시자의 컨트롤러끼리
이벤트를 주고받으며 응답에 성공하면 objective-result.html 템플릿을 결과로 표현한다. ng-if 지
시자를 이용해 card.responses 배열에서 응답 멤버가 있으면 결과를 표현하고 없으면 '답변 대기중…'
으로 표현한다. 답변자가 있다면 $scope.results 값이 존재하고 angular-ui의 지시자 중 하나인
progress 지시자를 이용해 각 객관식 문제의 답변을 표현한다. 〈그림 6.15〉는 단/다답형 객관식 설문
에 응답한 결과에 대한 표현이다.

```html
<!-- /client/app/card/type/objective/objective-result.html -->

<script id="objective-card-result.html" type="text/ng-template">
  <div class="objective" ng-controller="objectiveCardTypeCtrl">
    <div ng-if="card.responded && card.responses.length > 0">
      <div ng-repeat="result in results track by $index">
        <!-- objective result progress bar -->
        <span>{{result.option}} - ({{result.rate}}%)</span>
        <progressbar animate="false"
                     value="result.rate" type="{{result.type}}"></progressbar>
      </div>
```

```
    </div>
    <div ng-if="card.responded && card.responses.length == 0">
      <i class="fa fa-exclamation"></i> 답변 대기중....
    </div>
  </div>
</script>
```

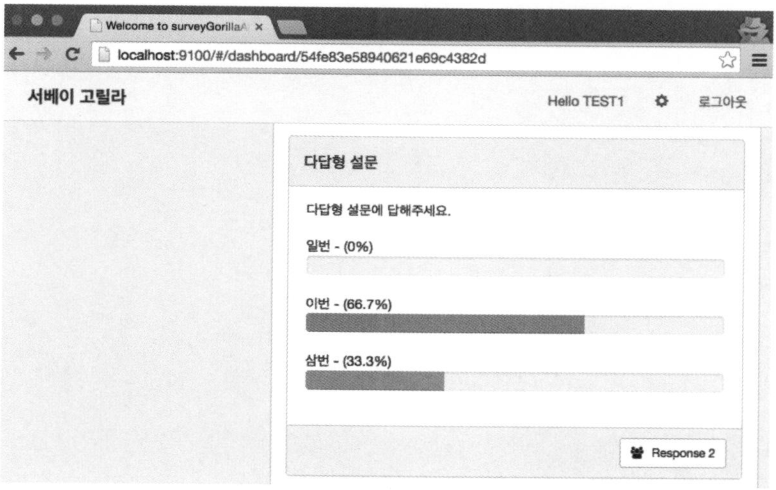

〈그림 6.15〉 단/다답형 객관식 설문 유형 결과 화면

마지막으로 평점 설문에 대한 응답과 결과를 출력한다. 다른 설문 유형 컨트롤러와 마찬가지로 컨트롤러를 초기화할 때 card.responded 상태를 보고 현재까지 응답한 모든 멤버의 결과값을 cardCondition.clacResult()에서 계산한다. 평점 설문에 대해 응답했다면 평점을 표현하는 별 모양 이미지가 활성 상태 이미지로 바뀔 필요가 없으므로 결과를 표현하는 평점 지시자를 별도로 개발한다. 별 모양 이미지를 활성화하기 위한 ng-click 이벤트가 없고 평점에 대한 필터링으로 number:1 소숫점 1자리를 설정한다. 평점 결과 템플릿도 별도로 생성해서 〈rating-result〉 태그로 표현한다.

```javascript
// /client/app/type/rating/rating-card.controller.js
(function() {
  'use strict';

  angular
    .module('surveyGorillaApp')
    .controller('ratingCardTypeCtrl', ratingCardTypeCtrl);
```

```javascript
    /* @ngInject */
    function ratingCardTypeCtrl($scope, card, cardCondition, pubsub, logger) {
      $scope.setRating = setRating;
      _init();

      function _init() {
        _subscribe();
        $scope.ratings = [{id:0, status:false}, {id:1, status:false}, {id:2, status:false}, {id:3,
status:false}, {id:4, status:false}];

        // 결과 값 계산하기
        if($scope.card.responded) {
          $scope.rating = cardCondition.calcResult($scope.card);
        } else {
          $scope.response_card = {rating: { rating: 0 }};
        }
      }

      … 중략 …
      function _response() {
        card
          .responseCard($scope.card.id, $scope.response_card)
          .then(function(response) {
            _publish(response.data);
          });
      }

      function _publish(responded_card) {
        pubsub.publish('response-card-result:' + $scope.card.id, responded_card);
      }
    }
})();


// /client/app/type/rating/rating-result.directive.js
(function() {
  'use strict';

  angular
    .module('surveyGorillaApp')
    .directive('ratingsResult', ratingsResult);
```

```
  function ratingsResult(cardCondition) {
    return {
      restrict: 'EA',
      template: '<div class="rating" ng-cloak>' +
                '<div ng-repeat="rate in ratings">' +
                 '<img ng-src="{{rating > $index ? \'/images/rating_active.png\' : \'/images/
rating.png\'}}">' +
                '</div>' +
                '<span class="scale-fade">{{rating | number:1}}</span>' +
                '</div>'
    };
  }
})();

<!-- /client/app/type/rating/rating-result.html -->

<script id="rating-card-result.html" type="text/ng-template">
  <div ng-controller="ratingCardTypeCtrl">
    <ratings-result></ratings-result>
  </div>
</script>
```

평점을 주고 응답을 전송하면 결과 템플릿으로 화면이 변경된다. 오른쪽에 있는 평점은 응답한 전체 멤버의 평균 평점이다.

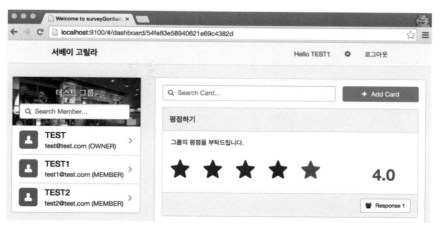

〈그림 6.16〉 평점 설문 유형 결과 화면

지금까지의 코드를 아래의 원격 브랜치 소스로 변경해 확인할 수 있다.

```
$ git checkout - t feature/ch65_group_activity_card_response_result
```

정리

그룹 정보 페이지에서 배경 이미지를 바꾸고 정보를 변경하는 방법을 살펴봤고, 그룹 활동 페이지에서는 그룹과 카드에 대한 CRUD 모델과 REST API 처리를 위한 AJAX 호출 코드를 만들고, 메인과 대시보드에서 이들을 조합해 사용하는 방법을 배웠다. 백엔드 호출이 있는 부분은 될 수 있으면 모델 단위로 분리하고, 모델들을 조합하는 업무 도메인 단위인 메인과 대시보드로 나눔으로써 관심의 분리와 코드의 간결성을 유지할 수 있다.

멤버 목록과 카드 목록에서는 반복되는 HTML 엘리먼트를 앵귤러 지시자로 만들고 사용하는 방법과 설문 유형에 따라 내용을 동적으로 전환하는 방법을 익혔다. 또한, 평점 설문 유형은 사용자 정의 지시자를 만들어 사용했다.

다음 장에서는 실시간 푸쉬(PUSH)를 이용해 설문의 생성/답변을 업데이트하는 방법을 알아보고, 애니메이션(Animation)과 목록이 많을 경우 화면을 스크롤 할 때 자동으로 정보를 가져오는 방법을 살펴보자.

07

실시간 반응 개발

7장에서는 기존에 개발된 화면에 Socket.IO 기술을 적용한 실시간 푸쉬를 추가해 다른 멤버가 설문에 응답하면 자동으로 화면이 갱신되게 적용하고, 목록이 많을 경우를 대비하여 처음에는 정해진 개수만큼의 목록을 표현하다가 아래로 스크롤하면 자동으로 일정 개수만큼 목록을 가져와서 첨부하는 무한스크롤을 적용할 것이다. 또한, 카드의 DOM 내역이 나타나고 사라지거나 변경될 때 애니메이션 효과를 주는 방법도 배울 것이다. 마지막으로 최근 AngularJS v1.3과 v1.4에 추가된 기능 중 성능 향상을 위한 기능을 알아본다.

7-1 Socket.IO 기반 실시간 연동

웹 애플리케이션을 능동적으로 움직일 수 있게 하는 기술로 HTML5 표준인 웹소켓(WebSocket)이 나왔지만 이를 지원하지 않는 브라우저도 있으므로 애플리케이션에 적용하기에는 한계가 있다. 물론 웹소켓이 나오기 이전에도 능동형 웹 애플리케이션을 위해 플래시 소켓, AJAX long polling, IFrame, JSONP Polling 등 다양한 방법이 있었지만 각 기술을 사용하는 방식이 다르고 서로 장단점이 있기 때문에 웹소켓과 기존 기술을 추상화한 라이브러리로 Socket.IO가 나왔다. 즉, 현재 클라이 언트가 사용하는 환경에 따라서 내부적으로 적용 방식을 자동으로 설정해주지만, 코드에서는 같은 API 를 사용할 수 있다.

Socket.IO는 클라이언트와 서버로 나뉘며 클라이언트는 자바스크립트 라이브러리와 iOS, Android 용 네이티브 라이브러리를 제공하고, 서버는 노드, 파이썬, 자바(Netty 필요)용 라이브러리를 제공한 다. 초기에는 자바스크립트 라이브러리만 제공했기 때문에 노드에서만 사용할 수 있었지만 Socket.IO v1.3.5까지 오면서 다양한 환경에서 사용할 수 있게 됐다. Socket.IO의 큰 특징은 능동형 웹 개발을 위한 다양한 통신 방식을 통합했고, 이벤트 방식으로 서버와 클라이언트 API를 간단하면서 동일하게 유지하고 있기 때문에 빠른 개발 생산성을 제공한다.

다음 예와 같이 Socket.IO의 간단한 사용법을 보면 노드의 백엔드 코드에서 맨 위쪽 한 줄 코드 var io = require('socket.io')(app);만 추가하면 Socket.IO를 사용할 준비가 되며, 프런트엔드 코드 에서는 HTML의 ⟨/body⟩ 태그 이전에 ⟨script src="/socket.io/socket.io.js"⟩⟨/script⟩만 추가 하면 socket.io-client 라이브러리가 추가된다. 다음으로 프런트엔드 코드에서 io 글로벌 객체를 이 용해 서버에 접속하면 백엔드의 io.on('connection', ⟨콜백 함수1⟩) connection 이벤트에 대한 ⟨콜백 함수1⟩이 실행돼 socket.emit('new', ⟨JSON⟩) news 이벤트 명칭으로 데이터를 프런트엔 드로 전송한다. news 이벤트는 다시 프런트엔드 socket.on('news', ⟨콜백 함수2⟩)에서 news 이 벤트를 ⟨콜백 함수2⟩에서 처리하고, 다른 'my other event'를 백엔드로 전송(emit)한다. 즉, 프런트 엔드에서 백엔드로 연결을 맺으면 바로 connection 이벤트가 발생하고 이후 emit과 on을 이용해 이 벤트에 반응하거나 데이터 전송을 할 수 있다.

```
// 노드 기반 백엔드 코드

// Socket.IO 사용하기
var app = require('http').createServer(handler)
var io = require('socket.io')(app);
app.listen(80);

io.on('connection', function (socket) {
  socket.emit('news', { hello: 'world' });
  socket.on('my other event', function (data) {
    console.log(data);
  });
});
```

```
// 프런트엔드 코드
<script src="/socket.io/socket.io.js"></script>
<script>
  var socket = io('http://localhost');
  socket.on('news', function (data) {
    console.log(data);
    socket.emit('my other event', { my: 'data' });
  });
</script>
```

서베이 고릴라 애플리케이션에서는 Socket.IO를 이용해 그룹 소유자가 카드를 생성하고 카드에 대해 멤버가 응답했을 때 다른 멤버가 같은 그룹에 가입하였고 해당 그룹 활동 페이지를 보고 있다면 카드의 생성 및 응답 내용을 화면에 자동으로 업데이트해주는 기능을 추가한다. 또한, 멤버가 로그인할 때나 브라우저에서 카드와 관련 없는 다른 그룹을 보고 있더라도 알림을 주기 위해 메뉴 상단에 알림 메뉴를 추가해서 알림 내역을 확인하는 기능을 추가해 보자. Socket.IO 를 이용해 해당 기능을 구현하기 전에 다음 사항을 고려해 볼 필요가 있다.

우선 서베이 고릴라에 가입한 사용자는 그룹을 선택적으로 가입하고 생성할 수 있는데, 생성한 카드나 응답한 카드에 대한 변경 사항을 자신이 가입한 그룹일 때에만 알림을 전송받아야 한다. 이를 위해 Socket.IO에서는 사용자별로 채널을 유지하고 전송할 수 있는 API로 join —채널 연결—, leave —채널 닫음—을 이용한다. 해당 채널 정보는 기본으로 메모리에 유지하지만, 노드를 클러스터링으로 확장할 경우 레디스(Redis)와 같은 Key,Value 미들웨어를 사용할 수 있는 다양한 방법도 제공한다.

노드 기반 백엔드 Socket.IO

카드를 생성하거나 카드에 응답했을 때 Socket.IO 기능을 사용하기 위해 /server/config 폴더에 io.js 파일을 생성한다. 연결을 맺은 클라이언트는 반드시 초기에 AuthToken을 전송하고 서베이 고릴라에 로그인한 사용자인지 검증한다. Socket.IO는 사용자별로 채널을 관리하고 그룹에 가입한 멤버인지 판단해 데이터를 전송하므로 join, leave, to와 같은 API를 사용하고, 운영 환경일 때에는 Socket.IO 채널 정보를 레디스(Redis)를 이용해 관리한다.

```javascript
// /server/config/io.js
'use strict';
var jwt = require('jsonwebtoken'),
    config = localrequire.config(),
    authentication = localrequire.middleware('authentication');
var io;

module.exports = exports = function(app) {
  var server = require('http').Server(app);
  io = require('socket.io')(server);

  if (process.env.NODE_ENV === 'production') {
    // Using socket.io-adapter specifically, socket.io-redis.
    // 운영 환경에서는 노드 클러스터링을 고려해 레디스를 채널 유지용으로 사용함
    var redis = require('socket.io-redis');
    io.adapter(redis({ host: config.redis.ip, port: config.redis.port }));
  }

  io.on('connection', function(socket) {
    var user;

    var login = function(login) {
      user = login;
      // 사용자 아이디로 연결 채널 생성
      socket.join(user.id);
      console.log('A socket(' + socket.id + ') has joined to:', user.id);
    };

    var logout = function() {
      if (user) {
        // 채널을 닫음
        socket.leave(user.id);
        console.log('A socket(' + socket.id + ') has left from:', user.id);
        user = undefined;
      }
    };

    socket.on('login', function(token) {
      if (token) {
```

```
        // 연결을 맺고 AuthToken을 받아 서베이 고릴라에 로그인 한 사용자인지 검증
        authentication.verify(token, login);
      }
    });

    socket.on('logout', logout);
    socket.on('disconnect', logout);
  });

  return server;
};


exports.send = function(user, type, data) {
  // 관련 session 사용자에게만 알림 내역을 전송한다.
  io.to(user).emit(type, data);
};
```

/server/api/v1 폴더에 alarm 폴더를 생성하고, 라우팅을 위한 index.js와 카드 생성 및 응답에 대한 알림 내역을 저장하는 alarm의 모델과 컨트롤러, 서비스 파일을 생성한다. alarm.service.js에서 cardPublished, cardResponded는 card.service.js에서 사용하는 함수다. 먼저 알림 내역을 alarms 몽고디비 컬렉션에 멤버 아이디별로 CARD_PUBLISHED 또는 CARD_RESPONDED 알림 유형으로 저장하고, 다음 코드의 io.send 구문에서 멤버 아이디(alarm.for)가 Socket.IO의 채널 아이디가 된다. 그리고 'alarm'은 alarm.for 채널 아이디로 구분되는 채널을 통해 전송되는 이벤트 명칭이고, alarm 객체가 알림 전송 내역이다.

```
// /server/api/v1/alarm/alarm.service.js 일부
function cardPublished(card, user) {
  var group = card.group;

  var alarms = _.chain(group.members).filter(function(member) {
    return !member.member.equals(user.id);
  }).map(function(member) {
    return createCardAlarm(member.member, 'CARD_PUBLISHED', group, card, user);
  }).value();

  Alarm.create(alarms)
    .then(function() {
```

```
    _.forEach(arguments, function(alarm) {
      // alarm.for가 그룹의 멤버 아이디로 채널 명칭이 되고, 'alarm' 이벤트 명칭으로
      // alarm객체 정보가 전송된다.
      io.send(alarm.for, 'alarm', alarm);
    });
  });
}

function cardResponded(card, user) {
  var group = card.group;

  var alarms = _.chain(group.members).filter(function(member) {
    return !member.member.equals(user.id);
  }).map(function(member) {
    return createCardAlarm(member.member, 'CARD_RESPONDED', group, card, user);
  }).value();

  _.forEach(alarms, function(alarm) {
    io.send(alarm.for, 'alarm', alarm);
  });
}

/* target : 멤버 아이디, type : 알림 유형으로 몽고디비 도큐먼트 내역 생성 */
var createCardAlarm = function(target, type, group, card, user) {
  var alarm = {
    for: target,
    type: type,
    group: {
      id: group.id,
      name: group.name,
      has_photo: group.has_photo,
      photo: common.getGroupPhoto(group.id, group.has_photo)
    },
    card: {
      id: card.id,
      title: card.title,
      type: card.type
    }
  };
```

```
  if (user) {
    alarm.user = {
      id: user.id,
      name: user.name,
      has_photo: user.has_photo,
      photo: common.getUserPhoto(user.id, user.has_photo)
    };
  }
  return alarm;
};
```

알림을 전송할 준비가 됐고, 카드를 생성하거나 카드에 응답했을 때 alarm.service.js의 cardPublished, cardResponded API를 이용해 알림을 프런트엔드에 실시간 푸쉬(Push)로 전송한다. 카드를 생성하거나 응답하면 그룹 정보를 카드 객체에 담고 카드 생성자 정보와 함께 알람 서비스에 파라미터로 전달한다.

```
// /server/api/v1/card/card.service.js 일부
function create(contents, user) {
  … 중략 …
  var deferred = Q.defer();
  contents.owner = user.id;

  new Card(contents).save(function(err, card) {
    if (err) return deferred.reject(err);

    card.populate('group responses.member', function(err, card) {
      if (err) return deferred.reject(err);

      // 카드에 그룹 정보를 포함하고 알림 생성 사용자를 파라미터로 넘김
      AlarmService.cardPublished(card, user);

      card.viewer = user.id;
      deferred.resolve(card);
    });
  });


  return deferred.promise;
}
```

```javascript
function respond(card, response, user) {
  var deferred = Q.defer();
  … 중략 …

  Card.update({
    _id: card.id,
    completed_at: { $exists: false },
    owner: { $ne: user.id },
    'responses.member': { $ne: user.id }
  }, {
    $push: {
      responses: res
    }
  }, function(err, n) {
    … 중략 …
    card.populate('group', function(err, card) {
      if (!err) {
        // 카드에 그룹 정보를 포함해서 파라미터로 전달
        AlarmService.cardResponded(card, user);
      }
    });

    deferred.resolve(card);
  });

  return deferred.promise;
}
```

백엔드 노드에서 처리할 부분에 대해 io.js에서 Socket.IO 이벤트를 처리하고 alarm 폴더에 그룹의 멤버가 확인하지 않은 알림 내역을 저장하는 부분을 작성한다. 다음으로 프런트엔드 입장의 앵귤러 프레임워크에서는 어떻게 사용하는지 알아보자.

AngularJS 기반 프런트엔드 Socket.IO

sg-generator로 애플리케이션을 생성했다면 이미 Socket.IO에 대한 환경 설정과 필요한 모듈이 자동으로 설치돼 있다. 이미 설치된 모듈은 angular-socket-io로 socketFactory 서비스를 제공한다. 모듈명은 'btford.socket-io'이고, sg.app.js에 의존 모듈로 추가돼 있다. socketFactory는

Socket.IO 이벤트를 등록하면 앵귤러의 $timeout 서비스를 적용해서 이벤트가 들어올 경우 화면 변경을 위해 앵귤러 프레임워크에 다이제스트 사이클을 수행하도록 한다.

```javascript
// /client/components/app/sg.app.js
(function() {
  'use strict';
  angular
    .module('sg.app', [
      'sg.base',
      'btford.socket-io',
      'gettext',
      'sg.translation',
      'sg.message',
      'restangular'
    ])
    .constant('config', {
      api_version: 'api/v1'
    });
})();

// /client/bower_components/angular-socket-io/socket.js 일부
angular
  .module('btford.socket-io', [])
  .provider('socketFactory', function () {
    'use strict';

    // 이벤트에 대한 prefix로 일괄적으로 socket: 을 붙이므로 필요 없을 때
    // prefix를 ''로 설정해야(prifix : '') 한다.
    var defaultPrefix = 'socket:',
      ioSocket;

    // expose to provider
    this.$get = ['$rootScope', '$timeout', function ($rootScope, $timeout) {

      var asyncAngularify = function (socket, callback) {
        return callback ? function () {
          var args = arguments;
          // 앵귤러 다이제스트 사이클 적용을 위해 $timeout 서비스를 이용함
          $timeout(function () {
            callback.apply(socket, args);
```

```
      }, 0);
    } : angular.noop;
  };
  … 중략 …
  }];
});
```

socketFactory를 직접 사용하지 않고 별도의 앵귤러 서비스로 구성해 향후 변경에 대비하기 위해 client/components/app/socket/에 socket.service.js 파일을 생성하고 다음과 같이 추상화한다. socket 서비스는 socketFactory를 주입받아 애플리케이션이 최초로 실행되거나 로그인할 때 createSocketSession을 호출하고, 로그아웃할 때 disconnectSocketSession을 호출한다. socketFactory를 통해 옵션을 설정할 때에는 프리픽스 옵션을 공백으로 설정(prefix:'')해야 하는 것에 주의한다. syncUpdates API는 애플리케이션 코드에서 서버로부터 전송되는 이벤트를 등록하고, 이벤트 발생 시 실행할 콜백 함수를 등록하며, unsyncUpdates에서 이를 해제한다.

```
// /client/components/ap/socket/socket.service.js
(function() {
 'use strict';

 angular
   .module('sg.app')
   .factory('socket', socket);

 /* @ngInject */
 function socket(socketFactory, Auth) {
   var socket = io.connect();
   var socketFactory = socketFactory({
     ioSocket: socket,
     prefix: ''
   });

   return {
     socket: socketFactory,
     createSocketSession: function () {
       socket.emit('login', Auth.getToken());
     },
```

```
    disconnectSocketSession: function () {
      socket.emit('logout');
    },
    syncUpdates: function (eventName, cb) {
      cb = cb || angular.noop;
      socketFactory.on(eventName, function (item) {
        cb(eventName, item);
      });
    },
    unsyncUpdates: function (eventName) {
      socketFactory.removeAllListeners(eventName);
    }
  };
  }
})();
```

앵귤러 $timeout을 일괄로 적용해 주는 socketFactory를 socket 서비스로 추상화하고 애플리케이션에서 사용하는 API를 노출시켰다. 물론 애플리케이션에서 socket.on, emit을 할 수 있지만 향후 애플리케이션에 복잡하고 다양한 조건이 붙게 되면 socket.service.js 의 API를 그대로 사용하면서 내부 로직을 변경할 수 있기 때문에 업무 로직에 무관하게 투명하게 유지보수 할 수 있는 장점이 있다. 이제 애플리케이션에서 socket.service.js의 API를 사용해 보자.

client/app/ 폴더에 alarm 폴더를 만들고 alarm.service.js 파일을 생성한다. alarm 서비스는 애플리케이션에서 사용하는 initSocketIO와 disconnectSocektIO API를 가진다. initSocketIO가 호출될 때는 기존에 등록된 채널을 닫고 다시 신규 생성하면서 'alarm' 이벤트에 대한 _registerHandler 콜백 함수를 등록한다. 알림 내역에 대해 프런트엔드 애플리케이션에서는 'alarm:card' 이벤트 명칭으로 내역을 전파한다.

```
// /client/app/alarm/alarm.service.js 일부
(function() {
  'use strict';

  angular
    .module('surveyGorillaApp')
    .service('alarm', alarm);
```

```
  function alarm(pubsub, socket, card, logger) {
    this.initSocketIO = initSocketIO;
    this.disconnectSocketIO = disconnectSocketIO;

    //브라우저를 다시 로드하거나 로그인 할 때 호출
    function initSocketIO() {
      if(!socket) { return; }
      // clear
      socket.unsyncUpdates('alarm');
      socket.disconnectSocketSession();

      // send 'login' event to server to connect socket.io
      socket.createSocketSession();

      // register handler
      socket.syncUpdates('alarm', _registerHandler);
    }

    // 로그아웃 할 때 호출한다.
    function disconnectSocketIO() {
      if(!socket) {return;}
      socket.disconnectSocketSession();
    }

    function _registerHandler(evt, alarm) {
      // 카드 생성, 응답, 완료에 대한 알림 유형에 대해 처리한다.
      if(alarm.type === 'CARD_PUBLISHED'
        || alarm.type === 'CARD_RESPONDED'
        || alarm.type === 'CARD_COMPLETED') {
        card.getCard(alarm.card.id).then(function(response) {
          pubsub.publish('alarm:card', {'alarm': alarm, 'card': response.data});
        }, function(error) {
          logger.error('when query card info in alarm, exception is ', error);
        });
      }
    }
  }
})();
```

이제 서베이 고릴라에서 로그인할 때 또는 로그인한 상태에서 화면을 재로딩할 때 alarm 서비스의 initSocketIO API를 호출하면 백엔드에서 'login' 이벤트를 통해 AuthToken(로그인 성공 후 발급된 인증토큰)을 전송해서 올바른 사용자인지 판단하고 올바른 로그인 사용자라면 Socket.IO 채널을 생성해 준다.

```javascript
// /client/app/app.js 일부
(function() {
  'use strict';

  angular
    .module('surveyGorillaApp', ['sg.app'])
    .config(config)
    .factory('authInterceptor', authInterceptor)
    .run(run);


  /* @ngInject */
  function run($rootScope, $location, Auth, alarm, gettextCatalog) {
    // socket.io 생성
    if(Auth.getToken()) {
      alarm.initSocketIO();
    }
    … 중략 …
  }
  … 중략 …
})();


// /client/app/account/login/login.controller.js 일부
(function () {
  'use strict';

  angular
    .module('surveyGorillaApp')
    .controller('LoginCtrl', LoginCtrl);

  /* @ngInject */
  function LoginCtrl($scope, Auth, $location, $window, pubsub, alarm) {
    $scope.user = {};
    $scope.errors = {};
    $scope.login = login;
```

```
    $scope.loginOauth = loginOauth;

    function login(form) {
      $scope.submitted = true;

      if(form.$valid) {
        Auth.login({
          email: $scope.user.email,
          password: $scope.user.password
        })
        .then( function() {
          // 로그인에 성공하면 Socket.IO 채널 생성
          alarm.initSocketIO();

          pubsub.publish('login');
          $location.path('/');
        })
        .catch( function(err) {
          console.log('login.controller.js : login error is ', err.message);
        });
      }
    };
    … 중략 …
  }
})();
```

```
// Node.js 콘솔 메시지
A socket(kBvVMl7j9bpD8WSQAAAG) has left from: 55040e1a97f9969389f75f82
… 중략 …
A socket(zZAFFj-O95KV8q6jAAAH) has joined to: 55040e1a97f9969389f75f82
```

정상적으로 로그인하고 브라우저를 다시 로딩했을 때 Socket.IO 연결에 성공했다면 노드의 콘솔창에 위와 같이 기존 연결을 닫고(left) 다시 연결(join)했다는 메시지가 출력된다. 연결에 성공하면 CARD_PUBLISHED, CARD_RESPONDED에 대한 이벤트가 발생할 때 카드에 대한 제어를 담당하도록 dashboard.controller.js에서 처리한다. pubsub 서비스의 subscribe()에 'alarm:card' 이벤트를 등록하고 카드를 생성하면 그룹 활동 페이지의 카드 목록 상단에 자동으로 카드를 추가하고, 카드 응답 이벤트일 때에는 해당 카드의 정보를 업데이트해 응답 대기 화면에서 응답 결과 화면으로 갱신하도록 한다.

```javascript
// /client/app/dashboard/dashboard.controller.js 일부
(function() {
  'use strict';

  angular
    .module('surveyGorillaApp')
    .controller('DashboardCtrl', DashboardCtrl);

  function DashboardCtrl($scope, $stateParams, modal, group, card, pubsub, logger) {
    var vm = this;
    vm.addCard = addCard;
    _init();

    function _init() {
      _groupInfo();
      _searchCards();
      _subscribe();
    }
    … 중략 …

    function _subscribe() {
      pubsub.subscribe("alarm:card", function(evt, data) {
        if(data.alarm.group.id !== vm.group.id) {
          return;
        }

        // 카드가 추가됐을 때 카드 목록 상단에 표현함
        if(data.alarm.type === 'CARD_PUBLISHED') {
          vm.cards.unshift(data.card);

        } else if (   data.alarm.type === 'CARD_RESPONDED'
                   || data.alarm.type === 'CARD_COMPLETED') {

          // 일치하는 카드의 정보를 업데이트함
          angular.forEach(vm.cards, function(card, idx) {
            if(card.id === data.card.id) {
              vm.cards[idx] = data.card;
              return;
            }
```

```
        });
      }
    });
  }
}
})();
```

테스트하는 방법은 크롬 브라우저에서는 그룹 멤버(예, 테스트-2)로 로그인하고 사파리 브라우저에서는 그룹 소유자(예, 테스트-1)로 로그인한다. 그룹 소유자만 'Add Card' 버튼이 활성화돼 있어 카드를 생성할 수 있으며, 카드를 생성하면 그룹 멤버로 로그인한 크롬 브라우저에서 그룹 활동 페이지의 카드 목록이 자동으로 업데이트되는 것을 볼 수 있다. 또한, 멤버가 해당 그룹의 활동 페이지에 있지 않고 다른 그룹 활동 페이지를 보고 있을 때를 대비해 〈그림 7.1〉과 같이 상단에 알림 개수를 표시하는 메뉴를 추가한다.

〈그림 7.1〉 Socket.IO 테스트

지금까지의 코드를 아래의 원격 브랜치 소스로 변경해 확인할 수 있다.

```
$ git checkout  -t feature/ch71_socketio_setup
```

상단 알림 메뉴 추가

상단에 있는 알림 메뉴에 알림 개수를 출력하고, 알림이 있을 때 메뉴를 클릭하면 알림 목록을 볼 수 있다. 알림 목록에서 알림을 선택하면 알림을 읽었음을 서버에 전송한다. 〈그림 7.2〉와 같이 멤버가 가입한 그룹의 새로운 알림 내역을 로그인을 하면 바로 가져와서 상단의 알림 아이콘에 숫자로 표현하고, 클릭하면 전체 내역을 볼 수 있게 구성한다.

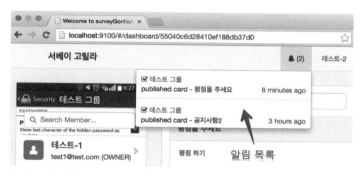

〈그림 7.2〉 알림 목록

먼저 알림에 대한 모델을 만들어 보자. Restangular 서비스를 이용해 Alarms 모델을 정의한다. alarm.service.js에서는 Alarms 모델 서비스를 주입받아 getAlarms 함수를 통해 로그인 사용자가 확인하지 않은 알림 목록을 받아오거나, readAlarm함수를 통해 개별 알림에 대해 확인하는 API를 정의한다.

```
// /client/app/alarm/alarms.js
(function() {
  'use strict';

  angular
    .module('surveyGorillaApp')
    .factory('Alarms', Alarms);


  function Alarms(Restangular) {
    var model = Restangular.all('alarms');
```

```
    model.one = function(id) {
      return Restangular.one('alarms', id);
    };
    return model;
  }

})();


// /client/app/alarm/alarm.servic.js 일부
(function() {
  'use strict';

  angular
    .module('surveyGorillaApp')
    .service('alarm', alarm);

  function alarm(pubsub, socket, card, Alarms, logger) {
    this.getAlarms = getAlarms;
    this.readAlarm = readAlarm;
    … 중략 …

    function getAlarms() {
      // /api/v1/alarms (GET) 호출
      return Alarms.customGET('', {read: 'UNREAD', sort: '-CREATED'});
    }


    function readAlarm(id) {
      // /api/v1/alarms/:id/read (POST) 호출
      return Alarms.one(id).customOperation('post', 'read');
    }
  }
})();
```

상단의 메뉴는 /client/components/apps/navbar에 있고 알림 서비스는 /client/app/alarm에 있으므로 navbar 폴더를 /client/app/으로 옮긴다. 하위 components는 상위 개념의 애플리케이션 서비스를 참조할 수 없기 때문이다. 만일 이러한 약속이 깨지면 상호 참조하는 경우가 발생할 수도 있다. /client/app/navbar/navbar.html을 ng-include하고 있는 index.html의 코드도 수정한다.

```html
<!-- index.html 일부 -->

<div ng-include="'app/navbar/navbar.html'"></div>
<!-- Add your site or application content here -->
<div ui-view=""></div>
```

이제 navbar.controller.js와 navbar.html에서 알림 개수를 표현할 수 있게 수정해보자. 트위터 부트스트랩의 dropdown, dropdown-menu CSS 클래스를 이용해 드롭다운 메뉴 형태를 만들고 알림 목록을 ng-repeat을 이용해 표현한다. 알림의 그룹 명칭을 클릭하면 그룹 활동 페이지로 이동하도록 링크를 설정한다.

```html
<!-- navbar.html 일부 -- >

<div collapse="navbar.isCollapsed" class="navbar-collapse collapse" id="navbar-main">
  … 중략 …

  <ul ng-show="navbar.isLoggedIn" class="nav navbar-nav navbar-right">
    <li class="dropdown" style="margin-right:20px;">
      <a href="#" class="dropdown-toggle" data-toggle="dropdown">
      <i class="fa fa-bell"></i> ({{navbar.alarms.length}})</a>
      <ul ng-show="navbar.alarms.length > 0" class="dropdown-menu" role="menu">

        <div ng-repeat="alarm in navbar.alarms" style="width: 300px">
          <li ng-click="navbar.readAlarm(alarm.id)" style="padding-left: 10px; padding-top: 5px">
            <i class="fa fa-check-square-o"></i>
            <!-- 그룹 활동 페이지 이동 -->
            <a ng-href="#/dashboard/{{alarm.group.id}}">{{alarm.group.name}}</a>
            <!-- 알림 내역과 생성 시간 -->
            <br>{{alarm.msg}} <span class="pull-right" style="color:gray; padding-right:10px;">{{alarm.created_at}} </span>
          </li>
          <li class="divider" ng-hide="navbar.alarms.length-1 === $index"></li>
        </div>

      </ul>
    </li>
  </ul>
</div>
```

다음으로 navbar.controller.js에 알림 목록을 가져오는 코드를 추가한다. _init()에서 로그인을 했을 때 _initAlarms()를 호출해 로그인한 사용자가 읽지 않은 알림 목록을 가져온다. readAlarm은 알람 내역을 클릭하면 호출된다.

```javascript
// /client/app/navbar/navbar.controller.js 일부
(function() {
  'use strict';

  angular
    .module('surveyGorillaApp')
    .controller('NavbarCtrl', NavbarCtrl);

  /* @ngInject */
  function NavbarCtrl($scope, $location, $timeout, Auth, alarm, pubsub, sgDate, logger) {
    var vm = this;
    vm.logout = logout;
    vm.isActive = isActive;
    vm.readAlarm = readAlarm;
    _init();
    _subscribe();

    function _init() {
      vm.isCollapsed = true;
      vm.isLoggedIn = Auth.isLoggedIn();
      vm.isAdmin = Auth.isAdmin();
      vm.currentUser = Auth.getCurrentUser();
      if(vm.isLoggedIn) {
        _initAlarms();
      }
    }

    function _initAlarms() {
      vm.alarms = [];

      // 알림 목록을 가져온다.
      alarm
        .getAlarms()
        .then(function(response) {
          vm.alarms = response.data;
```

```
      _makeAlarm(vm.alarms);
    });
}


// 알림 메시지를 생성한다.
function _makeAlarm(alarms) {
  if(!alarms || alarms.length==0) { return; }

  angular.forEach(alarms, function(alarm) {
    alarm.created_at = sgDate.fromNow(alarm.created_at);
    if(alarm.type === 'CARD_PUBLISHED') {
      alarm.msg = 'published card - ' + alarm.card.title;
    } else if(alarm.type === 'CARD_RESPONDED') {
      alarm.msg = 'responsed card - ' + alarm.card.title;
    } else if(alarm.type === 'CARD_COMPLETED') {
      alarm.msg = 'completed card - ' + alarm.card.title;
    }
  });
}


// 개별 알림 내역을 읽음 상태로 전송한다.
function readAlarm(alarmId) {
  alarm
    .readAlarm(alarmId)
    .then(function(response) {
      logger.info('check alarm:', response.data);
      // 알림 읽기에 성공하면 읽은 알림을 제거한다.
      vm.alarms = _.filter(vm.alarms, function(alarm) {
        if(alarm.id !== alarmId) {
          return alarm;
        }
      });
    });
}

… 중략 …
function _subscribe() {
  // 알림이 발생하면 다시 초기화한다.
  // alarm.servivce.js의 _registerHandler에 alarm:header 이벤트를 추가함
```

```
      pubsub.subscribe('alarm:header', function() {
        _initAlarms();
      });
    }
  }
})();
```

DOM이 반복적으로 표현되는 목록은 앵귤러 지시자로 만든다고 했다. 알림 목록도 반복적으로 표현되므로 앵귤러 지시자로 만들어 적용하자. /client/app/alarm 폴더에 alarm.directive.js 파일을 생성한다. 〈sg-alarm〉 태그를 사용하고 info 속성을 이용해 개별 알림 정보를 전달받고, 개별 알림 영역을 클릭하면 readAlarm을 통해 navbar.controller.js의 readAlarm을 호출한다. transclude는 알림 내역 밑에 divider CSS 클래스를 적용하기 위함이다.

```
// /client/app/alarm/alarm.directive.js
(function() {
  'use strict';

  angular
    .module('surveyGorillaApp')
    .directive('sgAlarm', sgAlarm);

  /* @ngInject */
  function sgAlarm() {
    return {
      restrict: 'EA',
      scope: {
        alarm: '=info',
        readAlarm: '&'
      },
      transclude: true,
      template: '' +
        '<div style="width: 350px;">' +
          '<li ng-click="readAlarm({alarmId: alarm.id})" style="padding-left: 10px; padding-top:
5px"> ' +
            '<i class="fa fa-check-square-o"></i> ' +
            '<a ng-href="#/dashboard/{{alarm.group.id}}">{{alarm.group.name}}</a> ' +
            '<br>{{alarm.msg}} <span class="pull-right" style="color:gray; padding-
right:10px;">{{alarm.created_at}} </span>' +
```

```
        '</li>' +
        '<ng-transclude>' +
    '</div>'
    }
  }
})();
```

```
<!-- navbar.html 일부 -- >

<ul ng-show="navbar.isLoggedIn" class="nav navbar-nav navbar-right">
  <li class="dropdown" style="margin-right:20px;">
    <a href="#" class="dropdown-toggle" data-toggle="dropdown"><i class="fa fa-bell"></i> ({{navbar.
alarms.length}})</a>
    <ul ng-show="navbar.alarms.length > 0" class="dropdown-menu" role="menu">

  <!-- info를 통해 sg-alarm 지시자에 정보를 전달하고 -->
  <!-- read-alarm을 통해 sg-alarm 지시자의 정보를 상위 컨트롤러에 전달함 -->
    <sg-alarm info="alarm" read-alarm="navbar.readAlarm(alarmId)" ng-repeat="alarm in navbar.
alarms">
        <li class="divider" ng-hide="navbar.alarms.length-1 === $index"></li>
    </sg-alarm>

    </ul>
  </li>
</ul>
```

지금까지 Socket.IO를 이용해 카드를 생성하거나 응답했을 때 실시간 변경 사항을 접속한 그룹 멤버에게 전송하는 방법과 알림을 상단 메뉴에 표현하고 확인하는 방법을 배웠다. 이어서 설문 카드에 유튜브와 같은 동영상을 표현하는 것을 지시자로 만드는 방법과 카드 목록을 스크롤 할 때 추가 카드 정보를 호출해 기존 목록에 추가하는 무한 스크롤 기능을 지시자로 처리하는 방법도 알아보자.

지금까지의 코드를 아래의 원격 브랜치 소스로 변경해 확인할 수 있다.

```
$ git checkout - t feature/ch71_alarm_navbar
```

7-2 카드 목록 UX 개선

카드를 생성할 때 설명 글에 유튜브와 같은 동영상 링크를 넣으면 설문 카드 설명문에 동영상이 추가되게 하는 방법과 설문 카드 목록을 스크롤 하면 정해진 카드 개수만큼 카드가 계속해서 밑으로 추가되는 방법 그리고 카드를 추가할 때 애니메이션 효과를 적용하는 방법을 배워보자.

카드에 동영상 추가

설문 카드를 생성할 때 설명문 중에 유튜브(Youtube)나 비메오(Vimeo) 같은 동영상 서비스의 링크 주소를 넣으면 카드 목록에 동영상이 추가되게 해보자. 먼저 다음과 같은 요소가 필요하다. 카드 설명문을 해석해서 http://나 https:// 로 시작하는 URL이 동영상 서비스 주소를 가지면 어떤 서비스인지 판단하고, 그다음으로 해당 동영상 서비스에 맞는 iframe을 구성해 화면에 표현한다. 〈그림 7.3〉과 같이 설문 생성 시 설명문을 넣고 그 안에 동영상 서비스 공유 주소가 있다면 설문 카드 생성 이후 동영상 플레이어가 보인다.

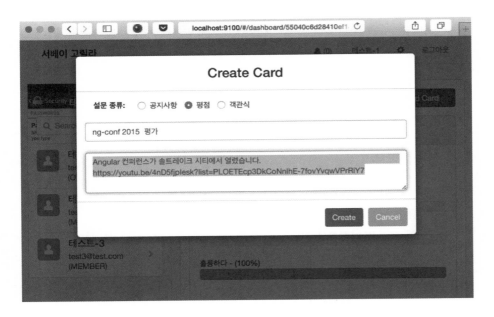

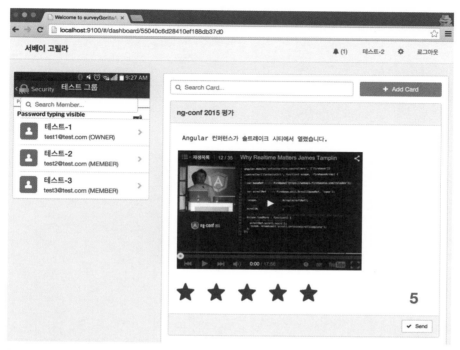

〈그림 7.3〉 동영상 공유 URL이 있는 설문 카드 생성 후 플레이어가 설문 카드에 추가된 모습

설문 카드 설명 글에 영상 서비스 URL 주소을 넣으면 설명 글을 해석해 URL이 동영상 사이트일 때 동영상 화면을 표현해 주는 앵귤러 지시자를 먼저 만들어 보자. 예를 들어 〈video-player source="youtube" url="https://youtu.be/TRrL5j3MIvo"〉〈/video-player〉라고 설정하면 유튜브가 보이는 식이다. components/base/directives 폴더에 sg-video-player 폴더를 생성하고, sg-video-player.directive.js 파일을 생성한다. 〈video-player〉 태그를 사용하고 source는 동영상 서비스명으로 'youtube', 'vimeo', 'vine'을 입력하며, url은 동영상 서비스에서 제공하는 공유(Share) URL을 입력하고, player-width와 player-height은 사용자 정의 너비/높이를 입력할 수 있다. 동영상을 iframe으로 표현하기 위해 $sce 서비스의 trustAsResourceUrl을 통해 iframe 태그를 신뢰하도록 표현하고 ng-src에 URL을 설정한다.

```javascript
// /client/components/base/directives/sg-video-player/sg-video-player.directive.js
(function() {
  'use strict';

  angular
    .module('sg.base')
    .directive('videoPlayer', ['$sce', videoPlayer]);

  function videoPlayer($sce) {
    return {
      restrict: 'E',
      scope: {
        source: '@',
        url: '@',
        playerWidth: '@',
        playerHeight: '@'
      },
      replace: true,
      template: '<iframe width="{{width}}" height="{{height}}" ng-src="{{iframeSrc}}" frameborder="0" allowfullscreen></iframe>',
      link: _link
    };

    function _link($scope, $element, $attrs) {
      var v = '';
      $scope.width  = $scope.playerWidth  || 420;
      $scope.height = $scope.playerHeight || 280;

      // 사용할 동영상 설정 값
      var config = {
        'youtube': {
          search: [
              /youtu\.be\/(.+)/,
              /youtube\.com\/watch\?v=(.+)/
          ],
          embed: 'http://www.youtube.com/embed/@',
          index: 1
        },
        'vimeo': {
```

```
        search: [
            /vimeo\.com\/(.+)/,
            /vimeo.com\/channels\/staffpicks\/(.+)/
        ],
        embed: 'http://player.vimeo.com/video/@',
        index: 1
    },
    'vine': {
        search: [
            /vine\.co\/v\/(.+)/
        ],
        embed: 'http://vine.co/v/@/embed/simple',
        index: 1
    }
};


var tokens = config[$attrs.source];

Object(tokens.search).forEach(function(t) {
  var domain = $attrs.url.substr($attrs.url.indexOf('://')+3),
      match  = domain.match(t);

    // 정규표현에 매칭되면 아이디를 추출한다. 예) TRrL5j3MIvo
    if (match) v = match[tokens.index];
  });

    // $sce 서비스를 통해 신뢰할 수 있는 URL로 변환한다.
    $scope.iframeSrc = $sce.trustAsResourceUrl(tokens.embed.replace('@', v));
  }
 }
})();
```

다음으로 설문 카드의 설명문을 해석하고 URL이 있으면 〈video-player〉 태그를 자동 삽입해 앵귤러 지시자로 동적 해석을 하고 반영시키는 역할을 하는 서비스로 sg-video-player 폴더에 sg-text-parser.service.js 파일을 생성한다. parsing API를 호출하면 URL이 있는지 검사하고 있다면 다시 _addLink 내부 함수에서 동영상 서비스에 맞게 〈video-player〉 태그를 설정하며 videoPlayer 앵귤러 지시자를 해석해서 parsing API를 통해 전달받은 엘리먼트에 첨부한다.

```javascript
// /client/components/base/directives/sg-video-player/sg-text-parser.service.js
(function() {
  'user strict';

  angular
    .module('sg.base')
    .service('textParser', textParser);

  function textParser($compile) {
    this.parsing = parsing;
    var url, scope, element;

    function parsing(text, s, e) {
      scope = s;
      element = e;
      return _innerParse(text);
    }

    function _innerParse(text) {
      if (!text) return text;
      var LINKY_URL_REGEXP = /((http|https?):\/\/|(mailto:)?[A-Za-z0-9._%+-]+@)\S*[^\s.;,(){}<>]/;
      var match, i;
      var raw = text;
      while ((match = raw.match(LINKY_URL_REGEXP))) {
        url = match[0];
        i = match.index;
        // URL이 아닌 일반 텍스트 첨부
        _addText(raw.substr(0, i));
        // URL 형식인 것은 링크 처리
        _addLink(url, match[0].replace(LINKY_URL_REGEXP, url));
        raw = raw.substring(i + match[0].length);
      }
      _addText(raw);
    }

    function _addText(text) {
      if (!text) {
        return;
      }
```

```
      element.append('<pre>' + text + '</pre>');
  }


  // 유튜브, 비메오, 바인 처리 및 그 외는 scope에서 전달 받은 openWindow 호출
  function _addLink(url, text) {
    // youtube url
    var YOUTUBE_REGEXP = /https?:\/\/(?:[0-9A-Z-]+\.)?(?:youtu\.be\/|youtube(?:-nocookie)?\.
com\S*[^\w\s-])([\w-]{11})(?=[^\w-]|$)(?![?=&+%\w.-]*(?:['"][^<>]*>|<\/a))[?=&+%\w.-]*/ig;
    var VIMEO_REGEXP = /vimeo.com\/(\d+)/;
    var VINE_REGEXP = /vine.co\/(\d+)/;
    if(YOUTUBE_REGEXP.test(url)) {
     // video-player 지시자를 동적으로 적용하기 위해 $compile을 이용한다.
      var el = angular.element('<video-player source="youtube" url="{{URL}}"></video-player>');
      var newScope = scope.$new();
      newScope.URL = url;
      $compile(el)(newScope);
      element.append(el);
    }
    // vimeo url
    else if(VIMEO_REGEXP.test(url)) {
      var el = angular.element('<video-player source="vimeo" url="{{URL}}"></video-player>');
      var newScope = scope.$new();
      newScope.URL = url;
      $compile(el)(newScope);
      element.append(el);
    }
    // vine url
    else if(VINE_REGEXP.test(url)) {
      var el = angular.element('<video-player source="vine" url="{{URL}}"></video-player>');
      var newScope = scope.$new();
      newScope.URL = url;
      $compile(el)(newScope);
      element.append(el);
    }
    // common link url
    else {
      var el = angular.element('<a href="#" ng-click="openWindow(\'' + url + '\')">' + text + '</
a>');
```

```
        $compile(el)(scope);
        element.append(el);
      }
    }
  }
})();
```

textParser 서비스가 parsing API에 넘겨주는 파라미터는 카드 설명문, 카드를 제어하는 컨트롤러의 스코프($scope) 그리고 설명문이 있는 곳의 DOM 엘리먼트 객체다. 해당 파라미터 객체는 앵귤러 지시자의 link 함수에서도 전달받는 것으로 최종 애플리케이션 코드에 설정하는 부분 또한 앵귤러 지시자로 만들어 스코프와 DOM 객체를 파라미터로 전달할 수 있다. /client/app/card 폴더에 list 폴더를 생성하고 parse-url.directive.js 파일을 생성한다. parseUrl 지시자는 동영상 서비스가 아닌 URL에 대해서 window 객체의 open 메서드를 이용해 링크를 여는데 이는 parseUrlCtrl 컨트롤러에서 제공한다. info 속성을 통해 전달 받은 card.description 텍스트는 textParser 서비스를 이용해 해석한다. 이때 compile은 pre 함수에서 최초 한 번 해석되고 post 함수가 link 함수가 되어 반환된다. 따라서 compile을 설정했으므로 link 설정은 필요하지 않다.

```
// /client/app/card/list/parse-url.directive.js
(function() {
  'use strict';

  angular
    .module('surveyGorillaApp')
    .controller('parseUrlCtrl', parseUrlCtrl)
    .directive('parseUrl', parseUrl);

  function parseUrlCtrl($scope, logger) {
    $scope.openWindow = openWindow;

    function openWindow(url) {
      var options = {
        fullscreen: 'yes',
        resizable: 'yes',
        toolbar: 'no'
      };
```

```
        window.open(url, '_blank', options);
      }
    }

    function parseUrl(textParser) {
      var compile = function() {
        return {
          pre: function(scope, element, attrs) {
            textParser.parsing(scope.card.description, scope, element);
          },
          post: function(scope, element, attrs) {
          }
        };
      }

      return {
        restrict: 'EA',
        controller: 'parseUrlCtrl',
        scope: {
          card: '=info'
        },
        template: '<div></div>',
        replace: true,
        compile: compile
      }
    }
})();


// /client/app/card/card.directive.js 일부
(function() {
  'use strict';

  angular
    .module('surveyGorillaApp')
    .directive('card', card)
    .directive('cardType', cardType);

  /* @ngInject */
  function card() {
```

```
    return {
      restrict: 'EA',
      controller: 'cardCtrl',
      scope: {
        card: '=info'
      },
      transclude: true,
      template: '<div class="panel panel-default bootcards-summary" style="margin-left:15px; margin-
right:15px;">' +
                '<div class="panel-heading">' +
                '<h3 class="panel-title">{{::card.title}}</h3>' +
                '</div>' +
                '<div class="panel-body">' +
                '<div class="row">' +
                // '<div class="col-xs-12 col-sm-12 col-md-12 col-lg-12">{{::card.
description}}</div>' +
                '<div class="col-xs-12 col-sm-12 col-md-12 col-lg-12"><parse-url info="card"></
parse-url></div>' +
                '<div ng-transclude></div>' +
                '</div>' +
                '</div>' +
                '<div class="panel-footer">' +
                … 중략 …
                '</div>' +
                '</div>'
    };
  }
  … 중략 ....
})();
```

위 card.directive.js 코드에서 {{::card.description}} 템플릿 코드를 〈parse-url info="card"〉〈/parse-url〉 태그로 변경한다. 지금까지 문자를 해석하는 서비스를 이용해 공유 주소에서 동영상 플레이어로 표현하는 방법을 지시자로 만드는 과정을 살펴봤다. 특히 동적으로 지시자를 적용하고 싶을 경우 $compile 서비스를 사용하고, 접근을 원하는 DOM 엘리먼트가 있을 경우 제이쿼리를 사용하는 것이 아니라 〈parse-url〉과 같은 지시자를 만들어 link 함수의 파라미터 중 element 객체를 통해 접근하는 방법도 배웠다.

지금까지의 코드를 아래의 원격 브랜치 소스로 변경해 확인할 수 있다.

```
$ git checkout - t feature/ch72_video_player
```

무한 스크롤 적용

그룹 활동 페이지 오른쪽에는 설문 카드 목록이 나오는데, 초기에는 제한된 개수만큼의 카드가 나
오다가 아래로 스크롤 하면 정해진 개수만큼의 설문 카드를 가져와 기존 목록 밑으로 추가하는 무
한 스크롤(Infinite Scroll) 기능을 적용해보자. 무한 스크롤 기능에 대해 공개된 앵귤러 지시자 중
ngInfiniteScroll 모듈을 사용하겠다.

```
$ bower install ngInfiniteScroll --save
```

설치 모듈인 'infinite-scroll'에 대해 sg.base.js에 의존성 설정을 한다. 사용 방법은 다음과 같이
infinite-scroll 속성에 사용자가 정의한 'myPagingFunction' 메서드를 설정한다.

```
// /client/components/base/sg.base.js
(function() {
  'use strict';

  angular
    .module('sg.base', [
      'ngResource',
      'ngSanitize',
      'ngCookies',
      'ui.router',
      'ui.bootstrap',
      'angularFileUpload',
      'infinite-scroll'
    ])
    .run(run);

  /* @ngInject */
  function run($rootScope, pubsub) {
    pubsub.init($rootScope);
```

```
  }
})();
```

```
// ngInfiniteScroll 지시자 사용 예
<div infinite-scroll="myPagingFunction()" infinite-scroll-distance="3"></div>
```

infinite-scroll-distance에는 스크롤 할 때 스크롤 바(scroll-bar)가 어느 위치에 도달하면 infinite-scroll에 설정한 스코프 객체의 메서드를 호출할지 설정한다. 스크롤 가장 아래를 기준으로 설정하며 소수점으로도 설정할 수 있다. 그룹 활동 페이지는 dashboard.html에서 표현하고 dashboard.controller.js에서 제어하므로 이곳에 무한 스크롤 패턴을 적용해 보자. 먼저 다음과 같이 dashboard.html에 infinite-scroll을 적용한다. 무한 스크롤을 적용하면 dashboard.html이 표현될 때 infinite-scroll에 적용한 메서드인 addMoreCards()가 자동으로 호출되므로 _init()에서 _searchCards()를 호출하지 않고 _cards()를 호출한다. 이때 파라미터로 표현되는 카드 목록 중 created_at 시간이 가장 과거인 값을 파라미터 값으로 전달해 이후 과거의 카드 목록을 요청한다. 한 번에 가져오는 카드 갯수는 CARD_LIMIT 상수값으로 card.service.js 에 설정한다.

```
// /client/app/dashboard/dashboard.html 일부
<div class="list-group" infinite-scroll="dashboard.addMoreCards()">

  <card info="card" ng-repeat="card in dashboard.cards">
    <card-type info="card"></card-type>
  </card>

</div>


// /client/app/dashboard/dashboard.controller.js 일부
(function() {
  'use strict';

  angular
    .module('surveyGorillaApp')
    .controller('DashboardCtrl', DashboardCtrl);

  function DashboardCtrl($scope, $stateParams, modal, group, card, pubsub, CARD_LIMIT, logger) {
    var vm = this;
    vm.addCard = addCard;
```

```
vm.cards = [];
vm.addMoreCards = addMoreCards;
var lastCardDate;
var isLoadMore = true;

_init();

function _init() {
  _groupInfo();
  //_searchCards();
  _subscribe();
} .

function _groupInfo() {
  … 중략 …
}

function _searchCards() {
  $scope.$watch(function() {
    return vm.cardTitle;
  }, function(newVal, oldVal) {
    _cards({title: vm.cardTitle});
  });
}

function addMoreCards() {
  if(!isLoadMore) { return; }

  // 현재 호출된 카드 목록 중 가장 오래된 created_at 시간을 lt (less than)조건으로 설정
  _cards({lt: lastCardDate});
}

function _cards(params) {
  // 카드 목록 조회
  card
    .getCards($stateParams.id, params)
    .then(function(response) {
      if(!_isLoadMore(response.data)) { return; }
```

```
            //vm.cards.unshift(response.data);
        angular.forEach(response.data, function(data) {
          // check duplicate card
          if(_.findWhere(vm.cards, {id : data.id})) { return; }

          vm.cards.push(data);
        });

        // 카드 목록에서 마지막 카드의 created_at 시간을 업데이트함
        // 현재 보이는 카드 중 가장 과거의 카드 시간을 저장하고 스크롤
        // 스크롤 할 때 이보다 오래된 카드를 가져오기 위함
        lastCardDate = vm.cards[vm.cards.length-1].created_at;
      });
    }

    // 카드 목록을 추가로 호출했을 때 결과값에 따라 더 호출할지 결정
    // isLoadMore 설정
    function _isLoadMore(data) {
      if(!data || data.length <= 0) {
        isLoadMore = false;
      } else {
        if(data.length >= CARD_LIMIT.count) {
          isLoadMore = true;
        } else {
          isLoadMore = false;
        }
      }
      return isLoadMore;
    }

    function addCard() {
      … 중략 …
    }

    function _subscribe() {
      … 중략 …
    }
  }
})();
```

```
// /client/app/card/card.service.js 일부
(function() {
  'use strict';

  angular
    .module('surveyGorillaApp')
    .service('card', card)
    .constant('CARD_LIMIT', {count: 5});
  … 중략 …
})();
```

카드를 10개 이상 생성한 뒤에 브라우저에서 확인하면 최초에 카드가 5개만 나오고, 스크롤을 아래로 내리면 다시 5개가 추가되는 모습을 확인할 수 있다.

지금까지의 코드를 아래의 원격 브랜치 소스로 변경해 확인할 수 있다.

```
$ git checkout - t feature/ch72_infinite_scroll
```

애니메이션 효과 적용

무한 스크롤 패턴을 카드 목록 보기에 적용했을 때 카드가 추가되는 모습이 부드럽지 않고 깜빡이듯이 나타난다. 좀 더 부드럽게 첨부되는 효과를 주어 동적인 느낌을 표현하기 위해 앵귤러의 애니메이션 모듈인 ngAnimate을 설치한다. 앵귤러 v1.2 이상부터는 애니메이션을 적용하기 위해 CSS3 Transition, CSS3 Animation, Javascript animation을 사용할 수 있다.

```
// 앵귤러 애니메이션 모듈 설치
$ bower install angular-animate --save

// /client/components/base/sg.base.js 에 ngAnimate 모듈 의존성 설정
(function() {
  'use strict';

  angular
    .module('sg.base', [
      'ngResource',
      'ngSanitize',
```

```
    'ngCookies',
    'ngAnimate',
    'ui.router',
    'ui.bootstrap',
    'angularFileUpload',
    'infinite-scroll'
  ])
  .run(run);

  /* @ngInject */
  function run($rootScope, pubsub) {
    pubsub.init($rootScope);
  }
})();
```

CSS3 또는 자바스크립트 방식의 애니메이션은 다음과 같은 앵귤러 지시자의 이벤트가 발생할 때 적용할 수 있다.

지시자	이벤트 [EVENT]
ngRepeat	enter, leave, move
ngView	enter, leave
ngInclude	enter, leave
ngIf	enter, leave
ngClass	add, remove (Class)
ngShow & ngHide	add, remove
form & ngModel	add, remove

CSS3 Transition 방식은 애니메이션 효과 .ng-[EVENT] 와 .ng-[EVENT]-active 형식으로 .css 스타일 파일에 설정한다. 예를 들어 enter 이벤트가 발생하면.fadein.ng-enter 또는 .fadein. ng-enter-active CSS 클래스를 정의하고, 태그에 〈div class="fadein" ng-repeat="card in cards"〉와 같이 적용하면 카드 목록을 추가할 때 fadein 효과를 적용할 수 있다. CSS3 Animation 은 keyframe의 from~to를 이용하므로 ng-[EVENT]만 .css 파일에 설정하고, 태그에서 class="fadein"을 설정한다. IE9 이하의 CSS3의 Transition이나 Animation이 적용되지 않는 하위 브라우저의 경우는 자바스크립트 애니메이션을 사용할 수 있다. 보통은 CSS3 Transition 방식을 사용

하고, 이미 앵귤러 지시자 이벤트에 대해 CSS를 적용해 놓은 모듈이 나와 있으므로 오픈소스 CSS 파일(http://augus.github.io/ngAnimate/)을 사용한다. ngAnimate를 설치하고 /client/bower_components/ngAnimate/css 폴더의 ng-animate.css 파일을 /client/app 폴더로 복사한다. 해당 모듈은 css만 사용하므로 모듈 의존성을 설정할 필요는 없다.

slide-top enter 이벤트일 때 내역을 보면 다양한 브라우저에 대한 대응 설정이 돼 있어서 표현하고자 하는 이벤트의 효과를 http://augus.github.io/ngAnimate/ 사이트에서 확인하고 태그의 class 속성에 적용한다.

```
$ bower install ngAnimate --save

// /client/app/ng-animate.css 일부
.slide-top {
  -webkit-transition: all 0 cubic-bezier(0.25, 0.46, 0.45, 0.94);
  -moz-transition: all 0 cubic-bezier(0.25, 0.46, 0.45, 0.94);
  -ms-transition: all 0 cubic-bezier(0.25, 0.46, 0.45, 0.94);
  -o-transition: all 0 cubic-bezier(0.25, 0.46, 0.45, 0.94);
  transition: all 0 cubic-bezier(0.25, 0.46, 0.45, 0.94);
  /* easeOutQuad */
  -webkit-transition-timing-function: cubic-bezier(0.25, 0.46, 0.45, 0.94);
  -moz-transition-timing-function: cubic-bezier(0.25, 0.46, 0.45, 0.94);
  -ms-transition-timing-function: cubic-bezier(0.25, 0.46, 0.45, 0.94);
  -o-transition-timing-function: cubic-bezier(0.25, 0.46, 0.45, 0.94);
  transition-timing-function: cubic-bezier(0.25, 0.46, 0.45, 0.94);
  /* easeOutQuad */
}
/* line 111, ../sass/ng-animation.scss */
.slide-top.ng-enter {
  transform: translateY(60px);
  -ms-transform: translateY(60px);
  -webkit-transform: translateY(60px);
  transition-duration: 250ms;
  -webkit-transition-duration: 250ms;
  opacity: 0;
}
/* line 117, ../sass/ng-animation.scss */
.slide-top.ng-enter-active {
  transform: translateY(0);
```

```css
  -ms-transform: translateY(0);
  -webkit-transform: translateY(0);
  opacity: 1;
}
```

그룹 활동 페이지의 카드 목록에 카드가 추가될 때 밑에서 위로 카드가 추가되는 애니메이션 효과인 slide-top을 적용한다. card 태그에 있던 ng-repeat을 상위 〈div〉 태그로 옮기고 class="slide-top"을 설정한 뒤 브라우저를 새로고침 하면 카드가 부드럽게 추가되는 효과를 확인할 수 있다. 같은 방식으로 메인 화면에 그룹을 표현할 때와 설문 카드 종류 중 평점과 객관식 설문 지시자에 설문에 대한 응답을 한 후 결과화면으로 전환할 때 애니메이션 효과를 적용해보자.

```html
<!-- /client/app/dashboard/dashboard.html 일부 -->

<div class="list-group" infinite-scroll="dashboard.addMoreCards()">
  <div class="slide-top" ng-repeat="card in dashboard.cards">
    <card info="card">
      <card-type info="card"></card-type>
    </card>
  </div>
</div>


<!-- /client/app/main/main.html 일부 -->

  <div class="panel-body">
    <div class="slide-top"  ng-repeat="group in main.myGroups">
      <group-card info="group" show-detail="main.showGroupDetail(group, 'myGroup')"></group-card>
    </div>
  </div>


// /client/app/card/type/rating/rating.directive.js
(function() {
  'use strict';

  angular
    .module('surveyGorillaApp')
    .directive('ratings', ratings);
```

```
  function ratings() {
    return {
      restrict: 'EA',
      template: '' +
        '<div class="rating" ng-cloak>' +
          '<div class="slide-left"  ng-repeat="rate in ratings">' +
            '<img ng-src="{{rate.status ? \'/images/rating_active.png\' : \'/images/rating.png\'}}"
ng-click="setRating($index)">' +
          '</div>' +
          '<span>{{response_card.rating.rating | number:0}}</span>' +
        '</div>'
    };
  }
})();


<!-- /client/app/card/type/objective/objective-result.html -->

<script id="objective-card-result.html" type="text/ng-template">
  <div class="objective" ng-controller="objectiveCardTypeCtrl">
    <div ng-if="card.responded && card.responses.length > 0">
      <div ng-repeat="result in results track by $index" class="slide-left">
        <span>{{result.option}} - ({{result.rate}}%)</span>
        <progressbar animate="false" value="result.rate" type="{{result.type}}"></progressbar>
      </div>
    </div>
    <div ng-if="card.responded && card.responses.length === 0">
      <i class="fa fa-exclamation"></i> 답변 대기중....
    </div>
  </div>
</script>
```

카드 목록에 대해 Socket.IO를 이용해 실시간 푸쉬와 무한 스크롤 패턴 및 애니메이션을 적용해 봤다. 더 다양한 기능과 옵션을 계속 붙여 나가는 것은 지금까지 배운 과정을 통해 충분히 스스로 해결할 수 있으리라고 생각한다. 마지막으로 AngularJS 버전이 1.3 버전으로 업데이트되면서 추가된 기능을 알아보자.

지금까지의 코드를 아래의 원격 브랜치 소스로 변경해 확인할 수 있다.

```
$ git checkout - t feature/ch72_animation
```

7-3 AngularJS 성능 옵션

앵귤러에서 양방향 데이터 바인딩은 장점도 있지만, 단점도 있다. 좀 더 직관적이고 적은 코드로 개발할 수 있다는 장점이 있지만, 너무 의존하는 경우에는 성능에 영향을 미칠 수 있다. 이는 스코프($scope) 객체의 속성 변경이 발생할 때마다 전체 스코프 객체의 속성 변경을 체크하는 방식을 취하고 있기 때문이다. 즉, 스코프 객체 속성이 HTML에서 사용되면 속성별로 감시자(Watcher)가 하나 등록되고, 하나의 속성이 변경되면 다이제스트 사이클($digest cycle)을 통해 등록된 감시자 목록을 일정 시간마다 체크하는 것이다. 1.3 버전에서는 불필요하게 다이제스트 사이클을 실행하는데 영향을 미치는 부분을 최소화할 수 있는 옵션을 제공한다. 성능 향상을 위한 옵션 설정 방법을 알아보자.

일회 바인딩

일회 바인딩(One Time Binding)은 {{Expression}} 코드에 최초 한 번만 데이터를 바인딩하고 이후 스코프 객체 변경이 발생하더라도 다이제스트 사이클에 포함되지 않게 하는 방법이다. 서베이 고릴라 애플리케이션을 개발하면서 정적으로 최초에 한 번만 맵핑해야 할 부분은 {{::Expression}}와 같이 :: 을 추가해서 표현했다. 개발을 진행하면서 동적인 변경이 없는 스코프 객체의 속성을 표현할 때는 :: 를 사용해 앵귤러 다이제스트 사이클 적용에서 제외시켜 스코프 객체 속성을 순회하는 횟수를 최소화한다.

```
// /client/app/card/card.directive.js 일부

(function() {
  'use strict';

  angular
    .module('surveyGorillaApp')
    .directive('card', card)
    .directive('cardType', cardType);
```

```
/* @ngInject */
function card() {
  return {
    restrict: 'EA',
    controller: 'cardCtrl',
    scope: {
      card: '=info'
    },
    transclude: true,
    template: '<div class="panel panel-default bootcards-summary" style="margin-left:15px; margin-
right:15px;">' +
              '<div class="panel-heading">' +
                '<h3 class="panel-title">{{::card.title}}</h3>' +
              '</div>' +
    … 중략 …
  };
…
})();
```

ngModelOptions 지시자

〈input〉 태그에 ng-model을 설정하면 값이 변경될 때마다 변경을 감지하고 다이제스트 사이클이 실행된다. 이를 ng-model에 설정한 스코프의 속성값이 바뀔 때마다 다이제스트 사이클을 타지 않고 직접 제어할 수 있는 옵션이 있다. ng-model이 적용된 곳에 ng-model-options을 적용하면 특정 이벤트나 설정한 시간이 지난 후에 발생하도록 직접 제어가 가능하다. 〈input ng-model-options="{updateOn: 'blur'}"〉 옵션을 적용하면 포커스가 다른 곳으로 이동할 때 체크를 한다. 예를 들어 〈input ng-model-options="{debounce: 500}"〉 옵션은 0.5초 후에 변경 체크를 한다. 둘을 합쳐서 표현하면 〈input ng-model-options="{debounce: {'default': 300, 'blur': 0}}"〉와 같이 적용할 수도 있다. 서베이 고릴라에서는 그룹 검색과 카드 검색에서 해당 옵션을 사용해 검색어를 입력하고 지정한 시간이 지난 후 변경 체크가 되게 설정했다.

```
// /client/app/dashboard/dashboard.html 일부

<input type="text"
       ng-model="queryMember"
       ng-model-options="{ debounce : { 'default' : 300, blur: 0 } }"
       class="form-control" placeholder="Search Member...">
```

디버깅 정보 비활성화

앵귤러 지시자를 사용할 때 별도의 디버깅 정보를 CSS 클래스 정보로 추가한다. 프로덕션 (Production) 환경에서는 필요가 없으므로 디버깅 정보 표현을 다음과 같이 모듈 config에서 비활성화한다.

```javascript
// /client/app/app.js 일부

(function() {
 'use strict';

 angular
   .module('surveyGorillaApp', ['sg.app'])
   .config(config)
   .factory('authInterceptor', authInterceptor)
   .run(run);

 /* @ngInject */
 function config($stateProvider, $urlRouterProvider, $locationProvider, $httpProvider,
$compileProvider, RestangularProvider, config) {
   // 디버깅 정보 비활성화
   $compileProvider.debugInfoEnabled(false);

   … 중략 …
 }
 …
})();
```

만일 debugInfoEnabled(false)로 설정하지 않으면 기본적으로 〈그림 7.4〉와 같은 디버깅 정보가 붙는다. 디버깅을 위해 필요한 설정이므로 운영환경에서는 제거하도록 한다.

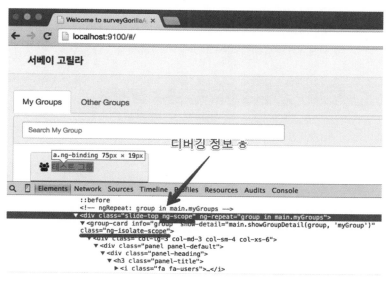

〈그림 7.4〉 지시자의 디버깅 정보

HTML은 메인 화면에서 나의 그룹 목록인데 ng-scope와 ng-isolate-scope CSS 클래스 값이 붙는다. 이는 angular.element(..).scope() 또는 isolateScope() 호출로 디버깅 정보를 가져오기 위함이다. 〈그림 7.5〉에서 isolateScope()를 브라우저 콘솔에서 직접 호출해 앵귤러 스코프 객체의 정보를 볼 수 있다.

```
<!-- /client/app/main/main.html 일부 -->

<div class="slide-top"  ng-repeat="group in main.myGroups">
   <group-card info="group" show-detail="main.showGroupDetail(group, 'myGroup')"></group-card>
</div>

// 브라우저 콘솔 창에서 디버깅 정보 접근
angular.element(document.querySelector('group-card')).isolateScope();
```

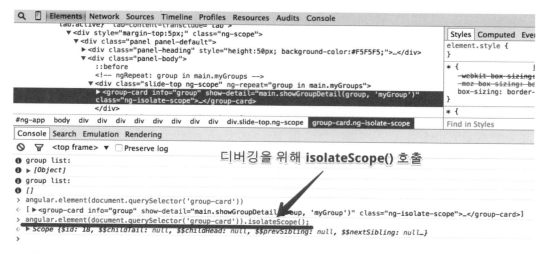

〈그림 7.5〉 디버깅 정보를 브라우저 콘솔 창에 출력하기

$applyAsync 적용

양방향 데이터 바인딩을 통해 $scope 속성 변경을 체크하는 다이제스트 사이클이 발생하는 경우는 첫째 사용자가 UI를 클릭하거나 움직일 때 발생하는 이벤트가 있을 때, 둘째 XMLHttpRequests를 통한 AJAX 호출이 있을 때, 셋째 Timeouts 타이머를 사용할 때다. 앵귤러는 세 가지 경우에 대해 다이제스트 사이클이 있는 앵귤러 컨텍스트에서 처리할 수 있도록 기본 지시자와 서비스를 제공한다. 예를 들어 마우스 클릭은 ng-click, AJAX 요청은 $http, Timeout 타이머는 $timeout서비스 등을 제공하고, 이들을 사용할 때 양방향 데이터 바인딩을 위한 다이제스트 사이클이 동작한다. 만일 이외의 것에 대해 다이제스트 사이클을 동작시키려면 $scope.$apply()를 호출한다고 2장의 지시자 장점에서 배웠다.

만일 애플리케이션이 동시에 AJAX 호출이 3건이 있고 이들의 요청이 동시에 들어오면 기존에는 응답 결과마다 다이제스트 사이클이 적용됐다면 $applyAsync를 다음과 같이 설정하면 동시에 들어오는 결과값을 하나의 컬렉션(collection)으로 묶어 한 번의 다이제스트 사이클만을 동작시키므로 성능을 향상시킬 수 있다.

```
(function() {
  'use strict';

  angular
    .module('surveyGorillaApp', ['sg.app'])
    .config(config)
    .factory('authInterceptor', authInterceptor)
    .run(run);

  /* @ngInject */
  function config($stateProvider, $urlRouterProvider, $locationProvider, $httpProvider,
$compileProvider, RestangularProvider, config) {
    RestangularProvider.setBaseUrl(config.api_version);

    $urlRouterProvider.otherwise('/');

    $httpProvider.interceptors.push('authInterceptor');
    $httpProvider.interceptors.push('sgHttpInterceptor');

    // 디버깅 정보 비활성화
    $compileProvider.debugInfoEnabled(false);

    // $applyAsync 활성화
    $httpProvider.useApplyAsync(true);
  }
  … 중략 …
})();
```

지금까지의 코드를 아래의 원격 브랜치 소스로 변경해 확인할 수 있다.

```
$ git checkout - t feature/ch73_angular_performance
```

정리

작년부터 앵귤러(AngularJS) 프레임워크를 위한 생태계가 커지고 있고 크게 인기를 누리고 있다. 실시간 기능뿐만 아니라 멀티미디어 공유 및 애니메이션 효과 등 직접 개발하지 않아도 되는 수많은 컴포넌트와 모듈이 오픈소스로 제공되고 있다. 하지만 프로젝트를 진행할 때 서비스에 필요한 기본적인 아키텍처를 마련하고 어떻게 사용할지에 대한 자신만의 기준을 바탕으로 적용하는 것이 좋다.

향후 앵귤러는 더욱 대중적인 프런트엔드 프레임워크로 자리매김 할 것으로 예상된다. 1.4 버전이 나오고 1.5버전으로 가는데 2~3개월이 걸리고 1.6 버전까지 업그레이드 계획이 나와 있다. 최근 큰 반향을 일으키고 있는 2.0 버전을 사용한 참고 프로젝트가 벌써 나오고 있다. 1.x에서 2.x로 버전 업그레이드에 대한 부담을 계속해서 줄여가는 방향으로 1.x 버전이 업그레이드될 것으로 보이므로 지금 1.x 버전을 이용해 빠른 프로토타입 제품을 개발하고, 향후 2.x 버전으로 업그레이드를 고려하면 좋겠다.

[ㅌ - ㅍ]